高等教育应用型本科人才培养系列教材

中小企业人力资源组织与管理

主编　姜咏梅　杨　迦

哈尔滨工程大学出版社
Harbin Engineering University Press

内容简介

“中小企业人力资源组织与管理”是为培养自学应考者的人力资源组织与管理的基本理论和应用能力而设置的一门实用性很强的课程。本书内容包括：人力资源管理与开发导论，对员工的认知，人力资源战略规划，工作分析、工作设计和工作评价，员工招聘与素质测评，组织管理，人力资源培训与开发，激励，薪酬管理，绩效管理，跨文化人力资源管理，劳动关系管理。

本书既可以作为工商管理、人力资源管理及其他相关专业本科生的教材，也可以作为企业管理人员或其他相关人员的培训用书。

图书在版编目(CIP)数据

中小企业人力资源组织与管理/姜咏梅，杨迦主编. —哈尔滨：哈尔滨工程大学出版社，2022. 5

ISBN 978-7-5661-3373-1

Ⅰ. ①中… Ⅱ. ①姜… ②杨… Ⅲ. ①中小企业-人力资源管理 Ⅳ. ①F276. 3

中国版本图书馆 CIP 数据核字(2022)第 087107 号

中小企业人力资源组织与管理

ZHONG XIAO QIYE RENLI ZIYUAN ZUZHI YU GUANLI

选题策划 夏飞洋
责任编辑 夏飞洋
封面设计 刘长友

出版发行 哈尔滨工程大学出版社
社　　址 哈尔滨市南通大街 145 号
邮政编码 150001
发行电话 0451-82519328
传　　真 0451-82519699
经　　销 新华书店
印　　刷 哈尔滨市石桥印务有限公司
开　　本 787 mm×1 092 mm　1/16
印　　张 12. 25
字　　数 330 千字
版　　次 2022 年 5 月第 1 版
印　　次 2022 年 5 月第 1 次印刷
定　　价 49. 00 元

http://www. hrbeupress. com

E-mail:heupress@ hrbeu. edu. cn

前　言

自著名管理学家彼得·F·德鲁克于1954年在《管理实践》一书中首次提出“人力资源”的概念以来,作为管理学重要分支的人力资源管理,越来越多地受到理论界和实践界的重视。如今,人力资源思想已经被广泛接受,人力资源管理成为企业管理的核心内容。在企业经营活动中,不论是企业领导者、人力资源部门工作人员,还是普通员工,都需要知晓人力资源管理的一般知识,这对于实现人尽其才,充分发挥人力资源价值,实现人力资源科学合理配置,都具有重要的现实价值。

本书围绕人力资源管理的主要业务内容,结合中小企业人力资源管理需求,内容共分为十二章。第一章人力资源管理与开发导论,介绍了人力资源管理与开发的基本概念与内容,以及人力资源管理与开发的理论演化过程。第二章对员工的认知,介绍了西方人性假设和马克思主义人性观,奠定人力资源管理的前提基础,阐述了心理活动的生理基础和个体差异。第三章人力资源战略规划,介绍了人力资源战略构成、人力资源战略规划的内外环境与战略规划制定流程,以及人力资源供求预测方法和人力资源供求平衡方法。第四章工作分析、工作设计和工作评价,在对工作分析与工作设计概述进行阐述的基础上,介绍了工作分析的主要内容和流程、工作分析信息收集方法、工作说明和工作规范的编写、工作设计和工作评价的方法。第五章员工招聘与素质测评,介绍了人力资源招聘的一般概念、员工招聘的渠道、人力资源素质测评,阐述了人力资源招聘效果评估的过程和方法。第六章组织管理,包括企业组织设计的一般概念,原理、企业组织结构的类型与选择、中小企业人力资源管理制度设计。第七章人力资源培训与开发,介绍了员工培训的基本概念、如何进行培训需求分析、培训方式及其选择、员工培训项目效果评估。第八章激励,包括人力资源激励所涉及的主要概念、激励的基本理论、激励体系设计方法和过程。第九章薪酬管理,包括薪酬与薪酬管理概述、薪酬制定、职位评价的方法、薪酬管理的新发展及趋势,以及福利的一般内容。第十章绩效管理,包括绩效管理的主要概念及含义,绩效考核的标准、内容与方法,绩效考核的实施过程和绩效考核反馈。第十一章跨文化人力资源管理,介绍了文化差异及其冲突的处理模式、跨国企业的跨文化管理、我国企业跨文化人力资源管理模式选择、中小企业跨文化人力资源管理的对策。第十二章劳动关系管理,包括劳动关系和劳动合同的相关概念,基本法律解释、劳动争议及处理手段和方法。

本书由姜咏梅和杨迦共同编写。作者在编写过程中参考了大量国内外学者的相关文献资料,在此向这些作者表示衷心的感谢。由于编者水平所限,书中难免有疏漏、不足之处,恳请专家、读者批评指正。

编　者

2021年11月

目　　录

第一章 人力资源管理与开发导论

人力资源管理的概念产生于20世纪中叶,是由人事管理的概念演化而来的。由于其内涵丰富,以及对组织发展所发挥的决定性作用,人力资源管理被越来越多的学者和企业家所重视。本章将对人力资源管理的基本概念与特征、人力资源管理理论的形成和发展的历史阶段、人力资源的数量与质量、人力资源管理与开发的含义、人力资源管理与开发的基本原理等进行介绍。

【学习目标】

1. 了解掌握人力资源的基本概念与特征。
2. 掌握人力资源管理与开发的主要内容及相互关系。
3. 掌握人力资源管理与开发的基本原理。
4. 了解人力资源管理的基本理论及历史演化过程。
5. 掌握人力资源管理与人事管理的区别。

第一节 人力资源管理概述

一、人力资源概述

(一)人力资源及其相关概念

著名管理学家彼得·F·德鲁克于1954年在《管理实践》一书中首次提出"人力资源"的概念;1965年,雷德蒙·迈勒斯在《哈佛商业评论》上发表关于人力资源的论文,从此,人力资源的概念引起了理论界和实践界的关注。

总体来看,人力资源可以从广义和狭义两方面来理解。

1. 广义的人力资源

具有劳动能力的人都是人力资源。

2. 狭义的人力资源

狭义的人力资源有以下几种定义。

(1)指能够推动整个经济和社会发展的具有智力劳动能力和体力劳动能力的人们的总和,它体现为数量和质量两个指标。

(2)指一个国家或地区有劳动能力的人口的总和。

(3)指具有智力劳动能力和体力劳动能力的人们的总和。

(4)指包含在人体内的一种生产能力。若这种生产能力被开发出来,则成为现实的劳动生产力,否则,是潜在的劳动生产力。

(5)指能够推动整个经济和社会发展的劳动者的能力,即处于劳动年龄的,已直接投入建设的人的能力。

(6)指一切具有为社会创造物质文化财富、为社会提供劳务和服务能力的人。

以上概念有的侧重于人力资源的质量,有的侧重于人力资源的数量。这里,我们定义人力资源为企业组织内外具有智力劳动能力和体力劳动能力,能够推动整个经济和社会发展的劳动者的总和,具体描述为数量和质量两个方面。

人口资源是指一定空间范围内具有一定数量、质量与结构的人口总体,是社会生产不可缺少的基本物质条件。人口资源主要突出数量。

人才资源指的是人力资源中素质层次较高的那一部分人,具有较强的战略能力、管理能力、研究能力或专门技术能力等。人才资源主要突出质量。

天才资源是在某一领域中具有特殊才华的人,在这一领域中具有极其独特的创造发明能力,发挥着领先作用。

人口资源、人力资源、人才资源和天才资源的关系如图 1-1 所示。

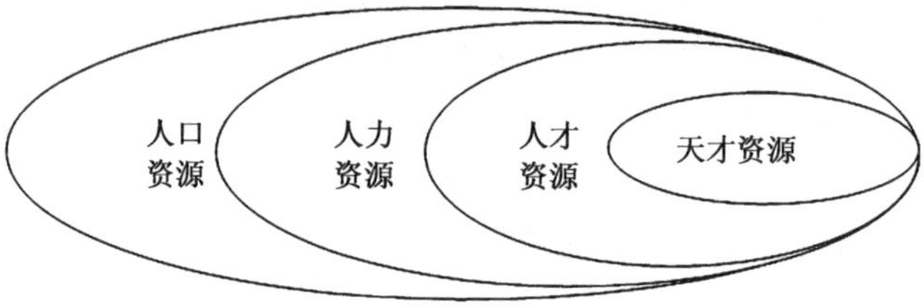

图 1-1　人口资源、人力资源、人才资源、天才资源关系图

(二)人力资源的数量与质量

1. 人力资源的数量

人力资源的数量体现为人力资源的绝对数量和相对数量。

(1)人力资源的绝对数量是一个国家或地区中具有劳动能力、从事社会劳动的人口总数。

绝对数量=劳动适龄人口-适龄人口中丧失劳动能力人口+
适龄人口之外具有劳动能力的人口

具体地说,包括以下几个方面。

①适龄就业人口(构成人力资源的大部分);

②未成年劳动者或未成年就业人口;

③老年劳动者或老年就业人口;

④求业人口或待业人口;

⑤就学人口;

⑥从事家务劳动的人口;

⑦军队服役的人口;

⑧其他人口。

以上前四个方面是现实的社会劳动力供给,具有直接性和已开发性;后四个方面并未构成现实的社会劳动力供给,具有间接性和尚未开发性,是人力资源的潜在形态。

(2)人力资源的相对数量

人力资源率指人力资源的绝对量占总人口的比例,是反映经济实力的重要指标。

(3)影响人力资源数量的因素

①人口总量及其再生产状况;

②人口的年龄构成;

③人口迁移。

2. 人力资源的质量

(1)定义:人力资源所具有的体质、智力、知识、技能水平、劳动者的劳动态度。常体现为劳动者的体质水平、文化水平、专业技术水平、劳动积极性。

(2)衡量指标

①健康卫生指标。如平均寿命、婴儿死亡率、每万人口拥有的医务人员数量、人均摄入热量等。

②教育状况指标。如劳动者的人均教育年限、每万人口中大学生拥有量、大中小学入学比例。

③劳动者的技术等级状况指标。

④劳动态度指标。

(3)影响人力资源质量的因素

①遗传和其他先天因素;

②营养因素;

③教育方面的因素。

二、人力资源的特征

人力资源是进行社会生产最基本、最重要的要素,与其他资源相比较,它具有如下特征。

(一)能动性

能动性是人力资源区别于其他资源的最根本的特征,指人不同于其他资源处于被动使用的地位,它是唯一能起到创造作用的因素,能积极主动地、有意识地、有目的地认识世界和利用其他资源去改造世界,推动社会和经济的发展,从而在社会发展和经济建设中起着积极和主导的作用。

人力资源能动性具体体现在以下几个方面:

1. 自我强化

通过接受教育或主动学习,提高知识、技能、意志、体质等方面的素质。

2. 选择职业

在市场经济环境中,人作为劳动力的所有者可以按自己的特长和爱好自主择业。选择职业是人力资源主动与物质资源相结合的过程。

3. 积极劳动

人在劳动过程中,会产生敬业、爱业精神,能有效地利用其他资源为社会和经济发展创造性地工作。

(二)可再生性

人力资源的有形磨损是指人自身的疲劳和衰老,这是一种不可避免、无法抗拒的损耗;人力资源的无形磨损是指个人的知识和技能由于科学技术的发展而出现的相对老化。后者的磨损不同于物质资源不可继续开发,而是可以通过人的不断学习、更新知识、提高技能而持续开发。

人力资源的这一特点要求在人力资源的开发与管理中注重终身教育,加强后期培训与开发,不断提高劳动者的德才水平。

(三)双重性

双重性指人力资源既是投资的结果,又能创造财富,因而既是生产者,又是消费者。

首先,个人和社会都会在人力资源上进行投资(如教育投资、增强体力的投资),且投资大小决定人力资源质量的高低,最终体现为劳动者的体力、智力和技能,因而从这个角度讲,人力资源是消费者,是个人和社会投资的结果,以至于成为一种资本——人力资本。但这种投资或消费行为是必需的,是获得人力资源投资后期收益的必不可少的先期投入。

其次,由于在人力资源上的投资体现为劳动者身上的体力、智力和技能,成为人力资本,因而具有高增值性,且远远大于对其他资源的投资所带来的收益。

(四)时效性

时效性指人力资源的形成、开发和利用都要受时间限制,且在能够从事劳动的不同年龄段(青年、中年、老年)其劳动能力也不尽相同。此外,随着时间推移和科技不断发展,人的知识和技能相对老化而导致劳动能力相对降低。

(五)社会性

人受到其所在的民族(团体)的文化特征和价值取向的影响,因而在人与人交往以及生产经营中,可能会因彼此行为准则不同而发生矛盾。人力资源的社会性特点,要求人力资源管理中注重团队建设和民族精神,强调协调和整合。

第二节　人力资源管理与开发的含义与内容

一、人力资源管理与开发的含义

人力资源管理是指根据企业发展战略的要求,有计划地对人力资源进行合理配置,通过对企业中员工的招聘、培训、使用、考核、激励、调整等一系列过程,调动员工的积极性,发挥员工的潜能,为企业创造价值,实现企业发展目标的管理活动。这些活动主要包括企业人力资源战略的制定、员工的招聘与选拔、培训与开发、绩效管理、薪酬管理、员工流动管理、员工关系管理、员工安全与健康管理等。归纳起来,人力资源管理与开发就是面向企业发展目标,对人力资源的获取(选人)、开发(育人)、保持(留人)和利用(用人)等方面所进行的计划、组织、指挥、控制和协调等一系列活动的管理行为。人力资源管理与开发的主要内容及相互关系见图1-2。

二、人力资源管理与开发的内容

1. 从横向来看,人力资源管理包括人力资源数量管理和质量管理,其中质量管理更为重要。

(1)人力资源数量管理。指根据人力与物力变化,对人力进行恰当的培训、组织和协调,令人力与物力保持最佳比例,并有机结合,使人与物都充分发挥最佳效应,做到事得其人,人尽其才,有效使用。

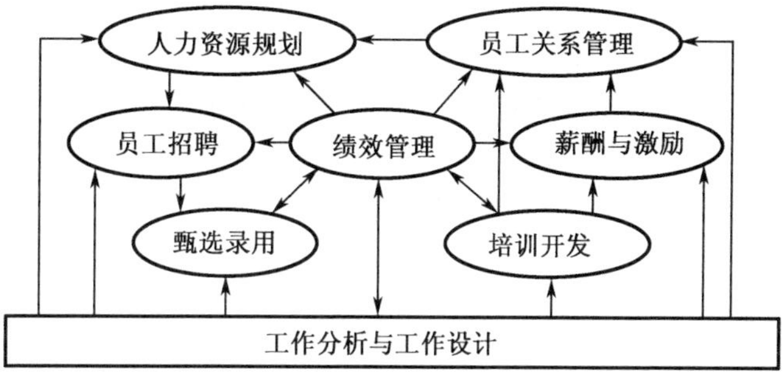

图 1-2 人力资源管理与开发的主要内容及相互关系示意图

(2)人力资源质量管理。指对人力资源的心理和行为的管理。就个体而言,主观能动性是人力资源"质"的重要方面,是积极性和创造性的基础,而人的思想、心理活动和行为则是人的主观能动性的表现。就群体而言,群体会有内耗问题。因而,只有群体中每个个体在思想观念上一致,在感情上融洽,在行动上协作,才能使群体出现"1+1>2"的群体整合效应。对于中小企业而言,当规模不大时,个体之间的关系容易把握,但随着组织发展,人员数量增多,人与人之间、人与工作之间、人与组织之间的冲突也随之增加,管理的瓶颈得以显现。其实这里面表现出的就是人力资源的质量管理,用现代人力资源管理方法进行心理和行为的管理,包括对个体和群体的思想、心理、行为的协调、控制和管理,以充分发挥人的主观能动性,实现企业目标。

2. 从纵向来看,若是一个组织,如企事业单位,其人力资源管理的内容主要包括对员工的招聘、录用、选拔、任用、调配、考核、培训、奖励、晋升、工资、福利、社会保险以及劳动关系的处理等;若是一个地区、国家,则其人力资源管理还应包括人力资源的预测、人事监督、人事信息、人员分布、人员流动控制等宏观方面的管理内容。

三、人力资源管理与开发的基本原理

(一)要素有用原理

任何要素(人员)都是有用的,换言之,没有无用之人,只有没有用好之人。而人力资源管理的根本目的在于为所有人找到和创造发挥作用的条件。

(二)同素异构原理

事物的成分因在空间关系上的变化而引起不同结果,发生质的变化。例如,在群体成员的组合上,同样数量和素质的一群人,由于排列组合不同,产生不同的效应;在生产过程中,同样人数和素质的劳动力,因组合方式不同,其劳动效率也不同。

(三)能级对应原理

1. 人力资源开发与管理中,"能级"的含义是指人的能级,也就是指一个人能力的大小,亦指管理职务中的级别高低。

2. 能级对应原理包含下列主要内容:

(1)人与人之间具有能级差异,这种差异是可以测评的。

(2)管理的能级必须分序列、按层次设置,不同的级次有不同的规范与标准。

(3)人的能级与管理级次的相互对应程度标志着社会的进步与人才使用的合理程度。

(4)不同的管理能级应表现为不同的责任、权力与利益。

(5)人的能级具有动态性、可变性与开放性。

(6)人的能级必须与其所处的管理级次动态对应。

(四)互补增值原理

1. 知识互补

每个人在知识领域的深度和广度都是不同的,不同知识结构互为补充,整体的知识结构才比较全面。

2. 气质互补

不同气质者之间互补,有助于将事物处理得更完善。

3. 能力互补

在企业的人力资源系统中,各种不同能力的互补可以形成整体的能力优势,促进系统有效地运行。

4. 性别互补

性别互补能发挥各自的长处,形成工作优势。

5. 年龄互补

不同年龄层次的人结合在一起,可以优势互补,将工作做得更好。

6. 关系互补

每个人都有自己特殊的社会关系,如果这些关系重合不多,就具有较强的互补性,形成集体的关系优势,增强对外部的适应性。

(五)激励强化原理

1. 激励的目的是激发组织成员的工作积极性、创造性,尤其是为形成组织成员的主人翁精神提供系统动力。

2. 系统动力既包括物质动力、精神动力和信息动力三大方面,也包括正激励与负激励两大类型。

3. 综合运用激励手段的基本原则:公平目标与效率目标结合,个体激励与群体激励结合,物质激励与精神激励结合,外激励与内激励结合,正激励与负激励结合。

（六）反馈控制原理

反馈控制是指在管理活动中，决策者（管理者）根据反馈信息的偏差程度采取相应措施，使输出量与给定目标的偏差保持在允许的范围内。反馈控制原理就是要利用信息反馈作用，对人力资源开发与管理活动进行协调和控制，从而实现动态控制。

反馈控制原理具体包括下列内容：

（1）人力资源开发与管理是一个综合运动过程。

（2）人力资源开发与管理活动应有预定的目标。

（3）建立灵敏、准确、有效的信息反馈系统。

（4）建立自我调控、高效运作的管理机制。

（七）弹性冗余原理

弹性冗余原理是指在人力资源开发与管理中，必须充分考虑管理对象生理、心理的特殊性，以及内、外环境的多变性造成的管理对象的复杂性，在人力资源管理工作中要留有一定的余地，具有一定的灵活性。

弹性冗余原理包括下列主要内容：

（1）必须考虑劳动者体质的强弱，使劳动强度具有弹性。

（2）必须考虑劳动者智力的差异，使劳动分工具有弹性。

（3）必须考虑劳动者年龄、性别的差异，使劳动时间有适度的弹性。

（4）必须考虑劳动者性格、气质的差异，使工作定额有适度的弹性。

（5）必须考虑行业的差异，使工作负荷有弹性。

（6）必须重视对积极弹性的研究，努力创造一个有利于促进劳动者的身心健康、提高劳动效能的工作环境，要注意防止和克服管理中的消极弹性。

（八）竞争协作原理

竞争协作原理是指在人力资源开发与管理过程中，既要引进竞争机制，以激发组织成员的进取心，培养他们的创新精神和开拓能力，发挥其在促进人力资源开发与管理方面的积极作用，又要强化协作机制，以克服片面竞争造成的系统内耗等消极作用，最终达到全面提高人力资源综合效益的目的。

竞争协作原理包括下列主要内容：

（1）竞争在人力资源的综合运动过程中普遍存在。

（2）合理竞争有利于人力资源的开发与管理效益的提高，但不合理竞争会压制个人发展，造成组织内耗等严重危害。

（3）合理竞争就是竞争与协调共存的竞争。衡量竞争是否合理的主要标志是竞争以组织目标为导向，以利益相容为前提，以公平和适度为准则。

（九）信息催化原理

信息催化原理是指人们通过获取和识别信息来认识和改造世界。根据信息催化原理，企业或组织应运用最新的科学技术知识、最新的管理理论武装员工，建立并保持人力资源质量优势。

(十)主观能动原理

主观能动原理是指人是生产力中最活跃的因素、最宝贵的能动性资源。企业或组织应高度重视员工主观能动性的开发和管理控制,为其提供和创造良好的条件,使员工的思维运动更活跃,主观能动作用得到更好的发挥。

第三节 人力资源管理理论的演化过程

一、人力资源管理理论的演化过程

(一)18 世纪中叶以前阶段

1. 小作坊时代

18 世纪以前,社会生产主要是以手工业和家庭作坊为主。家庭成员就是生产者,没有专门的人事管理活动。

2. 大作坊时代

18 世纪初至 18 世纪中叶,小作坊突破家庭界限,自己组织起来成为跨家庭合作生产的大作坊,并推举具有良好技术水平、有影响力的权威人士担任组织者。这些作坊后来演变为早期商会的雏形。

(二)雇佣管理阶段

这一阶段也称人事管理的初级阶段。18 世纪中叶的第一次工业革命,诞生了工人阶级,出现了雇佣劳动力,相应产生了雇佣劳动管理部门。初步形成社会劳动分工,有了管理者和生产者,出现了专门从事监督工人劳动的"监工",这也是后来职业经理人的基本雏形。这一阶段持续至 19 世纪末。

(三)人事管理阶段

人事管理阶段可具体分为科学管理阶段、工业心理学阶段、人际关系管理阶段。

1. 科学管理阶段

20 世纪初,以弗雷德里克·温斯洛·泰勒等为代表,开创了科学管理理论学派,并推动了科学管理实践在美国的大规模开展。泰勒提出了"计件工资制"和"计时工资制",即实行劳动定额管理。1911 年泰勒出版了《科学管理原理》一书,这本著作奠定了科学管理理论的基础,泰勒也因此被西方管理学界称为"科学管理之父"。

2. 工业心理学阶段

以德国心理学家雨果·闵斯特贝格等为代表的心理学家的研究结果,推动了人事管理工作的科学化进程。雨果·闵斯特贝格于 1913 年出版的《心理学与工业效率》标志着工业心理学的诞生。

3. 人际关系管理阶段

1929 年,美国哈佛大学教授梅奥率领一个研究小组到美国西屋电气公司的霍桑工厂进行了长达 9 年的霍桑实验,真正拉开了对组织中的人的行为研究的序幕。

(四)人力资源管理阶段

人力资源管理阶段可分为人力资源管理的提出和人力资源管理的发展两个阶段。

“人力资源”这一概念早在1954年就由现代管理学之父彼得·F·德鲁克在其著作《管理实践》中提出并加以明确界定。20世纪80年代以来,人力资源管理理论不断成熟,并在实践中得到进一步发展,为企业所广泛接受,并逐渐取代人事管理。20世纪90年代,人力资源管理理论不断发展成熟。人们更多地探讨人力资源管理如何为企业的战略服务,人力资源部门的角色如何向企业管理的战略合作伙伴关系转变。战略人力资源管理理论的提出和发展标志着人力资源管理进入现代人力资源管理的新阶段。

二、人力资源管理与人事管理的区别

传统人事管理在内容上局限于人员招聘、选拔、分派、工资发放、档案保管之类较琐碎的具体工作,后来,逐渐涉及职务分析、绩效评估、奖酬制度设计与管理及员工培训活动的规划与组织等;在管理性质上属于行政事务性的工作,其活动范围有限,以短期导向为主,主要由人事部门职员执行,很少涉及组织高层战略决策;人事活动在组织中被视为低档的、技术含量低的,无须特殊专长,只属于执行层次的工作,无决策权可言,因而不被人们所重视。

现代人力资源管理从行政性的、单纯的业务管理、技术性管理活动的框架中脱离,成为组织战略与策略管理的具有决定意义的活动,因而比传统的人事管理更具战略性、整体性和前瞻性。其显著的特征是人力资源部门的主管出现在企业的高层领导中,并且很多会出任企业的最高领导。人力资源管理与人事管理的区别如表1-1所示。

表1-1 人力资源管理与人事管理的区别

比较对象	人事管理	人力资源管理
基本观念	以事为中心,把人视为成本,组织管理围绕“事”转,很少考虑人的发展	人是资源,组织管理以人为中心,重视组织发展与员工发展的协调和统一
工作性质	行政事务性 短期性	战略决策性 未来长期性
组织地位	低档的、执行层次的	战略性和整体性
人性观	经济人	社会人、自我实现的人
工作重点	进、管、出	开发是手段,使用是目的,发展是目标
与其他部门的关系	对立的,或管理与被管理的关系	统一于组织目标下的战略合作伙伴关系
管理模式	压制性、督促式	以人为本

【本章小结】

1. 人力资源是企业组织内外具有智力劳动和体力劳动能力，能够推动整个经济和社会发展的劳动者的总和。具体可描述为数量和质量两个方面。

2. 人力资源具有五个特征：能动性（人力资源区别于其他资源的最根本特征）、可再生性、双重性、时效性、社会性。

3. 人力资源管理与开发的内容从横向来看，包括人力资源数量管理和质量管理，其中质量管理更为重要。从纵向来看，若是一个组织，如企事业单位，其人力资源管理的内容主要包括对员工的招聘、录用、选拔、任用、调配、考核、培训、奖励、晋升、工资、福利、社会保险以及劳动关系的处理等；若是一个地区、国家，则其人力资源管理还应包括人力资源的预测、人事监督、人事信息、人员分布、人员流动控制等宏观方面的管理内容。

4. 人力资源管理与开发的基本原理有 10 种，分别是要素有用原理、同素异构原理、能级对应原理、互补增值原理、激励强化原理、反馈控制原理、弹性冗余原理、竞争协作原理、信息催化原理、主观能动原理。

5. 人力资源管理与人事管理的区别在于，传统人事管理在内容上局限于人员招聘、选拔、分派、工资发放、档案保管之类较琐碎的具体工作，后来，逐渐涉及职务分析、绩效评估、奖酬制度设计与管理及员工培训活动的规划与组织等；在管理性质上属于行政事务性的工作，其活动范围有限，以短期导向为主，主要由人事部门职员执行，很少涉及组织高层战略决策；人事活动在组织中被视为低档的、技术含量低的，无特殊专长，只属于执行层次的工作，无决策权可言，因而不被人们重视。现代人力资源管理从行政性的、单纯的业务管理、技术性管理活动的框架中脱离，成为组织战略与策略管理的具有决定意义的活动，因而比传统的人事管理更具战略性、整体性和前瞻性。其显著的特征是人力资源部门的主管出现在企业的高层领导中，并且很多会出任企业的最高领导。

【思考与探讨】

1. 什么是人力资源？人力资源的特征是什么？
2. 人力资源管理与开发对企业的作用有哪些？
3. 人力资源管理与传统的人事管理有何区别？试从某一方面举例说明。

第二章　对员工的认知

人性假设是管理的起点和前提。在长期社会实践中,从理论到应用产生了若干人性假设,每种人性假设都能够形成一定的管理模式。个体存在差异性,这种差异性也是管理活动复杂而多彩的重要原因。

【学习目标】

1. 熟悉4种人性假设的基本观点。
2. 了解马克思主义人性观的理论来源和形成过程。
3. 掌握马克思主义人性观的内容和特点。
4. 掌握马斯洛需要层次论。
5. 了解能力的测量的方法。
6. 了解性格差异的管理应用。

第一节　西方管理过程的人性假设

人性假设是人力资源管理中不可回避的问题,人性假设是否全面合理,直接影响到管理效果和效率。人性假设是人力资源管理的前提和基础,也就是说,人力资源管理理论的构建和方法的设计,是以对人性的一定看法为基础的。纵观历史发展,不同管理思想和管理方式都源于管理者对人性的不同假设。归纳起来,西方管理过程中对人性的假设可以分为4种。

一、"经济人"假设

西方古典管理理论认为人是"经济动物",人的一切行为都是为了最大限度地满足自己的私利,工作目的只是获得经济报酬。这一人性观起源于英国古典经济学家亚当·斯密提出的"经济人"思想。美国工业心理学家麦格雷戈在他的《企业中的人性方面》一书中,提出了两种对立的管理理论:X理论和Y理论。X理论就是对"经济人"假设的概括。基本观点为:①多数人天生是懒惰的,他们都尽可能地逃避工作。②多数人都没有雄心壮志,不愿负任何责任,而心甘情愿受别人的指导。③多数人的个人目标都是与组织目标相矛盾的,必须用强制、惩罚的办法,才能使他们为达到组织的目标而工作。④多数人干工作都是为满足基本的生理需要和安全需要,因此,只有金钱和地位才能鼓励他们努力工作。⑤人大致可分为两类,一类是符合上述设想的人,另一类是能够自己鼓励自己、克制感情冲动的人,这些人应负起管理的责任。

"经济人"假设对于短期内利用经济杠杆来刺激工人的行为、调动工人的劳动积极性,有一定的积极意义。但是,随着资本主义大工业的进一步发展和个人素质的逐步提高,关于"经济人"假设的人性观逐渐暴露出其历史局限性,由于过分强调物质经济利益的刺激,而忽视了个人的主观能动性和情感因素的影响。

二、"社会人"假设

面对"经济人"假设所面临的问题，为消除其不利影响，美国哈佛大学教授梅奥率研究小组进行了著名的"霍桑试验"。"社会人"假设认为在社会上活动的员工不是各自孤立存在的，而是作为某一个群体的一员，是有所归属的"社会人"，是社会存在，具有社会性的需求，人与人之间的关系和组织的归属感比经济报酬更能激励人的行为。"社会人"不仅有追求收入的动机和需求，他们在生活工作中还需要友谊、安全、尊重和归属等。"社会人"假设的管理理论的代表人物主要有梅奥、马斯洛、赫茨伯格和麦格雷戈等。梅奥的"社会人"假设奠定了行为科学的理论基础，以后的学者以"社会人"假设为核心，从不同的侧面，对如何改善人际关系，如何调整人的行为，如何激发人的积极性、创造性等问题，做了许多有益的探讨，提出了许多有价值的管理思想。

"社会人"假设的出现开辟了管理和管理理论的一个新领域，并且弥补了古典管理理论的不足，为以后行为科学的发展奠定了基础。

三、"自动人"假设

"自动人"假设，也称"自我实现人"假设，是由美国管理学家、心理学家马斯洛提出的。自我实现是指"人都需要发挥自己的潜力，表现自己的才能，只有人的潜力充分发挥出来，人的才能充分表现出来，人才会感到最大的满足"。人们有一种想充分运用自己的各种能力、发挥自身潜力的欲望。这种假设认为人并无好逸恶劳的天性，人的潜力要充分挖掘才能得以发挥，人才能感受到最大的满足。

"自我实现人"的假设是西方市场经济高度发展的产物。机械化生产条件下，工人的工作日益专业化，特别是流水线作业的普遍运用，把工人束缚在狭窄的工作范围内。工人只是重复简单、单调的动作，看不到自己的工作与整个组织任务的联系，工作的"士气"低沉，影响产量和质量的提高。正是在这种情况下，"自我实现人"假设和 Y 理论才被提出，并采取了相应的管理措施，如工作扩大化、工作丰富化等。

但是，人的思想和行为受到环境的束缚和限制，人的发展主要是受社会影响，特别是受社会关系影响的结果。第二次世界大战之后科学的突飞猛进使企业的外部竞争环境更加激烈，生存环境愈加艰难，对企业的战略规划和科学经营决策要求随之提高，人性假设进入"复杂人"假设阶段。

四、"复杂人"假设

美国科学家沙因首先提出了"复杂人"假设。该理论认为，人不是单纯的"经济人"，也不是完全的"社会人"，而应该是因时、因地、因各种情况采取适当反应的"复杂人"。这种理论的主要内容包括：人的需要是多种多样的，而且这些需要是时刻变化的；人的各种需要和动机会发生相互作用；人的工作和生活条件是不断变化的，因此会产生新的需要和动机；由于人的需要不同，对于不同的管理方式会有不同的反应，因此，没有适合于任何时代、任何组织和任何人的普遍人性假设和管理方法。"复杂人"不拘泥于单一的人性假设，引申出了形形色色的管理流派，管理理论进入"管理丛林"阶段。

第二节 马克思主义的人性观

马克思主义的“人性观”是建立在唯物史观基础上的关于人性的科学理论，研究“现实的个人”的本质属性及其特征。人的本质是一切社会关系的总和，人性特征是普遍性与特殊性的统一、自然性与社会性的统一。马克思透过人的实际生活过程，科学地揭示了人的本质属性及其特征，从而实现了对人性的正确认识，也为认识和评价古典人性观点提供了科学依据，具有重要的理论和实践价值。

一、马克思主义人性观的理论来源和形成过程

（一）马克思主义人性观的理论来源

德国古典哲学是马克思人性观的直接理论来源，19 世纪的三大空想社会主义者也为马克思人性观的形成提供了重要的理论启示。康德的“人是目的”与“意志自律”启发了马克思关于人的主体性思想。同时，黑格尔关于“劳动是人的本质”的思想得到了马克思的高度评价。在这些思想的影响下，马克思看到了劳动对于人性的重要性，进而得出了科学的人性观。

（二）马克思主义人性观的形成过程

正如马克思主义本身有一个形成和发展的过程一样，马克思的人性观也有一个从幼稚到成熟、由不科学到科学的发展过程。可以将这一过程概括为 5 个阶段：第一阶段为从中学毕业到大学，再到《莱茵报》时期，是马克思对人性思考的初级阶段；第二阶段为从《黑格尔法哲学批判》到《德法年鉴》时期，这期间，马克思对人性有了一般性把握；第三阶段为从《1844 年经济学哲学手稿》到《神圣家族》时期，马克思开始对人性进行具体探求；第四阶段为从《关于费尔巴哈的提纲》到《德意志意识形态》时期，这期间，马克思对人性有了科学的认识；第五阶段为从《哲学的贫困》直到马克思去世，是马克思人性观不断丰富和发展的时期。

二、马克思主义人性观的内容和特点

（一）马克思主义人性观的内容

马克思主义人性观的内容可从以下几方面来理解：

1. 人作为有机体首先是自然实体，是自然界的产物。人源于动物，又超出了动物，人的自然属性与生理需要同动物相比，有着根本的区别。
2. 人从自然界分化出来，每个人都以社会成员的身份参与社会活动。
3. 人从自然界分化出来，成为名副其实的社会动物。
4. 人从自然界分化出来，在其历史发展过程中，逐渐形成了各自的个性。

（二）马克思主义人性观的特点

马克思主义人性观将人具体化、现实化，实现了对以往“抽象人性论”的颠覆，因此，了

解马克思主义人性观的特点有益于我们更好地理解马克思的人性观。

1. 总体性或全面性

这是马克思主义人性观的本质特征，是从人类生活和个人生活的整体中，而不是从某一方面出发去把握人性。具体的人性只有在社会关系的总和中才能得到理解，在单个人身上是无法考察出人的本质的。

2. 层次性

马克思主义人性观包含两个层次。一是一般的人类本性，即古今中外的人仅仅作为“人”而具有的特性；二是不同时空下人性的不同表现，即具体的人性，也就是具体时代的现实的人的本性，而这也是马克思考察的重点。它既包括不同时代下人的共性，也包括这一时代中人的个性。

3. 实践性

马克思是从人的实践活动出发谈论人性的，认为实践发展的不同水平决定了人性完善的不同程度。如社会实践发展水平不高也不低时，人性中的利己面就更具优势，因而也就表现得更突出。

4. 具体性

人性是具体的，并且有无限发展的可能性，因此每一个时代、每个个体的人性实际上是什么样子，只能从其生活的社会关系中去寻找。古今中外的人由于其不同的社会关系，所表现的具体特点和人性是不同的。

第三节　心理活动的生理基础

一、人的神经系统

神经系统是指由神经元构成的一个异常复杂的机能系统，是心理活动的主要物质基础。人的一切心理活动，都要通过神经系统的活动来实现。

（一）神经元

1. 神经元的结构、功能和种类

神经元，即神经细胞，是神经系统的基本结构和功能单位。它的基本作用是接受和传送信息。神经系统由大量神经元组成。神经元具有接受刺激、传递信息和整合信息的机能。通常，通过树突及细胞体接受传来的信息，细胞体对信息进行整合，然后通过轴突将信息传给另一个神经元或效应器。

2. 神经冲动的产生及其传导过程

神经细胞膜内膜外保持的电位差，叫作极化状态。神经细胞发生一次冲动之后，在很短的时间内，对任何刺激不做反应。因此，神经细胞冲动是脉冲式的，即使刺激是连续的，它所引起的神经冲动也是间断的。

3. 刺激过程和反应过程

客观事物或以物理的性质，或以化学的性质影响人们的感受器，感受器受影响后发生变化，从而引起传输神经的变化，进而再引起神经中枢（脑）的变化，这就是刺激过程。这个过程的关键是信息的转化。

(二)中枢神经系统和周围神经系统

人的神经系统可分为中枢神经系统和周围神经系统两部分,如图 2-1 所示。中枢神经系统包括脑和脊髓,周围神经系统包括脑神经、脊神经和植物性神经。周围神经系统分布于全身,把脑和脊髓与全身其他器官联系起来。

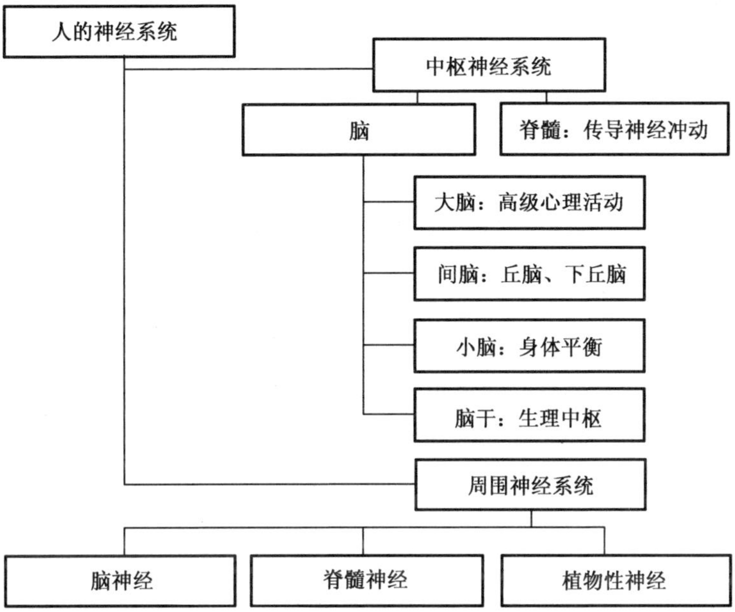

图 2-1 中枢神经系统和周围神经系统框图

二、反射和反射弧

(一)反射

一切心理现象从其产生的方式来说都属于反射。反射是神经系统活动最基本的方式,是有机体借助中枢神经系统对一定的外界刺激做出的规律性应答活动。

(二)反射弧及其结构

执行反射的全部神经结构叫作反射弧。反射弧是由五个部分组成的,即感受器、传入神经纤维、神经中枢、传出神经纤维和效应器。感受器是直接接受刺激作用的器官。效应器是执行反射动作的器官。

(三)反射弧的特殊通路和非特殊通路

反射弧的神经传导通路有两种渠道,一种是特殊通路,另一种是非特殊通路。特殊通路是由特定的神经纤维,把感受器中特定的感受细胞与大脑皮层相应中枢的特定神经细胞联系起来,以使感受器与大脑皮层相应的中枢形成空间对应关系。这种由一定刺激经过一定神经纤维通到脑的一定部位的神经联系就叫作特殊的传入通路。非特殊通路是通过脑干的网状结构来实现的。

(四)反射弧的环形通路

任何一个比较复杂的反射活动,都不是一次就能完成的单方向传导,而是在传入或传出,乃至高、低中枢之间往返传递多次,使感受器更好地接受刺激。

三、无条件反射和条件反射

(一)无条件反射

无条件反射是先天的、与生俱来的反射,又称非条件反射。无条件反射是机体和环境之间的比较恒定的联系。无条件反射对每个个体来说是与生俱来、不学而能的。它的反射弧是一种生来就有的固定的神经联系。所谓无条件反射,就是在遇到某种刺激时一定发生某种反应。无条件反射是动物维持生命所必需的。

(二)条件反射

条件反射是后天的、在个体生活过程中获得的反射。条件反射是高等动物在无条件反射的基础上形成的反射。它是动物个体生活过程中为适应环境的变化而暂时建立起来的神经联系。条件反射又可分成经典性条件反射和工具性条件反射。

1. 经典性条件反射

经典性条件反射是指一个原来并不能引起某种本能反射的中性刺激物,由于它总是伴随某个能引起该本能反射的刺激物出现,如此多次重复之后,这个中性刺激物也能引起该本能反射。巴甫洛夫称这种反射为条件反射或条件作用。

2. 工具性条件反射

工具性条件反射又称操作性条件反射或工具性条件作用,是指在一定刺激情境中,如果动物反应的后果能满足其某种需要,以后它的这种反应出现的概率就会提高。工具性条件反射是有机体在后天生活过程中通过学习而形成的一种反应。

(三)2 种信号系统

信号从性质上可以分为 2 类:一类是第一信号,又称现实信号,指的是直接作用于感觉器官的具体的条件刺激物;另一类是第二信号,指人类特有的语言文字,它可以代替第一信号引起条件反射,是第一信号的信号。据此,可将人的条件反射系统分为第一信号系统和第二信号系统。

1. 第一信号系统

用具体事物作为条件刺激物所形成的条件反射系统叫作第一信号系统,它是人与动物先天具有的。

2. 第二信号系统

用语词作为条件刺激物所形成的条件反射系统叫作第二信号系统,它是人所特有的。语词与具体刺激物密切联系着,掌握语词的人,在一般情况下,总是两种信号系统协同活动。其中,第二信号系统以第一信号系统为基础,第一信号系统又受第二信号系统的调节与支配。这两个信号系统密切联系、协同活动,才得以实现人的各种复杂的心理活动。

四、中枢神经活动的基本过程和基本规律

(一)中枢神经活动的基本过程

中枢神经活动的基本过程包括兴奋过程和抑制过程,有机体的一切反射活动都是由这两种神经过程的相互关系决定的。抑制过程是与有机体的某些活动的停止或减弱相联系的;兴奋过程是与有机体的某些活动的发动或加强相联系的。尽管它们的作用是完全对立的,但是它们又是相互依存,并可以相互转化的。中枢神经活动的基本过程可以分为非条件性抑制和条件性抑制两大类。

1. 非条件性抑制

非条件性抑制(又称无条件抑制)是有机体生来就有的先天性抑制。它包括外抑制和超限抑制。

2. 条件性抑制

条件性抑制又称内抑制,是在后天一定条件下逐渐形成的。条件性抑制主要有消退抑制和分化抑制两种。

(二)中枢神经活动的基本规律

兴奋和抑制在进行活动时是有规律的,其基本规律有以下 2 种。

1. 扩散和集中

在刺激物的作用下,兴奋或抑制过程起初虽然发生于大脑皮层一定部位的神经细胞之中,但它们不是停滞不动的,而是要向邻近部位的神经细胞传递,这就是兴奋或抑制的扩散。扩散到一定限度以后,它们又逐渐向原来发生的部位集中,这就是兴奋或抑制的集中。

2. 相互诱导

兴奋和抑制紧密联系着,其中一种神经过程可以引起或加强另一种神经过程,这种现象称为神经过程的相互诱导。相互诱导分为正诱导和负诱导 2 种。由兴奋过程引起或加强周围的抑制过程称为负诱导。相反,由抑制过程引起或加强周围的兴奋过程称为正诱导。诱导过程如果同时发生,称为同时性诱导(发生在不同部位上)。如果诱导过程相继发生,称为继时性诱导(发生在同一部位上)。

第四节　个 体 差 异

管理者为了有效地进行人员的选拔、录用、奖惩、晋升以及安排相适应的工作,需要对员工的个性品质有一个全面的了解。个体差异是在遗传、环境和个体能动性 3 个因素共同作用下形成和发展的。个体素质差异不仅表现在生理、性别和外貌上,而且更多地体现在心理上。个体素质差异是人力资源素质测评存在的客观基础。

一、心理现象

心理现象是心理活动的表现形式。一般把心理现象分为 2 类,即心理过程和个体差异(也称个性心理、个性、人格),如图 2-2 所示。心理过程是指人的心理活动过程,包括人的认知过程、情绪和情感过程、意志过程。认知过程是一个人在认识、反映客观事物时的心理

活动过程,包括感觉、知觉、记忆、思维和想象过程。个体差异主要包括个性倾向性和个性心理特征两个方面。

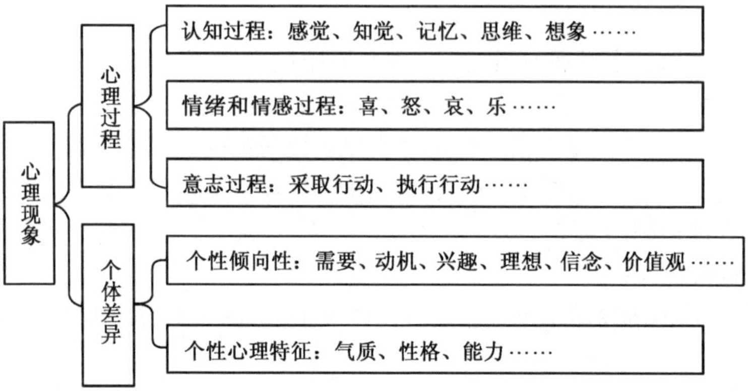

图 2-2 心理现象及其分类示意图

人的心理过程和个性(个体差异)是密切联系的。一方面,个性是通过心理过程形成的,如果没有对客观事物的认识,没有对客观事物产生的情绪和情感,没有对客观事物的积极发生的意志过程,个性是无法形成的。另一方面,已经形成的个性又会制约心理过程的进行,并在心理活动过程中得到表现,从而对心理过程产生重要影响,使之带有个人色彩。

在个性中,个性倾向性和个性心理特征是辩证统一的。一方面,个性心理特征受个性倾向性制约和调节;另一方面,个性倾向性也受个性心理特征促进和影响。任何个人都有这样或那样的个性倾向性,也有这样或那样的个性心理特征。正是这两个方面错综复杂地交织于一个人的身上,成为统一的整体,才构成了人们各不相同的个性。

二、个性倾向性

个性倾向性是指一个人所具有的意识倾向,也就是人对客观事物的稳定态度。它是个人在从事活动时的基本动力,决定着一个人的行为的方向。其主要包括需要、动机、兴趣、理想、信念和世界观。世界观在个性倾向诸多成分中居于最高层次,决定着人的总的意识倾向。

个性倾向性是决定一个人的态度的积极性和选择性的诱因系统,是个性结构中最活跃的因素。人与人之间个性的不同主要在于倾向性的不同,倾向性集中反映了个性的社会实质。个性倾向性中诸成分是互相联系、互相影响的。在一定时候,总有一个成分占主导地位。占主导地位的倾向就会对其他成分起支配作用,进而影响所有的心理活动。例如,某个人力资源管理者有了研究心理学为思想工作服务的需要,他就会集中自己的精力,抓住一切可以利用的时间进行学习,完成这个任务成了支配他行动的力量。相反,如果没有这种需要,他就不会对心理学感兴趣,更不会去钻研它。

(一)需要

1. 需要的含义

需要是个体和社会生活中必需的事物在人脑中的反映。个体为了生存和发展,必须从自然环境和社会环境中取得某些东西,当有机体缺乏某种重要刺激时,就会引起有机体的紧张,在有机体与环境之间形成不平衡状态。有机体所缺乏的某种必要的事物在人脑中的反映就是需要。需要常常在主观上以一种不满足感被人们感受和体验,是个体积极性的源泉。

2. 需要的特点

(1)对象性。需要总是指向某种对象,追求某种对象,并从对象中得到需要的满足。没有对象的需要是没有的。例如,饿了有进食的需要,其对象是食品;渴了有解渴的需要,其对象是水。可见,需要总是对一定对象的需求。

(2)紧张性。需要是有机体内部的一种不平衡状态。一种需要的出现会使人产生某种"欠缺感"。人在力求获得满足而又未得到满足的过程中常会体验到一种特有的紧张感、不适感或无法实现的苦恼感等。例如,儿童因饥饿而啼哭,成人因工作受挫而烦恼、焦虑等,都是这种紧张性的表现。

(3)动力性。需要是人活动的基本动力。人的各种活动,从饥择食、渴择饮,到从事物质资料的生产、文学艺术的创作和科学技术的发明创造等,都是在需要的推动下进行的。需要一旦出现,就会成为支配人的行为的力量,推动人从事各种活动,以满足需要。需要越强烈、越迫切,其产生的动力就越大。

(4)起伏性。已经形成的需要通常不会立即消失,它作为一种实际上起作用的力量总是断断续续的,有时呈活跃的动态,有时转入潜伏的静态。需要的这种起伏性在生理需要方面表现得最明显。例如,人饿的时候会寻找食物充饥,饱食之后,纵然有美味佳肴也难以引起食欲。

3. 马斯洛需要层次论

美国心理学家马斯洛在其《人的动机理论》一文中,阐述了人的基本需要可以分为 5 个层次,扼要地说,就是生理、安全、爱与归属、尊重和自我实现。

(1)生理需要。生理需要是直接与生存有关的需要,它具有自我保存和种族保存的意义。例如:人对食物、水、空气、睡眠、性的需要就属于这类需要。马斯洛认为,生理需要在人类各种需要中具有最强的优势,如果一个人的生理需要得不到满足,其他的需要均会被推到次要的地位。

(2)安全需要。马斯洛认为,人们喜欢一个安全的、有秩序的、可以预测、有组织的世界,在那里他有所依靠,不会发生意外的、难以控制的或其他危险的事情。安全需要的含义是广泛的,从世界和平、社会安定直至个人的安全。

(3)爱与归属的需要。马斯洛认为,爱的需要是指个人对爱、情感和归属的需要。个人在生活中感到需要朋友、爱人、孩子,渴望与同事之间有着深厚情谊。爱应该包括两方面:给别人的爱和接受别人的爱。现实社会中,要搞好人际关系,不能简单地就事论事、组织服从,而应该有感情与爱的因素。

(4)尊重需要。马斯洛认为,社会上所有的人都希望自己有稳定、牢固的地位,希望得到别人的高度评价。尊重需要包括希望别人尊重自己,自己也表现得非常自重、自尊。尊重需要分为两类:一类是希望有实力、有成就、能胜任、有信心,以及要求独立和自由;另一类是要求有名誉或威望,受到别人的赏识、关心、重视或高度评价。

(5)自我实现的需要。马斯洛认为,自我实现需要,就是指促使人的潜在能力得以实现的趋势,这种趋势就是希望自己越来越成为所期望的人物,完成与自己的能力相当的一切事情。为此,音乐家必须演奏音乐,画家必须绘画,诗人必须写诗,是什么样的角色就应该干什么样的事,这样才会使他们感到最大的快乐。我们把这种需要叫作自我实现。

(二)动机

1. 动机的含义

动机是推动和维持人们活动的内部原因和动力。要研究人的行为,必须揭示其行为的动机。只有这样才能比较准确地判断某人某种行为是偶然的,还是合乎规律的,并对活动做出预测或控制。

2. 动机的形成

人的绝大部分动机都是需要的具体表现,或者说是需要的动态表现。因此,动机是在需要的基础上产生的,但必须具备两个条件:

(1)需要的强度。只有当需要的强度达到一定水平之后,才能转变为动机引起活动。萌芽状态的需要,能够使机体产生不安之感。随着强度的增加,人就会很快地明确是什么使他感到不安,并意识到可以通过什么手段去满足需要。

(2)诱因。凡是能够引起个体动机并能满足个体需要的外部刺激称为诱因。人有了明确的需要和满足需要的手段不等于就能为满足需要而采取行动,只有与需要相适应的客体出现时,才能形成活动动机。

由需要转化为动机的两个条件并不是绝对的。当其中一项达到足够强度时,另一条件即使不具备或不充分,也能引起人们的动机行为。所以,一般认为人的动机行为既可由需要引起,也可由外界事物引起,但往往是内在条件与外在条件交互影响的结果。

3. 动机的功能

(1)始发功能。人的活动总是由一定的动机引起的,有动机才能唤起活动,它对活动起着启动的作用。动机的性质和强度不同,引起和推动作用的大小也不一样。

(2)指向功能。在动机的支配下,人体的活动总是指向一定的目标或对象,行动朝着预定的目标进行。动机不同,个体活动的方向和追求的目标也不同,如在交往动机的支配下,人们可能去看望老朋友,也可能去结交新朋友。

(3)强化功能。活动产生以后,个体是否维持这种活动,同样受动机的支配和调节。当活动指向个体所追求的目标时,相应的动机便得到强化,个体的活动也会坚持下去;相反,当活动背离了个体所追求的目标时,相应的活动动机就不断减弱,活动的积极性也随之降低,甚至完全停止。将活动的结果和个体原有目标进行对照,是实现动机的维持和调整功能的重要条件。

4. 动机的种类

动机是多种多样的,可以从不同的角度对其分类。

(1)根据需要的种类,可以把动机分为生理性动机和社会性动机。生理性动机是以机体的生理需要为基础的、天生的、比较低级的动机。这类动机的内驱力包括饥饿、口渴、缺氧、性欲、排泄、回避痛苦等。社会性动机是人们在一定社会文化生活中,在生理性动机的基础上发展起来,并推动人们从事各种社会行为的高级动机。社会性动机的内驱力包括:在人与人和睦相处中,求得安定生活和相互依赖;希望得到社会承认与赞扬;要求独立自主,期望获得成就。研究证明,具有社会性动机的力量最大。

(2)根据动机的动力来源,可以把动机分为内部动机和外部动机。内部动机是指由个体自身激发的动机,动机的满足是在活动之内,不在活动之外。活动本身就能引起人的兴趣,是活动者追求的目的。例如,学生认真学习是因为学习本身能给他带来满足和愉快,而不是为了得到他人的赞扬,可见,内部动机中的成功感或兴趣比外部动机中单纯为了金钱或物质利益而行动更具有积极作用。外部动机是指外部诱因所引起的动机。例如,工人为了获得奖金而工作,学生为了得到老师和家长的赞扬而学习。这些活动的推动力均来自活动外部的刺激,都是外部动机。

(3)根据动机来源的远近和起作用的时间,可分为直接的近景性动机和间接的远景性动机。直接的近景性动机是指与工作活动直接关联的动机;间接的远景性动机与人们对活动的社会意义的认识相联系,它是社会要求在人们活动中的反映,是人们的理想、世界观等在活动中的体现。

(三)兴趣

1. 兴趣的含义

兴趣是人们力求认识、探究某种事物和从事某种活动的认识倾向。兴趣是动机的重要表现形式,也是动机中最活跃的成分。兴趣是在需要的基础上产生和发展的。一个人只有对某种客观事物产生了需要,才有可能对这种事物产生兴趣。而且,他在满足某种需要的基础上又会产生新的需要,使原来的兴趣也得到丰富和发展。

兴趣和动机既有联系,又有区别,它们都起源于需要,都是需要的表现形式,都是行为的动力因素。但是,兴趣是动机的进一步发展。对某一事物产生了动机,但不一定能发展为兴趣,若一旦成为兴趣,则必然有与之相伴随的动机。兴趣因行动结果获得的满足而巩固、加深。

2. 兴趣的种类

根据兴趣的倾向性,可把兴趣分为直接兴趣和间接兴趣。直接兴趣是人对活动过程本身感兴趣,如对看电视、小说等的兴趣;间接兴趣是人对活动的结果感兴趣,如对学习活动没有兴趣,但对学习结果(成绩、毕业证)非常感兴趣。直接兴趣和间接兴趣可以相互转化。

根据兴趣的内容,可把兴趣分为物质兴趣和精神兴趣。物质兴趣是由物质需要所引起的兴趣,具体表现为人对某些物品的渴望和追求,如追求舒适的生活、时髦的衣饰等;精神兴趣是由精神需要所引起的兴趣,具体表现为人对文化娱乐、社会交往等活动的兴趣。

根据兴趣发展的水平和深刻性,可把兴趣分为有趣、乐趣和志趣。有趣是兴趣的低水平阶段;乐趣是在有趣的基础上发展起来的,向专一的、深入的方向发展,具有专一性、自发性和坚持性;志趣是发展到高水平的兴趣,它与人的崇高理想和远大志向相联系,与坚强的意志分不开,由乐趣经过实践和锻炼发展而来。人的志趣具有社会性、自觉性和方向性三个特点。

三、个性心理特征

个性心理特征是一个人身上经常表现出来的、本质的、稳定的心理特点,主要包括能力、气质和性格等,是在个性结构中比较稳定的成分,而不是偶然的、一时性的心理现象。它体现为一个人典型的心理活动和行为的一定质和量的水平。例如,有的人有数学才能,有的人有写作才能,有的人有音乐才能。因此,在各科成绩上就有高低之分,这是能力方面的差异。在行为表现方面,有的人活泼好动,有的人沉默寡言,有的人热情友善,有的人冷漠无情,这些都是气质和性格方面的差异。

(一)能力

1. 能力的含义

能力是直接影响活动效率,保证活动顺利完成所必备的个性心理特征。例如,一位画家所具有的色彩鉴别力、形象记忆力等,都叫能力,这些能力是保证一位画家顺利完成绘画活动的心理条件。

能力有两种含义:其一是指已经发展出或表现出的实际能力。例如,某人能讲三种外语、会开汽车等。其二是指可能发展的潜在能力。研究表明,潜在能力是尚未表现出来的心理能量,是通过学习或训练后可能发展起来的能力,它是各种实际能力发展的可能性。潜在能力被认为是实际能力形成的基础和条件,实际能力是潜在能力的展现,潜在能力的存在,使得人力资源开发成为可能。

2. 能力的分类

人的能力是各种各样的,可以从不同的角度对能力进行分类。

(1)按能力所表现的活动领域不同,可把能力分为一般能力和特殊能力。

一般能力也称认识能力,也就是平常我们所说的智力,它是指完成各种活动都必须具备的能力。它由注意力、观察力、记忆力、思考力、想象力五个因素构成。其中思考力是一般能力的核心,它代表着智力发展的水平。其他任何能力的发展和提高都与这种能力的发展分不开。

特殊能力也称专业能力,是指在某种专业活动中表现出来的能力。它是顺利完成某种专业活动的心理条件。例如,画家的色彩鉴别力、形象记忆力;音乐家区别旋律曲调特点的能力、音乐想象能力,以及感受音乐节奏的能力。

(2)按照活动中能力的创造性大小,可把能力分为模仿能力和创造能力。

模仿能力也称再造能力,是指人们通过观察别人的行为、活动来学习各种知识,然后以相同的方式做出反应的能力。

创造能力是指在活动中创造出独特的、新颖的、有社会价值产品的能力。它是成功地完成某种创造性活动所必需的心理条件。一个具有创造力的人往往能超脱具体的知觉情境、思维定式、传统观念和习惯势力的束缚,在习以为常的事物和现象中发现新的联系和关系,提出新的思想,产生新的产品。如科学发明、工具革新、小说创作、创造性地解决问题等。创造能力有独特性、变通性、流畅性的特点。

模仿能力和创造能力是紧密联系的。创造能力是在模仿能力的基础上发展起来的,人们的活动一般总是先模仿,后创造。模仿是创造的前提和基础,创造是模仿的发展。模仿能力和创造能力又是相互渗透的。模仿能力中包含创造能力的成分,创造能力中包含模仿能力的因素。

(3)按照能力的功能,可把能力分为认知能力、操作能力和社交能力。

认知能力是指人脑加工、储存和提取信息的能力。一般认为观察力、记忆力、注意力、思维力和想象力等都是认知能力。人们认识客观世界,获得各种各样的知识,主要依赖于人的认知能力。

操作能力是指人们有意识调节自己的外部动作以完成各种活动的能力,如艺术表演能力、劳动能力、体育运动能力、实验操作能力等。

社交能力是指在人们的社会交往活动中所表现出来的能力，如言语感染力、组织管理能力、决策能力、处理意外事故的能力等。这种能力对协调人际关系，促进人际交往和信息沟通有重要作用。

3. 能力与知识、技能的关系

能力与知识、技能的关系密切，它们既有区别又有联系。

能力与知识、技能属于不同的范畴。知识是对人类实践经验的概括和总结，属于经验系统。技能是指通过练习而获得的自动化的动作方式和动作系统，它表现了一个人已经达到的成就水平。而能力是指顺利实现活动的心理条件，它预示着一个人在活动中可能达到的成就水平。

能力与知识、技能有着密切的联系。首先，能力是掌握知识技能的前提。一个能力强的人较易获得某方面的知识和技能，他付出的代价比较小；而一个能力弱的人，可能要付出加倍的努力才能获得同样的知识技能。其次，能力表现在掌握知识技能的过程中。从一个人掌握知识、技能的速度与质量上可以看出他的能力大小，离开了人们掌握知识、技能的活动，能力既无从表现，也无法得到客观的鉴定。最后，能力是在知识、技能的基础上发展的。人们在掌握知识技能的过程中，也发展了自己的能力。例如，人在观察自然与社会的过程中，发展了观察力；在牢固掌握知识的过程中，发展了良好的记忆力。

4. 能力的个体差异

能力的个体差异主要表现在能力类型的差异、能力发展水平的差异、能力表现早晚的差异等方面。

(1)能力类型的差异

能力类型的差异主要表现在知觉、记忆、言语和思维等心理活动方面。

知觉方面：①分析型。知觉分析能力较强，对事物的细节能清晰地感知，但对事物的整体知觉较差。②综合型。知觉具有概括性和整体性，但分析能力较弱。③分析综合型。知觉兼有以上两种类型的特点。

记忆方面：①视觉型。运用视觉识记材料效果较好。②听觉型。运用听觉识记材料效果较好。③运动型。有运动觉参与时效果较好。④混合型。运用多种感觉进行识记效果好，大多数人属于这种类型。

言语和思维方面：①形象思维型。言语和思维的特点是形象的，情绪因素占优势。②抽象思维型。言语和思维的特点是概括的，逻辑联系占优势。③中间型。言语和思维兼有上面两种类型的特点，大多数人属于这种类型。

(2)能力发展水平的差异

个体之间在能力发展水平方面存在着个别差异。据研究，在全体人口中，人的智力水平基本呈正态分布，即智商极高和极低的是少数，绝大多数人的智力处于中等水平。

(3)能力表现早晚的差异

人的能力表现有早有晚。有的人能力表现较早，有的人能力表现较晚。具体有以下 3 种类型：

人才早熟。人才早熟也叫能力的早期表现或早慧，有些人在童年时期就表现出某些方面较高的能力水平。例如，诗人白居易，1 岁开始识字，5 岁就会作诗，9 岁时已通声韵；奥地利作曲家莫扎特，5 岁作曲，6 岁开演奏会，12 岁创作大型歌剧；美国控制论的创始人维纳，3 岁会阅读，9 岁入高中，14 岁毕业于哈佛大学，19 岁获博士学位。能力的早期表现在音乐、绘画等领域中最为常见。

中年成才。中年是成才和创造发明的最佳年龄阶段。因为中年人年富力强、体格健壮、精力充沛、感知敏锐、少保守;既有较强的抽象思维能力和记忆力,又有较丰富的基础知识、实际经验和强烈的创新意识。

大器晚成。有的人能力表现较晚,即“大器晚成”。例如,著名画家齐白石,40 岁时才表现出绘画才能;达尔文 50 岁时才开始有研究成果,写出举世闻名的著作《物种起源》;李时珍在 61 岁才写出巨著《本草纲目》。

5. 能力的测量

能力测量是心理测验的重要内容之一,它是使用经过检验证明具有一定信度、效度、稳定性的标准化的能力测量量表,来对一个人能力的发展水平及其倾向性加以鉴定,并用数值加以标示的一种科学方法和手段。

能力测量可以有不同的分类。按能力的种类来分,有一般能力测量、特殊能力测量和创造力测量;按测验方式来分,有个体测验和团体测验;按测验内容的表述形式来分,有文字测验和非文字测验。能力测量可以用于测定儿童的能力,以实现因材施教;也可用于对各种专业人员的选拔,做到任人唯贤、人尽其才;它还能对某些心理疾病做出早期诊断和检验智力结构理论等。

(1)一般能力测量

一般能力测量也叫智力测量,是用一定的智力测量量表来衡量人的智力发展水平的一种科学方法或手段。智力测量在世界各国早已有之,我国古代就有七巧板、九连环等测量能力的工具。但是,首先用科学方法把测验编制成量表来测量一个人的智力的人是法国心理学家比奈。1905 年,比奈和西蒙合作编制了世界上第一个智力测量量表,即比奈-西蒙智力测量量表。目前,国际上常用的智力测验量表有三种:斯坦福-比奈智力测量、韦克斯勒智力测量和瑞文标准推理测验。

①斯坦福-比奈智力测量量表。比奈-西蒙智力测量量表发表后,被世界各国广泛使用,其中最著名的是美国斯坦福大学的心理学家推孟教授的修订版,即斯坦福-比奈智力测量量表(简称 S-B 量表),该量表于 1916 年出版,又经 1937 年、1960 年、1972 年 3 次修订成为国际上最有影响的量表。1924 年,我国心理学家陆志韦根据 1916 年的 S-B 量表修订成《中国比奈-西蒙智力测验量表》,后经两次修订,成为中国的比奈智力测验量表。在斯坦福-比奈智力测量量表中,推孟首次引用智商(IQ)的概念来表示智力测量的结果。智商是智力年龄与实际年龄之比,为避免出现小数,将商数乘以 100,其公式为

$$智商(IQ)=智力年龄(MA)/实际年龄(CA)\times 100$$

这种智商称为比率智商,其中,智力年龄是利用被试所通过的测验项目来计算的。智力测验的项目是按年龄分组编制的。每个年龄组的测验都由 6 个项目组成,内容包括绘画、折叠、给单词下定义、判断词义、回忆故事、进行推理活动等许多方面。随着年龄的增长,项目的难度也逐渐增加。

②韦克斯勒智力测量量表。韦克斯勒是美国纽约贝勒维精神病院的心理学家,他根据自己的智力理论分别编制了适用于儿童、幼儿和成人的智力测量量表,即韦氏儿童智力测量量表(WISC)、韦氏成人智力测量量表(WAIS)、韦氏学前和学龄初期儿童智力测量量表(WPPSI)。这些量表能够测量出范围较为广泛的能力水平,被试年龄范围为 4 岁至 80 岁。

韦氏智力测量量表包含了言语和操作两个分量表,可以分别测量个体的言语能力和操作能力。言语分量表包含的项目有词汇、常识、理解、回忆、发现相似性和数学推理等,操作量表包含的项目有完成图片、排列图片、实物组合、拼凑、译码等。应用韦氏量表,不仅可以测量出智力的一般水平(综合智商),而且可以测量出智力的不同侧面:言语智商和操作智商。

韦克斯勒还革新了智商的计算方法,首创用离差智商的概念代替比率智商。离差智商表示的是一个人的智力与同年龄组正常人的智力平均数之比,即通过一个人在同年龄组正常人中占的相对位置,表示他的智力发展水平。这样,智商就可以不受年龄影响,可以对各年龄的被试者进行比较。

③瑞文标准推理测验。瑞文标准推理测验是英国心理学家瑞文于 1938 年编制的非文字智力测验。该量表由 60 张图片组成,共分为 5 组,每组 12 张。A 组测知觉辨别力、图形想象力,B 组测类同、比较、图形组合,C 组测比较、推理,D 组测系列关系、比拟、图形组合,E 组测互换、交错等抽象推理能力。这是一种非语言式的智力测验,不受知识经验、民族习惯等因素的影响,可用于不同年龄、不同性别的个体测验或团体测验。该量表在国内外医学界和心理学界被广泛使用。

(2)特殊能力测量

特殊能力测量也叫专业能力测量,主要用来测定个体某方面特有的潜在能力。研究表明,各种特殊能力都有自己的结构,为了测量从事某种专业活动的能力,就要对这些活动进行分析研究,找出它所要求的心理特征,然后根据这些特征列出测验题目,设计测验,实施测量。

主要的特殊能力测量有音乐能力测量、美术能力测量、表演能力测量、数学能力测量、文书能力测量、机械能力测量、飞行能力测量、管理能力及其他特殊能力的测量。特殊能力的测量主要用于职业定向指导、就业人员的筛选和安置,以及有特殊能力儿童的发现和培养。

(3)创造能力测量

创造能力测量不同于一般能力测量。一般能力测量的内容通常为常识性的,并且有固定答案的问题,因此测量的结果主要反映个人的记忆、理解和一般的推理能力。而创造能力测量的内容不强调对现成知识的记忆与理解,而强调思维的流畅性、变通性与超乎寻常的独特性。目前,世界上主要的创造力测验有南加利福尼亚大学发散性思维测验、托兰斯创造性思维测验和芝加哥大学创造力测验。

(二)气质

1. 气质概述

气质是表现在心理活动的强度、速度、灵活性、倾向性等方面的动力特征,使人的全部心理活动都染上独特的个人色彩,通常称为“脾气”“秉性”。例如,有的人脾气暴躁,易动感情;有的人沉着冷静,不动声色;有的人反应迅速敏捷,活泼好动;有的人反应较迟钝,行动缓慢稳重。

2. 气质的生理机制

气质是一个古老的概念。从古至今,人们为了揭示气质的实质,探明气质的生理机制,进行了大量的研究探讨,创立了许多不同的气质学说。

(1)体液说。公元前5世纪,古希腊医生希波克拉底,根据自己的医学实践,提出了“体液理论”,这是最早的有关气质的学说。他认为人体内有4种体液,即黄胆汁(产生于肝脏)、血液(产生于心脏)、黏液(产生于脑)和黑胆汁(产生于胃)。根据人体内这4种体液的混合比例,以哪一种占优势,就属于哪一种气质类型。一般把人的气质分为4种典型的类型:血液占优势的属于多血质;黄胆汁占优势的属于胆汁质;黏液占优势的属于黏液质;黑胆汁占优势的属于抑郁质。

(2)体形说。德国心理学家、精神病学家克瑞奇米尔根据对精神病患者的临床观察,于1925年提出按体形划分人的气质类型的理论。他把人的体形分成三类:肥胖形、瘦长形和筋骨形。他认为体形决定人的气质特点。例如,肥胖形产生躁狂气质,其行动倾向为善交际、表情活泼、热情、平易近人等;瘦长形产生分裂气质,其行动倾向为不善交际、孤僻、神经质、多思虑等;筋骨形产生黏着气质,其行动倾向为迷恋、认真、理解缓慢、行为较冲动等。同时他还认为三种体形与不同精神病的发病率有关。肥胖形的人较多出现躁狂症,瘦长形的人较多出现精神分裂症,筋骨形的人较多出现癫痫症。美国心理学家谢尔顿在1942年也提出了体形与气质的理论。

(3)血型说。日本学者古川竹二认为血型决定气质类型。A型气质的特点是老实稳妥、温顺、多疑虑、怕羞、孤僻、离群、依靠他人、易冲动;B型气质的特点是感觉灵敏、不怕羞、善于社交、好管闲事;O型气质的特点是意志坚强、好胜、霸道、不听从指挥、爱支使别人、有胆识;AB型气质的特点是以A型为主,含有B型的成分,外表是B型,内里是A型。

(4)激素说。根据分泌腺活动的特点来阐明气质类型的学说,认为内分泌活动与气质有关。柏尔曼等人根据人的某种腺体分泌激素的多少,把人分为甲状腺型、肾上腺型、脑垂体型、副甲状腺型和性腺型5种类型。“甲状腺型”如果分泌物多,表现为精神饱满、感知灵敏、意志力强;如果分泌物少,则表现为迟钝、缓慢,可能发生痴呆症。“肾上腺型”表现为皮肤干黑,毛发浓密,精力旺盛,健壮有力,情绪易激动,好冲动。“脑垂体型”如果分泌物增多,表现为骨骼粗大,性欲强,脑力发达,有自制力;如果分泌物减少,则身体矮小,肌肉萎缩。“副甲状腺型”分泌物多,表现为易激动,缺乏控制力;分泌物少,则表现为肌肉无力,精神不足,缺乏生活情趣。“性腺型”分泌物多,表现为进攻行为猛烈;分泌物少,则进攻行为少,易对文学、艺术、音乐感兴趣。

(5)高级神经活动类型学说。俄国心理学家巴甫洛夫通过动物实验研究发现,高级神经活动的兴奋和抑制过程特性的、独特的、稳定的组合,构成高级神经活动类型。高级神经活动的兴奋和抑制过程具有强度、平衡性、灵活性三个基本特性。神经过程的强度,是指神经细胞和整个神经系统经受强烈刺激、持久工作的能力和耐力,有强弱之分。神经过程的平衡性,是指兴奋与抑制两种过程之间的力量对比,有平衡与不平衡之分。神经过程的灵活性,是指兴奋与抑制两种过程之间相互转化的速度,有快慢之分。这三种特性的不同组合,构成四种高级神经活动类型:强、不平衡型(兴奋型),强、平衡、灵活型(活泼型),强、平衡、不灵活型(安静型),弱型(抑郁型),分别与四种气质类型相对应。高级神经活动类型与气质类型的关系如表2-1所示。

表 2-1 高级神经活动类型与气质类型的关系

神经系统的基本特点	高级神经活动类型	气质类型
强、不平衡	兴奋型	胆汁质
强、平衡、灵活	活泼型	多血质
强、平衡、不灵活	安静型	黏液质
弱	抑郁型	抑郁质

3. 气质与管理

气质对人的行为有一定影响。管理者应了解职工的气质,这对于选拔人才,搞好管理,充分发挥人的潜能等都有重要意义。在管理中要充分认识到气质在员工身上的具体体现,采取有针对性的管理手段。

(1)气质类型无好坏之分。任何一种气质都有其积极的一面和消极的一面,各类气质都有其优点和缺点。

(2)气质不能决定一个人活动的社会价值和成就的高低。据研究,俄罗斯历史上的四大文豪分别属于四种气质类型:普希金有明显的胆汁质特征,赫尔岑是多血质,克雷洛夫为黏液质,果戈理是抑郁质。不同的气质类型并不影响他们在文学上取得的杰出成就。

(3)气质可以影响人的活动效率。气质虽然在人的实践活动中不起决定性作用,但是它可能影响活动的效率。例如,要求做出迅速灵活反应的工作,对于多血质和胆汁质的人较为适合,而黏液质和抑郁质的人则难适应。反之,要求持久、细致的工作对黏液质、抑郁质的人较为合适,而多血质、胆汁质的人又较难适应。

(4)气质可以影响人的情感和行动。气质对于形成和改造人的某种情感与行动特点,或个性特征等方面,都具有很大的影响,在做管理工作和员工思想工作时要特别重视。

4. 气质理论应用原则

(1)气质绝对原则。气质在人的实践活动中不起决定性作用,它不代表能力的大小,也不代表道德水平的高低,但它有可能影响人们活动的效率。对于某些特殊的工作,要求从事这种工作的人必须具备相应的气质特征,即只有具有这种气质的人才能从事这种工作,这就叫作气质绝对原则。如飞机驾驶员,当飞机降落时,在 5 min 之内进行一百多个操作动作,注视仪表达一百多次,每次注视的时间只有 0.4~0.6 s,这就要求飞行员反应迅速敏捷,具有多血质和胆汁质的人较为合适,而具有黏液质和抑郁质的人则较难胜任。

(2)气质互补原则。一般来说,完成简单的、机械的工作任务时,由于主要表现为人与机器的关系,人与人之间不发生关系或关系甚少,具有相同气质的人在一起工作,能够取得较为理想的工作效率。而当完成复杂的、灵活的工作,不仅存在人机关系,更多的是处理人与人之间的关系时,同类气质的人在一起工作效能反而低,必须是具有不同气质类型的人有机地组合在一起,形成气质互补包容的氛围,才能取得较高的效率,更好地完成工作。

(3)气质发展原则。气质虽无好坏之分,但各种气质类型都有其积极的一面,也有其消极的一面。正确认识每种气质类型的特点,了解它对不同工作性质的长处和短处,人们就可主动地以其长处补其短处。气质虽然具有“天赋性”,一般很难改变,但在客观条件的影响下,气质特征会发生缓慢变化,这是一种量的变化,不是质的变化。比如随着年龄的增长,在教育与环境影响下,气质可以有一定程度的改变,但变化是比较缓慢、微弱的,它与个性的其他心理特征相比,更具有稳定性。

(三)性格

1. 性格概述

性格是一个人独特而稳定的个性特征,它表明一个人对现实的态度和相应的习惯化的行为方式。诚实或虚伪、勇敢或怯懦、勤劳或懒惰、果断或优柔寡断等都被认为是性格特征。性格是由许多性格特征所组成的统一体。性格特征表现在人对现实的态度和行为方式中。

首先,性格表现为人对现实的态度和与之相适应的行为方式。性格是在社会实践活动中,在与客观环境相互作用的过程中形成的。当客观事物作用于个体时,人往往会对它抱有一定的态度,并做出与这种态度相应的行为活动。个体对客体的态度和行为方式通过不断重复得以保存和巩固下来,就构成了个人所特有的、稳定的态度和习惯化的行为方式。这种主体对客体的态度体系和行为方式标志着性格的本质特点。例如,有的人宽以待人,对人热情、真诚;有的人对人尖刻、虚伪;有的人严于律己、谦虚谨慎;有的人则自高自大、盛气凌人;有的人遇到危险和困难时,勇敢无畏;有的人则怯懦退缩。这些表现在人对现实态度和行为方式中的心理特征就是性格。

其次,性格是个体稳定的个性心理特征。在某种情况下,那种属于一时的、情境性的、偶然的表现,不能构成人的性格特征。一个人在一次偶然的场合表现出胆怯的行为,不能据此就认为这个人具有怯懦的性格特征。一个人在某种特殊条件下,一反常态地发了脾气,也不能据此就认为这个人具有暴躁的性格特征。只有那些经常的、一贯的表现才会被认为是个体的性格特征。

最后,性格又是个性中具有核心意义的心理特征。人的性格是后天获得的一定思想意识及行为习惯的表现,是客观的社会关系在人脑中的反映。所以,性格有好坏之分,在性格特征中占主导地位的是思想道德品质。正因为如此,在各种个性特征中,性格最能表征个性的差异,它是个性中最具核心意义的部分,它直接影响着气质、能力的表现特点与发展方向。

2. 性格与能力、气质的关系

性格、能力、气质都属于人的个性心理特征,它们既相互区别,又相互联系。

(1)性格和能力是有区别的。能力反映一个人的智慧特征,是决定心理活动效率的心理因素,是顺利完成某种活动的基本条件。性格则表现为人的活动指向什么,采取什么态度,怎样进行。如果一个人的记忆力比较差,这反映了这个人的能力特点;如果这个人不论识记什么材料总是粗枝大叶、马马虎虎,就反映了这个人的性格特点。性格与能力也是相互联系、相互影响的。首先,能力影响着性格的形成与发展,如良好的观察力对果断、勇敢等性格特征的形成与发展起着重要作用。因此,在能力发展过程中,相应的性格特征也会发展起来。其次,性格也制约着能力的形成与发展。一方面,性格影响着能力的发展水平。研究表明,在智力水平相当的两个员工中,勤奋、自信、富于创新精神的员工,能力发展较快;相反,懒惰、墨守成规的员工,能力就不可能实现高水平的发展。另一方面,优良的性格特征往往能够补偿能力的某些缺陷。所谓"勤能补拙",正说明勤奋这种性格特征对某些能力缺陷的补偿作用。

(2)性格与气质既有区别,又有联系。二者的区别表现在:首先,性格是指人在对现实

【思考与探讨】

1. 四种人性假设的基本观点是什么?
2. 马克思主义人性观的内容和特点是什么?
3. 马斯洛需求层次论的观点有哪些?
4. 能力测试的方法有哪些?
5. 性格差异在管理中有哪些作用?

第三章　人力资源战略规划

人力资源战略规划是人力资源工作的起点，是企业人事行动的指南和工作纲领。在战略规划层次上，人力资源规划主要涉及的内容包括企业外部环境因素分析、预计未来企业总需求中对人力资源的需求、估计远期的企业内部人力资源数量、人力资源规划的调整等，重点在分析问题。在经营计划的层次上，人力资源规划涉及对人力资源需求与供给量的预测，并根据企业人力资源的方针政策，制定具体的行动方案。

【学习目标】

1. 了解企业战略与企业战略管理的含义与特征。
2. 掌握人力资源战略的 3 种类型。
3. 熟悉人力资源战略规划的内容。
4. 掌握影响人力资源战略规划的内外部环境。
5. 掌握人力资源战略制定流程。
6. 掌握人力资源需求、供给的预测方法。

第一节　人力资源战略规划概述

一、企业战略与企业战略管理

“战略”的概念最早产生于战争和军事活动。1938 年，管理学家切斯特·巴纳德所著《经理的职能》一书，在对企业经营活动中的各种影响因素分析中，提出战略的构想。

(一) 企业战略与企业战略管理的含义

企业战略是指企业在激烈竞争的市场环境中，为求得生存和发展而做出的长远性、全局性的规划，以及为实现企业远景规划和使命而采取的竞争行为和管理业务的方法。具体来说，企业战略就是要确定企业与外部环境的关系，规划企业所要从事的经营范围、成长方向和竞争对策，合理地组织企业结构和分配企业的全部资源，从而获得某种竞争优势。企业战略可划分为 3 个层次：公司战略、业务战略、职能战略。

企业战略管理是指企业为实现战略目标，制定战略决策、实施战略方案和控制战略绩效的动态管理过程，是企业分析竞争环境以发现威胁和机会，分析自身资源和能力以明确优势和弱点，然后将这种分析结果相互匹配，扬长避短，趋利避害以选择战略的过程。匹配定义是当前在战略管理领域中占据支配地位的方法。这一分析过程通常叫作 SWOT 分析，即优势(strengths)、弱点(weakness)、机会(opportunities)与威胁(threats)分析。

(二) 企业战略和企业战略管理的特征

1. 企业战略的特征

从形成的性质看，企业战略是有关企业全局发展的、整体性的、长期的战略行为。

从参与战略形成的人员看,企业战略的制定与实施人员主要是企业的高层管理人员。

从对企业发展的影响程度看,公司战略与企业的组织形态有着密切的关系。当企业组织形态简单,经营业务和目标单一时,企业战略就是业务战略。当企业的组织形态趋向复杂,经营业务和目标多元化时,企业战略也会相应趋于复杂化。

从战略的要素来看,产品与市场领域以及增长向量是企业战略这一层次中主要的构成要素,因而对公司战略的影响较大。

2. 企业战略管理的特征

企业战略管理是一种高层次管理。它不是企业的日常管理和各项职能的管理。因此,它必须由企业的高层领导推动才能顺利进行。

企业战略管理是一项整体性管理。它是一项涉及企业所有部门以及所有相关因素的管理活动。

企业战略管理是一种动态性管理。由于企业的外部环境条件在不断地发生变化,同时,企业战略管理活动自身可能具有一定的偏差性,因此,企业战略管理活动也必须进行适当的调整,具有一定的动态性。

二、人力资源战略和人力资源战略规划

(一)人力资源战略

人力资源战略是科学地分析、预测组织在未来环境变化中人力资源的供给与需求状况,制定必要的人力资源获取、利用、保持和开发策略,满足组织在需要的时间和需要的岗位上,对人力资源在数量上和质量上的需求,使组织和个人获得不断地发展与收益。人力资源战略是企业战略的重要组成部分,是一种职能战略。

人力资源战略指导着企业的人力资源管理活动,它使不同的人力资源管理活动之间能够有效地配合。因此,不同的人力资源战略必然会影响到人力资源的管理活动。人力资源战略可以分成 3 种类型:聚集型战略、利用型战略和促进型战略。

1. 聚集型战略

用长远观点来看待人力资源管理,注重人才的培训,通过甄选来获取合适的人才。以终身雇用为原则,以公平原则来对待员工,员工晋升速度较慢。薪酬是以职务及年资为标准,高层管理者与新员工工资差距不大。

2. 利用型战略

用短期观点来看待人力资源管理,主要目的是利用,较少提供培训。企业职位一旦有空缺,随时进行填补,非终身雇用制,员工晋升速度快,采用以个人为基础的薪酬。

3. 促进型战略

把员工看成资源,组织通过提供一定的条件,促进员工个人能力的提升,个人不仅需要具备技术性能力,同时要有良好的人际关系能力。在培训方面,员工个人负有学习的责任,公司只提供协助。通过人力资源管理,促使员工与组织共同成长。

(二)人力资源战略规划

人力资源战略规划可分为广义的人力资源战略规划和狭义的人力资源战略规划。

广义的人力资源战略规划是指根据组织的发展战略、目标及组织内外部环境的变化,

预测未来的组织服务和环境对组织的要求,以及为完成这些任务,满足这些要求而提供人力资源的过程。强调人力资源对组织战略目标的支撑作用,从战略层面考虑人力资源战略规划的内容和作用。

狭义的人力资源战略规划是指对可能的人员需求、供给情况做出预测,并据此储备或减少相应的人力资源,以追求人力资源的平衡为根本目标,主要关注人力资源供求之间的数量、质量与结构的匹配。

1. 人力资源战略规划的含义

寻求人力资源供给与需求的动态平衡是人力资源规划的基点,也是人力资源战略规划存在的必要条件。

人力资源战略规划的过程是一个不断调整的动态过程。

必须有人力资源管理其他系统的支持和配合,才能保证适时、适人、适岗。

人力资源战略规划是要保障组织和个体都得到长期的利益。

2. 人力资源战略规划的内容

人力资源战略规划的内容包括数量、结构和素质规划。

(1)人力资源数量规划

人力资源数量规划是依据未来企业业务模式、业务流程和组织结构等因素,确定未来企业各级组织人力资源编制及各职类、职种人员配比关系或比例,并在此基础上制订企业未来人力资源需求计划和供给计划。人力资源需求计划和供给计划需要细化到各职类、职种人员的需求与供给上。

(2)人力资源结构规划

人力资源结构规划是依据行业特点、企业规模、未来战略重点发展的业务及业务模式,对企业人力资源进行分层分类,同时设计和定义企业的职类、职种、职层人员在企业发展中的地位、作用和相互关系。人力资源结构规划的目的是要打破组织壁垒(如部门)对人力资源管理造成的障碍,为按业务系统要求对相关人员进行人力资源开发与管理提供条件。同时,人力资源结构规划也为建立或修订企业人力资源管理系统(如任职资格体系、素质模型、薪酬体系和培训体系等)打下基础。

(3)人力资源素质规划

人力资源素质规划是依据企业战略、业务模式、业务流程和组织对员工的行为要求,设计各职类、职种、职层人员的任职资格要求,包括素质模型、行为能力及行为标准等。人力资源素质规划是企业开展选人、用人、育人、留人活动的基础与前提条件。人力资源素质规划有两种表现形式:任职资格标准和素质模型。任职资格标准要反映企业战略及组织运行方式对各职类、职种、职层人员的任职行为能力要求,素质模型则反映各职类、职种、职层需要具备何种行为特征,才能满足任职所需的行为能力要求。

第二节　人力资源战略规划的内外部环境与战略规划制定流程

人力资源战略规划是在综合分析企业外部环境和内部环境基础上形成的规划,表明在未来一段时间内,围绕企业发展战略所表现出来的企业对员工的需求和供给状况。

一、人力资源战略规划的外部环境

人力资源战略的外部影响因素，主要包括与人力资源管理相关的经济环境、行业环境、政治与法律环境、技术环境以及劳动力市场环境。

（一）经济环境

经济环境是指构成企业生存和发展的社会经济状况和国家经济政策，包括国家经济体制、经济结构、发展阶段和发展状况以及宏观经济政策等要素。经济环境是企业运行的大环境，对企业人力资源管理活动有很大的影响。例如，当前我国经济处于转型时期，相对于经济发达国家而言，在经济总体环境运行的成熟度上还有所欠缺，但作为世界上最大的新兴经济体，我国经济发展势头良好，经济发展速度较快。在这种大环境下，企业的人力资源战略更多的是一种配合企业快速壮大发展的人才扩展战略。

（二）行业环境

行业环境包括供应商、潜在竞争者、现有竞争者、替代者和顾客等方面。行业环境对人力资源战略的影响主要体现为现有竞争者、顾客和市场模式3个因素。首先，随着知识经济时代的到来，企业之间的竞争焦点逐渐转移到人力资源的竞争上，同行业企业之间的人才跳槽现象也对员工培训、职业生涯管理提出了新挑战。因此，在制定人力资源战略时，竞争者的人力资源战略是需要考虑的重要因素。其次，顾客需求是企业的生存之本，顾客需求的变化要求企业的生产方式、生产流程发生转变，从而要求企业员工技能的转变，进而使员工培训、绩效考核、薪酬福利等发生变化。最后，市场模式的变化也对企业人力资源管理实践产生了重要影响。有学者研究发现，市场模式的变化会影响企业的人力资源管理，企业面临产品市场的全球化竞争程度越高，采用战略性人力资源管理措施的可能性就越大。

（三）政治与法律环境

企业经营离不开国家特定的政治制度、方针政策和法律环境。企业制定和实施任何人力资源战略，都必须符合国家和地方政府主管部门发布的各种法律法规，这是企业能够正常、长久经营的重要保证。

（四）技术环境

技术因素会持久地推动组织采取战略性人力资源管理措施。随着技术的进步，组织的岗位要求在不断发生变化，要求员工掌握更多的知识、技术、技能才能胜任。因此企业要密切关注技术发展动向，预测本企业业务及岗位对工作技能需求的变化，制定和实施有效的人力资源战略。

（五）劳动力市场环境

劳动力市场是影响人力资源战略的一个重要因素。当前，我国劳动力市场的总体状况是总体劳动人口较多，高素质人口比例较低，人力资源结构不能与快速发展的转型经济结构相适应，劳动力的区域分布与行业分布不平衡，这些给企业的人才招聘和培养带来很多难题。

二、人力资源战略规划的内部环境

企业人力资源战略规划的内部环境，主要包括企业战略、组织结构、企业发展阶段和企业文化等。

(一)企业战略

人力资源战略是企业总体战略的一部分，企业战略是企业人力资源战略的首要决定因素。首先，人力资源战略必须与企业战略相匹配，即企业必须依据企业总体战略、企业的业务战略来制定相应的人力资源战略。其次，人力资源战略必须对企业战略起支持作用，人力资源管理各项实践都要与企业战略达到“捆绑式”匹配，通过系统有效的人力资源管理，协调员工与企业的关系，充分调动全体员工的积极性和创造性。

(二)组织结构

组织的结构(如组织规模)会影响组织采取的人力资源战略。不同的组织结构类型会对企业的人力资源战略规划产生影响。对于中型以上企业，复杂的组织结构需要精细的人力资源管理措施。

(三)企业发展阶段

企业生命周期理论指出，企业是一个生命的有机体，有其诞生、成长、壮大、衰退直到死亡的过程，在这个生命周期的不同阶段，企业的生产经营和人才使用有着不同的特点。企业生命周期通常被划分为创业期、成长期、成熟期和衰退期。各个阶段企业的主要矛盾和特点不同，人力资源战略也不同。

(四)企业文化

企业文化是企业在长期的生产经营中，逐步形成和发展起来的特定价值观、员工行为规范、道德准则和企业精神等。企业文化作为一个企业“社会情境”的重要组成部分，对企业经营管理的各个方面产生重要影响，在很大程度上影响人力资源战略管理的动态过程。

三、人力资源战略制定流程

人力资源战略的制定是一个从外到内、再由内到外的过程，包括准备分析阶段、供需预测阶段、平衡分析阶段、制定实施阶段、控制评价阶段，如图 3-1 所示。

准备分析阶段	供需预测阶段	平衡分析阶段	制定实施阶段	控制评价阶段
搜集并了解组织外部环境、战略决策、经营环境的相关信息，认清组织战略目标和内外部条件的变化趋势	准确剖析人力资源需求和供给的相关信息；寻找并分析人力资源供给和需求的影响因素，确定供给和需求预测的具体方法	比较可提供的供给、需求的预测值，确定未来某一时间整个组织和每一个岗位的人员净需求（包括某类人员的短缺或剩余）	根据人力资源预测的结果，制订供求平衡的总计划，根据预测未来人员短缺或剩余的具体情况，制定出相应的人力资源政策和措施	对规划执行过程进行监督；确定评估标准，对规划过程的质量、成本、时间效率、效果等进行评价，及时反馈评估结果，找出原因，提供建议

图 3-1 人力资源战略制定流程示意图

第三节 人力资源供求预测与平衡方法

人力资源需求预测是指根据企业的发展规划和企业的内外条件，选择适当的预测技术，对人力资源需求的数量、质量和结构进行预测。人力资源供给预测包括人力资源外部供给预测和企业内部供给预测。

一、人力资源需求预测方法

人力资源需求预测方法主要分为定性预测和定量预测两大类。

（一）定性预测方法

1. 经验预测法

经验预测法适合于较稳定的小型企业，是一种利用现有的情报和资料，结合以往的经验和本企业的实际特点，来预测企业未来人员的需求。预测的结果受经验的影响较大，且不同的管理人员经验不同。因此，通过保存历史档案，查阅历史资料和多人综合预测等方法可以提高预测的准确度，减少误差。这种方法适合于一定时期内企业的发展状况没有发生方向性的变化的情况，通常用于短期预测。

2. 管理评价法

管理评价法是预测企业人力资源需求最常用的一种主观预测法。它是由高层管理者、部门经理和人力资源部专员等人员一起预测和判断企业在某段时间对人力资源的需求。其预测的主要依据是企业的目标、生产规模、生产需求、销售或者服务规模、人员配置及流动性等。这种方法的主要缺点是主观性强，受判断依据以及判断者经验的影响较大，通常用于中短期预测。

3. 德尔菲法

德尔菲法又称专家预测法，是邀请某领域的一些专家或有经验的管理人员，采用问卷调查或小组面谈的形式对企业未来人力资源需求量进行分析、评估和预测，并最终达成一致意见的方法。德尔菲法预测的整个过程如图 3-2 所示。

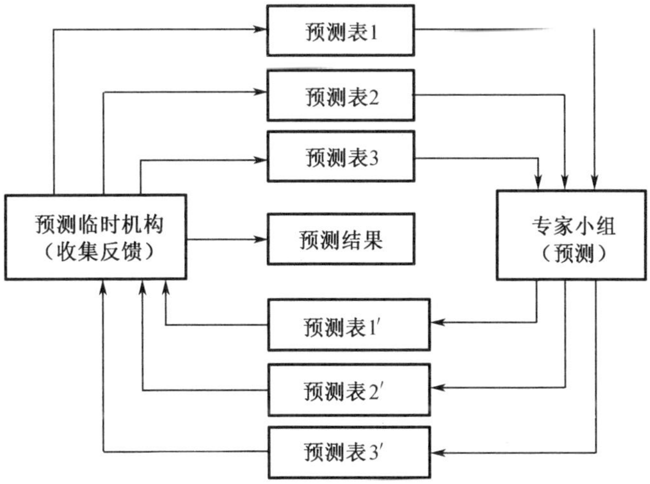

图 3-2 德尔菲法预测的过程示意图

德尔菲法适用于企业人力资源长期预测,由于“背靠背”的形式可以免除某一权威专家对其他专家的影响,而使每位专家能够独立发表看法。

(二)定量预测方法

1. 趋势预测法

趋势预测法属于时间序列方法,是利用企业的历史资料,根据某些因素的变化趋势,预测相应的某段时期企业对人力资源的需求。一般假设其他的一切因素都保持不变或者变化的幅度都保持一致,针对某一特定影响因素的变化量,通过历史数据推断未来人力资源需求的数量。

2. 统计预测法

统计预测法是指根据历史数据建立数学模型,并由此对未来的需求做出预测的一种定量的预测方法。常见的是回归预测法。例如,根据医院的病床数和医护人员的相关关系,来确定在未来医院规模扩大情况下病床的增加量,可以预测出相应的医护人员需求数量。

3. 工作负荷预测法

按照历史数据、工作分析的结果,先计算出某一特定工作每单位时间(如一天)的每人的工作负荷(如产量),再根据未来的生产量目标(或者劳务目标)计算出所需要完成的总工作量,然后依据前一标准折算出所需要的人力资源数量。

4. 劳动定额法

劳动定额法又称比率分析法。劳动定额是对劳动者在单位时间内应该完成的工作量的规定。在已知企业的计划任务总量,以及在科学合理的劳动定额的基础上,运用劳动定额法能够比较准确地预测企业人力资源需求量。一般情况下,国家有劳动定额标准。

二、人力资源供给预测方法

人力资源供给预测分为内部供给预测和外部供给预测。

(一)内部供给预测

1. 技术清单法

技术清单是反映员工工作能力特征的列表,这个列表包括员工的培训背景、工作经历、技能等级、工作能力的评价,以及身体状况和个人职业倾向等内容,如表 3-1 所示。

表 3-1 技能清单表

姓名:		部门:	班组:	工作地点:	填表日期:
到职日期:		出生年月:	婚姻状况:	家庭住址:	工作职责:
教育经历	类别	学科种类	毕业时间	学校	主修专业
	高中				
	本科				
	硕士				
	博士				

表 3-1(续)

姓名：	部门：	班组：	工作地点：	填表日期：
到职日期：	出生年月：	婚姻状况：	家庭住址：	工作职责：
训练经历	训练主题	训练科目		训练时间
技能	技能种类	技能等级		技能证书
志向	是否愿意承担其他工作		是	否
	是否愿意调至其他部门		是	否
	是否愿意接受工作轮换		是	否
	如可能，愿意承担哪种工作			
您认为自己需要接受何种培训				

2. 人员替代法

将每个工作职位都视为潜在的工作空缺，而该职位下的每个人都是潜在的供给者。人员替代法是一种把人力资源规划与组织战略目标有机结合起来的较为有效的方法。人员替代法流程如图 3-3 所示。我国公共组织实施的后备干部选拔和培养计划就是一种人员替代法的具体运用。

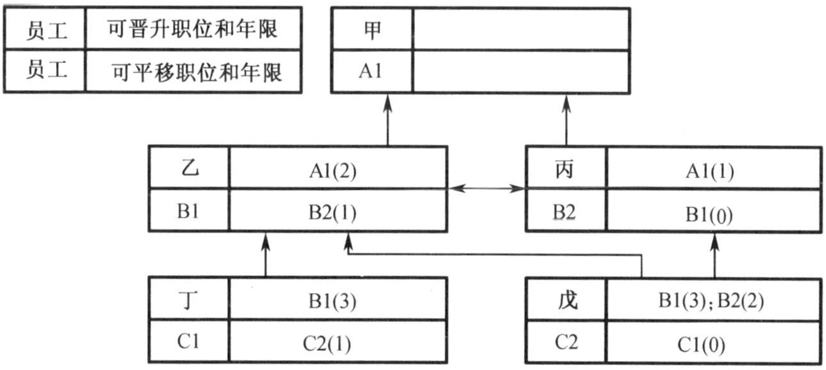

图 3-3　人员替代法流程图

3. 马尔科夫法

运用统计学原理预测组织内部人力资源供给的方法。基本思路是通过具体历史数据的收集，找出组织过去人事变动的规律，由此推测未来的人事变动趋势。

其基本步骤包括：根据组织的历史资料，计算出每类员工流向另一类或另一级别的平均概率；根据每类员工的每一级别流向其他类或级别的概率，建立一个人员变动矩阵表，如

表 3-2 所示;根据组织年底种类人数和人员变动矩阵表来预测未来组织可供给的人数,如表 3-3 所示。将计划初期每一种人员数量与每一种人员调动概率相乘,然后纵向相加,就可以得到组织内未来人员的净供给量。

表 3-2　人员变动矩阵表

原始状态 1		人员调动概率				
		A	B	C	D	E(离职)
职位层数	高层管理者(A)	0.8				0.2
	中层管理者(B)	0.1	0.7			0.2
	基层管理者(C)		0.05	0.8	0.05	0.1
	业务员(D)			0.15	0.65	0.2

表 3-3　预测结果

原始状态 1		初期人员数量	A	B	C	D	E(离职)
职位层数	高层管理者(A)	40	32				8
	中层管理者(B)	80	8	56			16
	基层管理者(C)	120		6	96	6	12
	业务员(D)	160			24	104	32
预计人员供给量				40	62	120	110

(二)外部供给预测

人力资源外部供给预测的实质是分析社会劳动力资源的供给状况,而社会劳动力供给状况受到人口数量与结构、经济与技术、社会文化教育等外界条件的影响。

1. 人口因素

(1)本地区人口总量与人力资源率。二者决定该地区可提供的人力资源总量,且二者与人力资源总量成正比。

(2)本地区人力资源的总体构成。它决定了在年龄、性别、教育、技能、经验等层次与类别上可提供的人力资源的数量与质量。

2. 经济与教育因素

(1)本地区的经济发展水平决定了对外地劳动力的吸引能力。经济发展水平越高,对外地劳动力的吸引力就越强,本地的劳动力供给也就越充分。

(2)本地区的教育水平,特别是政府与组织对培训和再教育的投入,直接影响劳动力供给的质量。

3. 劳动力市场状况

(1)本地劳动力平均价格/外地劳动力平均价格。

(2)本地区劳动力的择业心态、工作价值观及择业模式。

(3)本地区地理位置对外地人口的吸引力。

(4)本地区外来劳动力的数量与质量。

4. 科技因素

科技对人力资源供应预测的影响主要体现在:

(1)掌握高科技的白领员工的供给量增大。

(2)由于办公室自动化的普及,使对中层管理者的需求量大规模削减,从而导致中层管理者的供给量相对缩减。

(3)科技发展使人们从事生产的时间越来越少,闲暇时间越来越多,因而服务行业的劳动力需求增加,从而导致该行业劳动力供给的增加。

三、人力资源供需平衡方法

企业完成人力资源供需预测以后,就可以确定对人力资源的净需求,进而制定相应的人力资源政策,以保持人力资源的平衡,即达到净需求,既无多余,也无短缺。

企业的人力资源供需预测比较,一般会出现以下几种结果:供给和需求在数量、质量以及结构方面都基本相等(理想状态);供给和需求在总量上平衡,但结构上不匹配;供给大于需求;供给小于需求。

(一)供给和需求在总量上平衡,但结构上不匹配

对于企业人力资源供给和需求在总量上平衡,但结构上不匹配的情况,可以采取以下措施实现平衡。

1. 对人员进行内部的重新配置,包括晋升、调动、降职等,以弥补空缺的职位,满足这些职位对人力资源的需求。

2. 对人员进行有针对性的专门培训,使他们能够胜任并从事空缺职位的工作。

3. 进行人员的置换,释放那些企业不需要的人员,补充企业需要的人员,以调整人员的结构。

(二)供给大于需求

1. 企业扩大经营规模或者开拓新的增长点,以增加对人力资源的需求。

2. 永久性的裁员或辞退员工。

3. 鼓励员工提前退休。

4. 冻结招聘。

5. 缩短员工的工作时间、实行工作分项或降低员工的工资。

6. 对富余员工实施培训,进行人员的储备,为未来的发展做好准备。

(三)供给小于需求

1. 通过外部招聘和内部招聘,满足需求。

2. 聘用临时人员,包括返聘退休人员。

3. 提高现有员工的工作效率。

4. 延长工作时间,让员工加班加点工作。

5. 降低员工的离职率,减少员工的流失,同时通过内部调配、增加内部的流动来提高某

些职位的供给。

6. 业务外包,减少对人力资源的需求。

【本章小结】

1. 企业战略管理的特征:企业战略管理是一种高层次、整体性、动态性管理。

2. 人力资源战略的三种类型分别是聚集型战略、利用型战略和促进型战略。

3. 人力资源战略规划内容包括人力资源数量规划、人力资源结构规划和人力资源素质规划。

4. 人力资源需求预测方法主要分为定性预测和定量预测两大类。定性预测方法有经验预测法、管理评价法、德尔菲法。经验预测法适合于较稳定的小型企业;管理评价法是预测企业人力资源需求最常用的一种主观预测法;德尔菲法又称专家预测法,是邀请某领域的一些专家或有经验的管理人员采用问卷调查或小组面谈的形式对企业未来人力资源需求量进行分析、评估和预测,并最终达成一致意见的方法。定量预测方法主要有趋势预测法、统计预测法、工作负荷预测法和劳动定额法。

5. 人力资源供给预测方法分为内部供给预测和外部供给预测。内部供给预测有技术清单法、人员替代法和马尔科夫法。外部供给预测的实质是分析社会劳动力资源的供给状况,而社会劳动力供给状况受到人口数量与结构、经济与技术、社会文化教育等外界条件的影响。

【思考与探讨】

1. 指出影响人力资源战略管理的内外部因素。

2. 如何对人力资源需求、供给情况进行预测?

3. 如何使人力资源供需平衡?

4. 你认为人力资源战略管理是在大企业中还是在小企业中更容易做到?为什么?

第四章　工作分析、工作设计和工作评价

工作分析的思想起源较早，首先是由苏格拉底提出人与工作匹配的思想。直到泰勒提倡科学管理运动，人们才开始真正系统地对各项工作予以科学的分析，即所谓“动作与时间研究”。第一次世界大战期间，美国设立了军队人事分类委员会来实施工作分析，工作分析开始广泛被应用。

【学习目标】

1. 了解工作分析的含义及其在人力资源管理中的作用与意义。
2. 掌握工作分析的不同技术方法及特点。
3. 了解工作设计的含义与作用。
4. 了解工作分析的流程。
5. 掌握工作分析的原则。
6. 了解工作分析信息收集方法。
7. 熟悉、掌握工作设计的方法的模式与要点。
8. 了解工作评价的方法。

第一节　工作分析与工作设计概述

一、工作分析与工作设计的相关概念

（一）工作分析的概念

工作分析是指通过对某种岗位工作活动的调查研究和分析，确定组织内部某一岗位的性质、内容、责任、工作方法以及该职务的任职者应该具备的必要条件。主要说明岗位的两个方面内容，其一是对工作本身做出规定，其二明确对工作承担者的行为和资格的要求。工作分析的结果是形成一套工作描述和工作规范的文件。

工作描述，也称工作说明，是以书面描述的方式来说明工作中需要从事的活动，以及工作中所使用的设备和工作条件等信息的文件。

工作规范是用来说明承担某项工作的员工所必须具备的特定技能、工作知识、能力及其他个人特征等的最低要求的文件。

（二）工作设计的概念

工作设计是为了有效地达到组织目标与满足个人需要而进行的工作内容、工作职能和工作关系的设计，是一个根据组织及员工个人需要，将工作的内容、工作的资格条件和报酬结合起来，规定某个岗位的任务、责任、权力以及在组织中工作的关系的过程，是激励员工努力工作的关键环节。工作设计的前提是了解工作要求、员工的要求和个人能力。

对于新建的组织,工作设计是利用工作分析提供的信息,设计工作流程、工作方法,确定工作所需的各种设备、材料及工作环境条件,即对新工作规范的认定与新工作的完整描述。

对于已有的组织,工作设计是根据组织发展的需要,重新设计组织结构,界定工作,改进工作方法,改善设备,提高员工的参与程度,从而提高员工的积极性、责任感和满意度,即对已有工作的改进,也称工作再设计。

(三)与工作分析、工作设计相关的概念

1. 工作要素。工作要素指工作中不能再分解的最小动作单位。

2. 工作任务。工作任务指员工在某一有限的时间段内为了达到某一特定的目的所进行的一项活动。

3. 职责。职责指个体在工作岗位上需要完成的主要任务或大部分任务,它可以由一个或多个任务组成。

4. 职位。在一个特定的组织中,一个或多个任务落实到一个特定员工身上时出现的工作岗位。

5. 职务。职务指主要职责在重要性与数量上相当的一组职位的集合或统称。

6. 职权。职权指法律赋予职位的某种权力,以保障履行职责,完成工作任务。

7. 职位分类。职位分类指将所有的职位,按其业务性质分为若干职组、职系,然后按责任的大小、工作的难易、所需教育程度及技术高低分为若干职级、职等,对每一职位给予准确的定义和描述,制定职位说明书,以此作为聘用、管理人员的依据。

8. 职系。职系是指一些工作性质相同,而责任轻重和困难程度不同,所以职级、职等也不同的职位系列。

9. 职组。工作性质相近的若干职系的总和组成职组。

10. 职级。职级指将工作内容、难易程度、责任大小、所需资格都相似的职位划为同一职级,实行相同的管理、使用与报酬。

11. 职等。工作性质不同或主要职务不同,但其难易程度、责任大小、所需资格等条件充分相同的职级统称职等。

二、工作分析的作用和意义

(一)工作分析的作用

工作分析使人力资源业务管理者、领导者和员工对岗位及其工作的性质、内容、资格要求等信息的认知度提高。工作分析是改进工作设计、优化劳动环境的必要条件;是制订合理有效的人力资源需求计划,进行人才预测的重要前提;为选拔、任用合格的员工奠定了基础;为员工的考核、晋升提供了依据;为建立较为公平、合理的工资制度准备了条件;是设计科学合理的岗位培训规范的前提。

(二)工作分析的意义

1. 工作分析对组织的意义

通过工作分析及其结果,确保组织中的所有任务都得到明确安排;为组织设计和结构

建设奠定基础;促使工作的名称与含义在整个组织中表示特定而一致的意义,实现工作用语的标准化;为组织绩效管理提供客观的评价标准;为改进工作方法积累必要的资料,为组织变革提供依据。

2. 工作分析对人力资源管理人员的意义

工作分析是制订人力资源计划的依据;使工作评价和报酬达到公平和公正;使招聘活动有明确的目标,提供有效的工作信息;使员工培训和开发有合理的方向;为业绩评价提供客观标准;为职业生涯计划提出方向;获得有关工作与环境的实际情况,利于发现导致员工不满、工作效率下降的原因。

3. 工作分析对一般员工的意义

工作分析使员工清晰了解工作岗位的职责范围和需要完成的工作任务;有利于员工,尤其是新员工对工作形成全面的了解,包括工作的目的、任务及需要处理的日常事务和各项工作应达到的结果等;为员工在组织内的发展指明了合适的职业发展路径。

三、工作分析与人力资源管理各环节的关系

工作分析是人力资源管理的基础性工作,工作分析的结果直接影响到企业人力资源管理的各个具体的业务过程。工作分析与人力资源管理各环节的关系如图 4-1 所示。

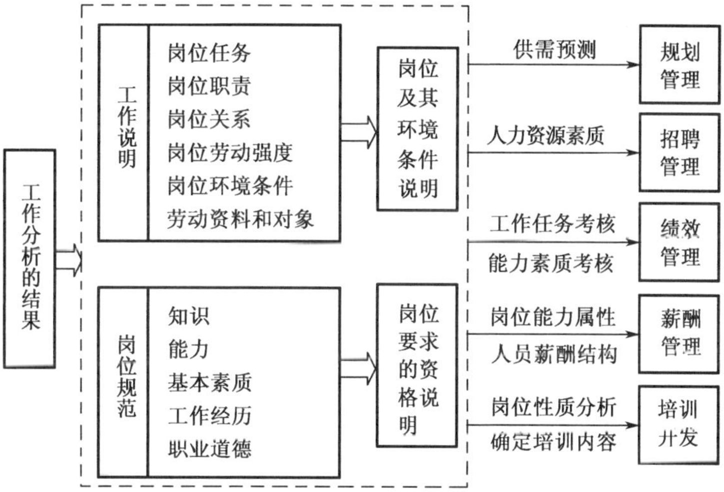

图 4-1 工作分析与人力资源管理各环节的关系

第二节 工作分析的主要内容和流程

一、工作分析的类型

工作分析分为工作内涵分析和工作外延分析。工作分析可以分别形成两份基础材料,即工作说明书和岗位规范。

(一)工作内涵分析

工作内涵分析,也称岗位规格说明,是对岗位所做的全面描述,所取得的结果称工作说明书,具体包括以下内容。

1. 岗位名称说明:对本岗位工作任务所做的概括,包括职务、职称、等级、工作等。

2. 岗位任务分析:调查、分析组织中各个岗位的任务性质、内容,实现任务的形式,执行任务的步骤、方法,使用的设备、器具,以及影响对象的特点等。

3. 岗位职责分析:职责是职务和责任的统一,既包括岗位任务范围分析,也包括对岗位责任大小、重要程度的分析。

4. 岗位关系分析:调查、分析一个岗位与其他岗位、上下级之间的协作关系、协作内容、协作方式等。

5. 岗位劳动强度分析:对劳动紧张程度、劳动负荷、工时利用率和工作班组等进行分析。

6. 劳动条件和环境分析:对工作环境的污染性、危险性等因素,结合国家相关部门的有关标准进行定性和定量的分析。

7. 劳动资料和劳动对象分析:指对资金资产、机械设备、仪器仪表、工具器皿、原材料等的保管和使用情况进行的分析。

(二)工作外延分析

工作外延分析,也称员工规格要求分析,是指对岗位人员素质要求的描述,取得结果称为岗位规范,主要包括以下内容。

1. 知识水平分析:主要包括文化程度、专业知识、政策法规知识、管理知识、外语水平、相关知识等六方面的基本知识要求。

2. 能力要求分析:包括理解判断能力、组织协调能力、决策能力、开拓能力、社会活动能力、语言文字能力、业务实施能力、其他方面的特殊能力等基本能力要求。

3. 基本素质要求分析:包括智力、语言能力、数字能力、空间理解能力、形状视觉能力、书面材料知觉能力、运动协调能力、眼手足协调能力、颜色分辨能力等素质要求。

4. 工作经历要求分析:岗位对于任职者以往工作经历的主要要求。

5. 职业道德水平分析:任职者的道德准则、道德情操与道德品质等基本职业素养。

二、工作分析的主要内容

工作分析的内容包含三个部分:对工作内容的分析,对岗位、部门和组织结构的分析,对工作主体员工的分析。

对工作内容的分析是指对产品(或服务)实现全过程及重要的辅助过程的分析,包括工作步骤、工作流程、工作规则、工作环境、工作设备、辅助手段等相关内容的分析。

不同的行业和不同的业务都影响着岗位、部门和组织结构的设置,对岗位、部门和组织结构的分析包括对岗位名称、岗位内容、部门名称、部门职能、工作量及相互关系等内容的分析。

对工作主体员工的分析包括对员工年龄、性别、爱好、经验、知识和技能等各方面的分析。通过分析,其结果有助于把握和了解员工的知识结构、兴趣爱好和职业倾向等内容。

在此基础上,企业可以根据员工特点将其安排到最适合他(她)的工作岗位上,达到人尽其才的目的。

三、工作分析的流程

完整的工作分析流程由输入阶段、准备阶段、调查阶段、综合阶段、输出阶段构成。图4-2显示了5个阶段和每一阶段的主要工作。

输入阶段	准备阶段	调查阶段	综合阶段	输出阶段
获得管理者的核准; 取得员工的认同; 确认工作分析目的; 建立工作小组	选择有代表性、典型性的工作(职位); 确定工作分析项目和工作调查的方法; 制定工作分析规范; 选择工作分析人员	比较可提供的供给、需求的预测值; 确定未来某一时间整个组织和每一个岗位的人员净需求(包括某类人员的短缺或剩余)	审核收到的各种工作信息; 分析、发现有关工作和任职人员的关键成分; 归纳、总结出工作分析的必要材料	以文件的形式表达工作分析结果,形成工作说明书; 固定的经常性的职位均应有工作说明书; 按照统一的规格和要求进行编制

图4-2 工作分析的流程

(一)工作分析的输入阶段

本阶段是工作分析的起点,需要明确工作分析的相关主体需求,明确工作分析的目的、信息类型、数据形式、人员和具备的条件,制订工作分析的计划和部署,确定工作分析的工具和方法。

(二)工作分析的准备阶段

由工作分析专家、岗位在职员工、上级主管组成工作小组;确定调查和分析对象的样本,同时考虑样本的代表性;利用现有文件和资料,对工作的主要任务、主要责任、工作流程进行分析总结;把各项工作分解成若干工作元素和环节,确定工作的基本难度;找出原有工作说明书中存在的不清楚、模棱两可的问题或对新岗位工作说明书提出拟解决的问题。

(三)工作分析的调查与综合阶段

编制各种调查问卷和调查提纲;到工作场地进行现场观察,观察工作流程,记录关键事件,调查工作必需的工具与设备,考察工作的物理环境和社会环境;对主管人员、在职人员进行广泛的问卷调查,并与主管人员、典型员工进行面谈,收集有关工作的特征以及需要的各种信息,征求改进意见;仔细审核、整理获得的各种信息;创造性地分析、发现有关工作和工作人员的关键成分;归纳、总结出工作分析的必需材料和要素。

(四)工作分析的输出阶段

根据工作分析搜集的信息制定工作说明书或工作规范;制定说明书或规范的建议和意

见;形成关于岗位重点问题的分析报告;对工作分析过程和结果进行总结评估,为今后的工作提供经验和信息。

四、工作分析的原则

(一)系统原则

在对某一工作进行分析时,要注意该工作与其他工作的关系以及该工作在整个组织中所处的地位,从总体上把握该工作的特征及对人员的要求。

(二)动态原则

要根据战略意图、环境的变化、业务的调整,经常性地对工作分析的结果进行调整。工作分析是一项常规性的工作,需要定期予以修订。

(三)目的原则

工作分析是为了明确工作职责,分析的重点在于对工作范围、工作职能、工作任务的划分;如果工作分析的目的在于选聘人才,那么工作重点在于任职资格界定;如果目的在于决定薪酬的标准,那么重点又在于对工作责任、工作量、工作环境、工作条件的界定等。

(四)经济原则

工作分析是一项耗时、耗力、耗资金的事情,它涉及企业组织的各个方面。根据工作分析的目的,采用合理的方法进行分析。

(五)职位原则

工作分析是从职位出发,分析职位的内容、性质、关系、环境以及人员胜任特征,即完成这个职位工作的从业人员需具备什么样的资格与条件,而不是分析在岗的人员。否则,会产生社会赞许行为与防御心理等不利于工作分析结果的问题。

(六)应用原则

应用原则指工作分析的结果,即职位描述与工作规范,要用于公司管理的相关方面。

第三节　工作分析信息收集方法

一、观察法

观察法是工作人员在不影响被观察人员正常工作的条件下,通过观察,将有关的工作内容、方法、程序、设备、工作环境等信息记录下来,最后将取得的信息归纳整理为适合使用的结果的过程。

采用观察法进行岗位分析时,应力求结构化,根据岗位分析的目的和组织现有的条件,事先确定观察内容、观察时间、观察位置、观察所需的记录单,如表 4-1 所示,做到省时高效。

表 4-1 工作分析观察法提纲(部分)

被观察者姓名:	日期:
观察者姓名:	观察时间:
工作类型:	工作部门:
观察内容:	
(1)何时开始正式工作:	(7)与同事交谈几次:
(2)上午工作多少个小时:	(8)每次交谈时间(分钟):
(3)上午休息几次:	(9)喝了几杯水:
(4)第一次休息时间:	(10)抽了几支烟:
(5)第二次休息时间:	(11)何时开始午休:
(6)上午完成工作量:	(12)环境噪声(分贝):

观察法的主要优点是取得的信息比较客观和正确,但要求观察者有足够的实际操作经验。观察法主要用于标准化的、周期短的、以体力活动为主的工作,不适用于工作循环周期长的、以智力活动为主的工作,且不能得到有关任职者资格要求的信息。

二、访谈法

访谈法是访谈人员就某一岗位与访谈对象,按事先拟定好的访谈提纲进行交流和讨论。访谈对象包括:该职位的任职者、对工作较为熟悉的直接主管人员、与该职位工作联系比较密切的工作人员、任职者的下属。为了保证访谈效果,一般要事先设计访谈提纲,并交给访谈者做准备。

访谈法通常用于工作分析人员不能实际参与观察的工作,优点是既可以得到标准化工作信息,又可以获得非标准化工作信息;既可以获得体力工作的信息,又可以获得脑力工作的信息;同时可以获取其他方法无法获取的信息,比如工作经验、任职资格等,尤其适合对文字理解有困难的人。其不足之处是被访谈者对访谈的动机往往持怀疑态度,回答问题时有所保留,信息有可能不真实。因此,访谈法一般不能单独用于信息收集,需要与其他方法配合使用。通常情况下,访谈法与观察法同时使用。

下列为访谈常用题目:

(1)请问你的姓名、职务名称、职务编号是什么?

(2)请问你在哪个部门工作?请问你的部门经理是谁?你的直接上级是谁?

(3)请问你主要做哪些工作?可以举一些实例。

(4)请你尽可能详细地讲讲你昨天的工作内容。

(5)请问你对哪些事情有决策权,对哪些事情没有决策权?

(6)请你讲讲在工作中需要接触到哪些人?

(7)请问你需要哪些设备和工具来开展你的工作?其中哪些是常用的,哪些只是偶尔使用的?你对目前的设备状况满意吗?

(8)请问你在人事审批权和财务审批权方面有哪些职责?可以举一些实例。

(9)请问你认为做好这项工作需要怎样的文化水平,需要哪些知识,需要什么样的心理素质?

(10)如果对一个大专学历层次的新员工进行培训,你认为他需要培训多长时间才能正式上岗?

(11)你觉得目前的工作环境如何?是否还需要更好的环境?你希望哪些方面需要改善?

(12)你觉得该工作的价值和意义有多大?

(13)你认为怎么样才能更好地完成工作?

(14)你还有什么要补充的?

(15)你确保你回答的内容都是真实的吗?

三、问卷调查法

问卷调查是根据工作分析的目的、内容等事先设计一套调查问卷,由被调查者填写,再将问卷加以汇总,从中找出有代表性的回答,形成对工作分析的描述信息。问卷调查法是工作分析中最常用的一种方法。问卷调查法的关键是问卷设计,主要有开放式和封闭式两种形式。开放式调查表由被调查人自由回答问卷所提问题;封闭式调查表则由调查人事先设计好答案,由被调查人选择确定。

设计问卷的要求:

1. 提问要准确;
2. 问卷表格设计要精练;
3. 语言通俗易懂,问题不能模棱两可;
4. 问卷表前面要有导语;
5. 问题排列应有逻辑,能够引起被调查人兴趣的问题放在前面。

问卷调查法的优点是费用低、速度快、调查范围广,尤其适合对大量工作人员进行工作分析;调查结果可以量化,便于进行计算机处理,开展多种形式、多种用途的分析。但是,这种方法对问卷设计要求比较高,设计问卷需要花费较多的时间和精力,同时需要被调查者的积极配合。表4-2为某公司工作分析问卷调查表。

表4-2 某公司工作分析问卷调查表

指 导 语

这是一项有关公司职位分析方面的调查,旨在通过您对您所在职位的理解与描述,明确员工的岗位职责、职权、绩效标准、任职资格,实现职位责权分明,为员工提供职业发展方向的规划,建立一套完善的职位说明书体系,从而进一步规范与完善公司职位管理,提高公司管理成熟度与组织绩效。

您的回答将帮助我们更加准确、客观描述您所在的职位并评价其价值,希望您尽可能提供深思熟虑、客观诚实的答案。如果有些地方不能确定如何填写,请您向您的上司或者人力资源部咨询。

谢谢您的合作!

一、基本信息	
姓名:	填写日期: 年 月 日
职务名称:	职务编号:
所属部门:	部门经理姓名:

表 4-2(续 1)

二、调查信息
1. 请准确、简洁地列举你的主要工作内容(若多于 4 条可以附纸填写,下同): (1)　　　　(2) (3)　　　　(4)
2. 请认真、详尽地描述你的日常性工作(如果有工作日志,请附后):
3. 请详尽地列举你有决策权的工作项目: (1)　　　　(2) (3)　　　　(4)
4. 请详尽地列举你没有决策权的工作项目: (1)　　　　(2) (3)　　　　(4)
5. 请简明地描述你的上级是如何监督你的工作的:
6. 请简明地描述你的哪些工作是不被上级监督的:
7. 请详细地描述你在工作中需要接触到哪些职务的其他员工?并且讲明接触的原因:
8. 请简明地列举你编写的需要作为档案留存的文件名称和内容提要: (1)　　　　(2) (3)　　　　(4)
9. 请列举工作中需要用到的主要办公设备和用品:
10. 请描述你在人事和财物方面的权限范围:
11. 你认为胜任这个职务需要几年的相关工作经验: 不需要　1 年　2 年　3 年　4 年　5 年及以上　不好估计
12. 你认为胜任这个职务需要什么样的文化程度: 初中　高中　大专　本科　硕士及以上　不好估计
13. 你认为一位没有相关工作经验的大专学历的人员,需要多长时间的培训可以胜任工作: 不需要培训　3 天以内　15 天以内　1 个月以内 3 个月以内　半年以内　半年以上　不好估计
14. 你认为什么样的性格、能力的人能更好地胜任该职务:

表 4-2(续 2)

15. 你认为什么样心理素质的人能更好地胜任该职务：
16. 你认为什么样的知识范围能够更好地胜任该职务：
17. 请描述该职务的工作环境，你认为什么样的工作环境更适合该工作：
18. 请列举你直接领导的下属的职务、姓名和工作内容：
19. 你对该职务的评价：
20. 你认为如何才能刚好地完成工作：
21. 请将该表没有列出，但你认为有必要的内容写在下面：
注意事项： 1. 填写人应保证以上填写的内容真实、客观，并且没有故意隐瞒； 2. 该问卷内容将作为职务分析的重要依据，如果填写人发现有遗漏、错误，或其他需要说明的情况，请立即与人力资源部职务分析小组联系。 填写人签字： 职务分析负责人签字：

四、工作日志法

工作日志法是指任职者按照时间顺序详细记录自己的工作内容和工作过程，然后经过工作分析人员的归纳、提炼，获取所需工作信息的一种工作分析方法，又称工作活动记录表。

根据不同的工作分析目的，需要设计不同的“工作日志”格式，这种格式常常以特定的表格体现，如表 4-3 所示。通过填写表格，提供有关工作的内容、程序和方法，工作的职责和权限，工作关系以及所需时间等信息。

表 4-3 工作日志

部门： 职务： 姓名： 年 月 日 时 分至 时 分

序号	工作活动名称	活动内容	工作性质	工作活动结果	开始时间	结束时间	重要程度	备注

填表说明：

1. 工作性质分例行和偶然（☆表示例行 ●表示偶然）；
2. 重要程度分一般、重要和非常重要（○表示一般 △表示重要 ☆表示非常重要）。

五、关键事件法

关键事件法是指确定关键的工作任务以获得工作上的成功。关键事件是使工作成功或失败的行为特征或事件。关键事件法要求分析人员、管理人员、本岗位人员，将工作过程中的“关键事件”详细地加以记录，并在大量收集信息后，对岗位的特征和要求进行分析研究的方法。

关键事件法是一种常用的行为定向方法。这种方法要求管理人员、员工以及其他熟悉工作职务的人员记录工作行为中的“关键事件”，也就是使工作成功或者失败的行为特征或事件。在大量收集关键事件以后，分析并总结职务的关键特征和行为要求。

具体来说，关键事件记录包括以下几个方面的内容：

第一，记录导致事件发生的原因和背景；第二，记录员工特别有效或多余的行为；第三，记录关键行为的后果；第四，记录员工自己能否支配或控制上述后果。

下面是一项有关销售的关键事件记录，通过记录分类，总结出销售工作中的 12 种行为：①对用户、订货和市场信息善于探索、追求；②善于提前做出工作计划；③善于与销售部门的管理人员交流信息；④对用户和上级都忠实、诚信；⑤能够说到做到；⑥坚持为用户服务，了解和满足用户的要求；⑦向用户宣传企业的其他产品；⑧不断掌握新的销售技术和方法；⑨在新的销售途径方面有创新精神；⑩保护公司的形象；⑪能熟练地结算账目；⑫工作态度积极主动。

关键事件法的主要优点：研究的焦点集中在职务行为上，因为行为是可观察的、可测量的。同时，通过这种职务分析可以确定行为的任何可能的利益和作用。第一，为向下属解释绩效评价结果提供了一些确切的事实证据；第二，确保在对下属的绩效进行考察时，所依据的是员工在整个年度中的表现，而不是员工在最近一段时间的表现；第三，保存一种动态的关键事件记录还可以获得一份关于下属员工是通过何种途径消除不良绩效的具体实例。

关键事件法的主要缺点：第一，需要花大量的时间去搜集那些关键事件，并加以概括和分类。第二，关键事件的定义是显著地对工作绩效有效或无效的事件，容易遗漏平均绩效水平。而对工作来说，最重要的是要描述“平均”的职务绩效。利用关键事件法，对中等绩效的员工就难以涉及，因而就不能完成全面的职务分析工作。第三，不可单独作为考核工具，必须跟其他方法搭配使用，效果才会更好。

第四节　工作说明和工作规范的编写

一、工作分析清单

企业实施工作分析的最终目的是为获得两份至关重要的文件——工作说明和工作规范，以便于人力资源的选、育、用、留等一系列管理工作得以顺利开展。编制工作说明和工作规范需要一定的技巧。

在正式编写工作描述和工作规范以前，面对运用各种方法收集到的工作分析信息，首先要仔细考虑以下问题。

（一）工作内容

需要重点考虑的问题是工作的构成因素有哪些，完成每个任务的时间、地点和方式等是什么。具体来说，包括以下几个方面：①做什么工作？也就是指该工作的构成部分有哪些。②什么时候做？完成每一部分工作所占用的时间是多少？③为什么做？④在哪里做？⑤怎么做？

（二）职责范围

职责范围主要是指从事该项工作的员工具体分管或负责的人、财、物有哪些。包括：①负责的下属是谁？②负责的机械、设备及原材料有哪些？③可以控制的预算范围是多少？④其他的职责。

（三）工作关系

工作关系是指由于工作需要，该员工必须与组织内外的个人或部门沟通、协调的事务关系。包括：①与上级的关系；②与同事的关系；③与组织内其他部门的关系；④与社会公众的关系。

（四）工作要求条件

工作要求条件既包括工作完成的质量标准和数量标准，也包括对完成该项工作的员工的生理、心理和技能方面的要求。具体包括：①工作数量标准和质量标准；②工作要求的技能和经验；③工作要求的教育程度和培训；④工作要求的身体条件和健康条件；⑤工作要求的上进心和人际沟通能力。

（五）工作环境

工作环境既指工作的物理环境，也指工作的人际环境和社会环境。包括：①工作本身的环境和周围环境；②社会环境及工作小组内的人际环境；③工资、福利、待遇、劳动保护等；④提升机会。

我们可以将上述问题的答案归纳在工作分析清单内，如表 4-4 所示。它是编写工作说明和工作规范的基础，因为这两份文件所需的信息，基本上都已包含在这张表格内。

表 4-4 工作分析清单

填表人姓名：		部门领导人签字：		日期：
岗位名称：		直接上司职务：		
岗位代码：		直接下属职务：		
工作内容	时间	质量标准	数量标准	与工作相关的岗位
1. 2. 3. 4.				
工作职责范围				
1. 下属	2. 设备	3. 预算范围	4. 其他	
工作环境： 1. 物理环境 2. 社会环境 3. 人际环境 4. 各种待遇		工作使用设备： 1. 2. 3. 4.		
工作涉及的企业内外部联系图		本岗位在企业的位置图		
岗位对工作的要求				
1. 一般要求				
2. 生理要求				
3. 心理要求				
4. 技能要求				

二、工作说明、工作规范实例

(一)工作说明实例

根据工作分析表中的有关信息，如工作内容、工作环境等，就可以编写工作说明，以下是一份工厂设备科科长的工作描述。

职位名称：设备科科长

直接上级：分管生产的副厂长

岗位代码：ME-012

(1)主要工作内容：与生产部门合作，负责全厂设备的维护和保养；生产中出现各种事故或意外时，建议和批准用于各种抢修项目的预算支出和拨款；与其他管理部门合作，确认施工质量和标准检修费用；根据工厂的有关规定，对本部门员工实施奖惩；根据工作需要，可随时调用 3 吨和 1 吨的铲车各一辆。

(2)工作条件：50%以上的时间在室外工作；经常受气候的影响，现场工作条件比较差，有毒、有害气体以及噪声对身体健康有一定的影响；一年中有5%的工作日出差在外，工作地点在本市。

(3)社会环境：设备科有副科长一名，科员三名。需要经常交往的部门是生产部、财务部和工程部。

(4)聘用条件：每周工作40 h，法定节假日放假；基本工资每月3 000元，职务津贴每月500元；本岗位为企业中的中层管理岗位，可晋升为副厂长或厂长。

(二)工作规范实例

工作规范的编写，除需要工作分析表中有关工作职责范围、工作要求条件等信息以外，如果是用于对员工的招募、筛选和录用，那么就必须详细确认完成每一项工作内容被试者应具备的资格、经历等的具体要求，以细分和完善工作要求条件。这样的工作规范又称任职资格说明书。

这些要求主要是指对被试者的身体、智力、学历、经验和技能、性格(如性格稳定性、适应性、团队意识、沟通能力)以及其他方面的特别要求(如是否能够经常出差)。具体要求可以根据最低和理想两个标准制定。不同的工作岗位，侧重于对被试者不同的素质要求。比如以体力劳动为主的一线工作岗位，对于被试者身体方面的要求会比较高；而需要在工作中有很好的沟通和组织能力的管理职位，无疑会注重被试者的学历、性格等方面的特征。因此，在编制工作规范时，我们应该重视使从事该项工作的员工最容易成功的因素，并对这些因素严格要求。

以下是一份企业培训科长的工作规范。

职位名称：培训科长

职位代码：HR-024

直接主管：人力资源部经理

直接下属：培训讲师、培训管理专员

职位概述：从事人力资源潜能开发、人员培训、组织发展和绩效评估等工作。

工作职责：拟订并及时修正公司的各项培训制度，推动公司内人力资源潜能开发及培训工作；制订公司内年度培训预算及培训计划，提高公司内从业人员的专业素质，确保公司竞争力；建立公司内员工工作标准，拟订培训计划，辅助员工进行工作绩效改善及潜能开发；拟订、呈报全公司年度、月份培训计划，确保各类员工均能接受有效培训，以增加其完成本职工作所具备的理论知识和技能；组织编制共同性培训教材，以推动公司企业文化及组织发展的整合；实施、检查、考核培训，确保培训过程得到有效的质量控制；代理职责范围以外的工作，当主管或下属出差时，能保证相关工作正常进行。

教育：获得工程、企业管理、人力资源管理或其他相关专业本科或以上学位学历证书；参加过外资企业人力资源管理与开发方面的理论研讨会。

工作经历：具有3~5年的人力资源管理与开发或职业教育方面的实际经验；具有3~5年企业管理经验；从事过外资企业职教工作者尤佳。

技能要求：英语口语、写作能力好，能阅读本领域英文资料；具有良好的沟通、表达和组织能力；具备较强的计划能力；具有带动团队工作的能力，并能在压力下工作；有较强的电脑操作技能；了解现代管理理论，能有效地授权和激励员工。

第五节 工作设计的方法

一、面向科学管理的工作设计

传统的工作设计是以科学管理思想为基础，实现工作的简单化和标准化，使所有员工都能够达到预先确定的生产水平。其关键是关注“时间-动作”和“工作简单化”，进而提高工作效率。其优点是工作安全、简单、可靠，使员工工作中的精神需要最小化。其局限性在于过多强调严密的监督和僵硬的标准；重点是关心工作任务，很少考虑员工的社会需要和个人需要；工作简单乏味，员工缺乏成就感，离职率和缺勤率高，怠工和工作质量下降。

二、面向人际关系的工作设计

从工作氛围出发进行工作设计，增加管理的成分，提高工作对员工的吸引力，强调工作对承担者心理的影响。主要设计方法有工作扩大化和工作轮换。

工作扩大化是使员工有更多的工作可做。通常这种新工作同员工原先所做的工作非常相似，这样的工作设计可提高效率。例如，传接工作扩大，不必把产品从一个人传给另一个人，进而节约时间。

工作扩大化的主要优点是注重工作对员工心理的影响，注重员工对工作的成就感、满足感和内在报酬的需要。其不足是仅仅水平地增加了工作内容，对员工的影响效果有限。

工作轮换是指在不同的时间阶段，员工会在不同的岗位上工作。例如，人力资源部门的“招聘专员”工作和“薪酬专员”工作，从事该项工作的员工可以在一年进行一次工作轮换。

工作轮换的优点：给员工更多的发展机会，让员工感受到工作的新鲜感和刺激；使员工掌握更多的技能；增进不同工作员工之间的理解，提高协作效率。

工作轮换的不足：只能限于少部分的工作轮换，大多数的工作是无法进行轮换的，因为很难找到双方正好能适合对方职务资格要求的例子；轮换后由于需要熟悉工作，可能会使职务效率降低。

三、面向工作特征的工作设计

工作特征方法的工作设计强调员工与工作之间在心理上的相互作用，垂直增加了工作内容，使员工责任和权力同步增加。主要设计方法有工作丰富化和工作特征模型。

工作丰富化是指在工作中赋予员工更多的责任、自主权和控制权。工作丰富化与工作扩大化、工作轮换都不同，它不是水平地增加员工工作的内容，而是垂直地增加工作内容。这样员工会承担更多、更重的任务，更大的责任，员工有更大的自主权和更高程度的自我管理，还有对工作绩效的反馈。

工作特征模型也称五因子工作特征理论，是美国哈佛大学教授理查德·哈克曼和伊利诺伊大学教授格雷格·奥尔德汉姆提出的理论。他们认为一项工作可按照它与核心维度的相似性或者差异性来描述，因此依据模型中的实施方法丰富后的工作就具有高水平的核心维度，并能创造出高水平的心理状态和工作成果。他们认为好的工作应该具有五种核心的特征：

1. 技能多样性。指工作需要不同活动的程度,使得员工必须运用许多的技术和才能。

2. 工作完整性。指工作需要自成一个整体,且可辨认出工作成果的程度。

3. 工作重要性。指工作对其他的生活或工作会带来实质影响的程度。

4. 工作自主性。指工作对员工的工作计划和执行程序的决定方面,给予实质的自由度、独立性及空间。

5. 工作回馈性。指员工可以直接、清楚地获得其工作活动绩效的程度。

如图 4-3 所示,列出 5 种主要的工作特征,展现了它们彼此的关系,以及其对员工的生产力、工作动机和工作满足所产生的影响。

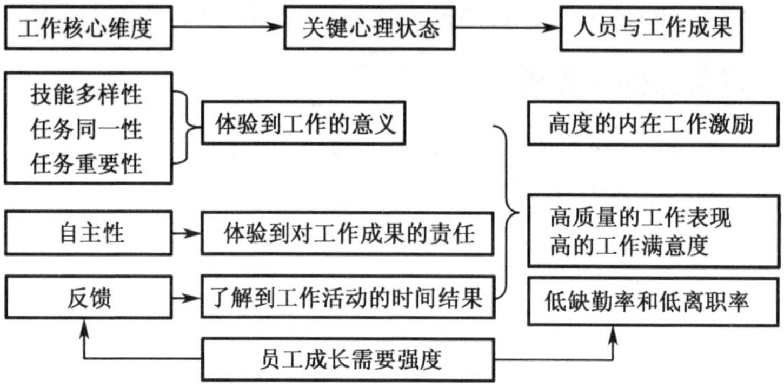

图 4-3 工作特征模型

面向工作特征的工作设计认识到员工的社会需要的重要性,可以提高员工的动力、满意度和生产率,但成本和事故率比较高,控制必须依赖管理人员,在技术上对工作设计的指导意义不大。

四、面向高绩效工作体系的工作设计

高绩效工作体系强调工作社会学和最优技术安排的重要性,重视员工自我管理和工作小组的运用,适合于扁平化和网络化的组织结构,主要方法有技能多元化、建立自我支持的工作小组、建立自我管理的工作小组等。高绩效工作体系的主要特点如下:

1. 高绩效工作体系的设计注重于企业的顾客,包括内部顾客(员工、下级等)和外部顾客。

2. 团队作为企业高绩效工作体系设计的基本单元,是整个组织建立授权机制和自我管理的核心。围绕企业整体工作系统而设立的各级团队应有明确的目标和任务界限,并在各自的工作界限范围内最大限度地自主工作。

3. 信息取得与信息共享。团队只有在获得充分的信息条件下才能做出有效的决策,这也是有效实施授权的前提。

4. 社会和信息系统的一体化。高绩效工作体系的设计扩大了组织对人力资源和技术体系的整体需求,也促进了二者的整合。

5. 员工技能的多样化。建立团队成员的工作轮换制度,使员工技能尽可能地多样化,从而大大增加组织的灵活性和应变能力。

6. 建立有利于授权的整体组织管理结构。

7. 建立支持授权的各项具体的人力资源管理措施,如选拔机制、以团队为基础的奖励计划等。

8. 强化组织的纠错和更新能力。在团队自我检测和纠错能力不断增强的基础上形成组织的迅速更新能力,使企业更具动态的灵活应变能力。

五、面向辅助功能的工作设计

对于临时性和阶段性工作安排,可采用辅助工作设计方法。通过改变严格的工作时间的规定,提高实际工作中生产率,主要方法有缩短工作周和弹性工作制等。

缩短工作周的做法具有降低缺勤率和迟到率,有助于经济节约,使工作的交易成本下降、工作的满足感提高等优点。但是,工作日延长使员工感到疲劳并可能导致危险,员工在工作日的晚间活动会受到影响。

弹性工作制可以使员工自己掌握工作时间,为实现个人要求和组织要求的一致创造了条件,降低缺勤率和离职率,提高了工作绩效,使员工得到利益。但是,工作时间的延长增加了组织的公共事业费,要求组织有更加复杂的管理监督系统来确保员工工作时间总量符合规定。

第六节　工作评价的方法

工作评价也称岗位评价,是根据工作分析的结果,按照一定标准,对工作的性质、强度、责任、复杂性以及所需的任职资格等因素的差异程度进行综合评价的活动。工作评价的结果清晰地衡量出岗位间的相对价值,是确定薪资结构的有效依据。其目标是建立一种公正、平等的工资结构,使员工相信,在工作中付出大致相同的代价和辛劳会得到同样的报酬。

常用的工作评价方法有排序法、分类法、评分法和要素比较法。前两个一般为"非分析法",后两个为"分析法"。二者的主要区别是非分析法不把工作岗位划分成要素来分析,不必对岗位进行量化测量,而分析法则是岗位内各要素之间的比较,并对岗位进行量化测量。

一、工作评价的原则

因为企业之间千差万别,同一个企业内部,岗位也是名目繁多。因此,在进行工作评价时,必须贯彻以下基本原则。

1. 对事

工作评价针对的是工作的岗位,而不是在这个岗位上工作的人。

2. 一致性

所有岗位必须通过同一套评价工具进行评价。

3. 因素无重叠

工作评价考察的各项因素,彼此间是独立的,各项因素都有其各自的评价范围,这些范围彼此间是没有重叠的。

4. 针对性

评价因素应尽可能结合企业实际，这需要在实际评价之前，与评价人员进行充分的沟通，尽可能使各评价因素切合企业实际。

5. 独立

参加对职位进行评价的专家小组的成员必须独立地对各个职位进行评价，绝对不允许专家小组的成员之间互相沟通。

6. 反馈

对于各个职位评价的结果，应该及时地进行反馈，让专家小组的成员能够及时了解该工作评价的情况、产生偏差的原因以及其他成员的观点，及时调整自己的思路，加深对评价表中各项要素的理解。

7. 保密

由于薪酬设计的极度敏感性，工作评价的程序及评价结果在一定的时间内应该是处于保密状态。当然，在完成整个薪酬制度的设计之后，职位评价的结果应该公开，使全体员工都了解到自己的岗位在公司中的位置。

二、工作评价的方法

工作评价的方法有排序法、分类法、要素比较法、要素计点法。

(一)排序法

排序法是一种整体性的工作评价方法，根据工作的复杂程度、对组织的贡献大小等对各个岗位的相对价值进行整体的比较，进而将岗位按照相对价值的高低排列次序的工作评价方法。

在排序时基本采用直接排序和交替排序两种做法。

1. 直接排序

即按照岗位的说明，根据排序标准从高到低或从低到高进行排序。

2. 交替排序

即先从所需排序的岗位中选出相对价值最高的排在第一位，再选出相对价值最低的排在倒数第一位，然后从剩下的岗位中选出相对价值最高的排在第二位，接下去再选出剩下的岗位中相对价值最低的排在倒数第二位，依次类推。

岗位排序法的主要优点是简单、容易操作、省时省力，适用于中小企业。由于中小企业规模小、岗位数量较少、新设立岗位较多，采用该方法可以快速获得比较高的准确性、详尽的职位信息和分类决策，可以满足工作评价使用的要求。但是这种方法也有一些不完善之处：首先，这种方法带有一些主观性，评价者多依据自己对岗位的主观感觉进行排序；其次，对岗位进行排序无法准确得知岗位之间的相对价值关系。

(二)分类法

分类法是通过制定一套岗位级别标准，将岗位与标准进行比较，并归入各个级别中。岗位分类法类似一个有很多层次的书架，每一层都代表着一个等级，例如，将最贵的书放到最上面一层，最便宜的书放到最下面一层，而每个岗位则好像是一本书，我们的目标是将这些书分配到书架的各个层次上，这样我们就可以看到不同价值的岗位分布情况。因此，我们需要建立一个岗位级别的标准。分类法的关键是建立一个岗位级别体系。建立岗位级别体系包括确定等级的数量和为每一个等级建立定义与描述。等级的数量没有固定的规定,只要根据需要设定,便于操作并能有效地区分岗位即可。对每一个等级的定义和描述要依据适当的要素进行,这些要素可以根据组织的需要来选定。最后就是要将组织中的各个岗位归到合适的级别中去。

岗位分类法是一种简便、易理解和操作的工作评价方法,适用于大型组织,对大量的岗位进行评价。同时这种方法的灵活性较强,在组织中岗位发生变化的情况下,可以迅速地将组织中新出现的岗位归类到合适的类别中去。但是,这种方法也有一定的不足,对岗位等级的划分和界定存在一定的难度,有一定的主观性。

(三)要素比较法

要素比较法是一种量化的工作评价方法,实际上是对排序法的一种改进。这种方法与排序法的主要区别在于排序法是从整体的角度对职位进行比较和排序,而要素比较法则是选择多种报酬要素,按照各种要素分别进行排序。

要素比较法需要分析基准职位,找出一系列共同的报酬要素。这些报酬要素应该是能够体现出职位之间的本质区别的一些因素,如责任、工作的复杂程度、工作压力水平、工作所需的教育水平和工作经验等,然后将每个基准职位的工资或所赋予的分值分配到相应的报酬要素上。要素比较法的一个突出优点就是可以根据在各个报酬要素上得到的评价结果计算出一个具体的报酬金额,这样可以更加精确地反映出职位之间的相对价值关系。一般在下列条件下要素比较法较为适用:需要一种量化方法,愿花大量的费用引入一种职位评价体系;这种复杂方法的运用不会产生理解问题或雇员的接受问题,并且希望把工资结构和基准职位的相对等级或劳动力市场上通行的工资更紧密联系起来。应用要素比较法时,应该注意两个问题:一是薪酬要素的确定要慎重,一定要选择最能代表职位间差异的因素;二是由于市场上的工资水平经常发生变化,因此要及时调整基准职位的工资水平。

由于我国处于经济体制的转轨时期,多种薪酬体制并存;同时国内薪酬体制透明度较低,劳动力市场价格尚不透明,因而使用要素比较法的基础数据不足。目前,要素比较法在国内基本未得到有效使用。

(四)要素计点法

要素计点法就是选取若干关键性的薪酬因素,并对每个因素的不同水平进行界定,同时给各个水平赋予一定的分值,这个分值也称“点数”,然后按照这些关键的薪酬因素对职位进行评价,得到每个职位的总点数,以此决定职位的薪酬水平。

要素计点法首先选择薪酬要素,并将这些薪酬要素建立起一个结构化的量表。专家委员会根据这个评定量表对职位在各个要素上进行评价,得出职位在各个要素上的分值,并汇总成总的点数,再根据总点数处在哪个职位级别的点数区间内,确定职位的级别。

要素计点法适合于下列情况:准确度、工作职位资料和工资决策需要明确无误;排列大量的极不相同的工作职位需要运用一系列通用要素;工作内容不断地进行调整,并且有可能把工作职位最终归入相当数量的不同的工资级别之中。

要素计点法主要的缺点是操作过程较为复杂,需要事先与员工进行充分的沟通,以对要素理解达成共识。对于规模较小的企业,要素计点法的使用可能会使简单问题复杂化,不如非量化的方法实用。

三、工作评价方法比较

常用的工作评价方法比较如表 4-5 所示。

表 4-5　工作评价方法比较

方法	是否量化	评价对象	比较方法	优点	缺点
排序法	非量化	对职位整体进行评价	是在职位与职位之间进行比较	简单、容易操作、省时省力	主观性大,无法准确确定相对价值,适用于小型企业
分类法	非量化	对职位整体进行评价	是将职位与特定的级别标准进行比较	灵活性高,可用于大型企业	对职位等级划分和界定存在难度,无法确定相对价值
要素比较法	量化	对职位要素进行评价	是在职位与职位之间进行比较	确定相对价值较准确	要素的选择较困难,市场工资随时发生变化
要素计点法	量化	对职位要素进行评价	是将职位与特定的级别标准进行比较	确定相对价值较准确,适用于多类型企业	工作量大,费时费力

【本章小结】

1. 工作分析是指通过对某种岗位工作活动的调查研究和分析,确定组织内部某一岗位的性质、内容、责任、工作方法以及该职务的任职者应该具备的必要条件。

2. 工作分析使人力资源业务管理者、领导者和员工对岗位及其工作的性质、内容、资格要求等信息的认知度提高。工作分析是改进工作设计、优化劳动环境的必要条件;是制订合理有效的人力资源需求计划,进行人才预测的重要前提;为选拔、任用合格的员工奠定了基础;为员工的考核、晋升提供了依据;为建立较为公平、合理的工资制度准备了条件;是设计科学合理的岗位培训规范的前提。

3. 工作分析的技术方法主要有观察法、访谈法、问卷调查法、工作日志法、关键事件法等,不同的技术方法适用的范围不同,有着各自的优缺点。进行工作分析时需根据工作的实际情况选择使用的方法。

4. 工作设计是为了有效地达到组织目标与满足个人需要而进行的工作内容、工作职能和工作关系的设计,是一个根据组织及员工个人需要,将工作的内容、工作的资格条件和报酬结合起来,规定某个岗位的任务、责任、权力以及在组织中工作的关系的过程,是激励员工努力工作的关键环节。工作设计的前提是了解工作要求、员工的要求和个人能力。

【思考与探讨】

1. 为什么要进行工作分析？
2. 各种工作分析方法的优缺点是什么？
3. 工作设计的目的是什么？工作评价方法的优势与劣势是什么？
4. 请根据实际情况,对生活中的一项工作进行工作分析与设计。

第五章　员工招聘与素质测评

员工招聘是人力资源管理的重要内容,在合适的时间、选择合适的人、放到合适的岗位上,是人力资源管理的重要任务。合理设计员工招聘过程,科学运用素质测评工具和方法,将对人力资源管理的效率和效果产生重要影响。

【学习目标】

1. 了解员工招聘的含义、目的、意义与原则。
2. 掌握员工招聘的流程。
3. 掌握内外部招聘的优缺点。
4. 掌握内外部招聘的方法及各个方法的优缺点。
5. 掌握人力资源素质测评的方法。

第一节　人力资源招聘概述

一、员工招聘

(一)员工招聘的含义

指组织为了生存和发展的需要,根据人力资源规划的需求预测结果和工作分析与设计的具体要求,通过制订招聘计划、发布招聘信息,实施招聘活动,并运用科学的甄选、录用方式,挑选出组织所需的合格人才,并将其安排到合适岗位工作的系统过程。

(二)员工招聘的目的

1. 满足企业的现实需求,为企业中空缺的职位寻找符合资格要求的申请人。
2. 满足企业的未来需求,为企业建立人才储备库,实施人才开发战略。
3. 满足企业的效率需求,以最低的成本招聘到高质量的人才。

(三)员工招聘的意义

1. 从外部吸引人才,补充内部力量,提升素质,提高企业整体工作绩效。
2. 对高层管理者和技术人员的成功招聘,可以为企业注入新的管理思想,带来技术上的革新,增添活力。
3. 成功的员工招聘可以使企业选择个人发展目标和企业目标一致的员工,减少人力资源的流失。
4. 成功的招聘可以提升组织的知名度,吸引大量的人才。

(四)员工招聘的原则

员工招聘工作是企业人力资源管理活动的一部分,而企业的人力资源管理活动离不开企业和社会环境的框架。所以,人员招聘活动应在企业经营和社会规范要求的条件下取得成本-效益的最合理化,即以尽量少的投入获得尽量多符合要求的人员。

1. 因事择人原则

员工的选聘应以实际工作的需要和岗位的空缺情况为出发点,根据岗位对任职者的资格要求选用人员。

2. 公开、公平、公正原则

公开就是要公示招聘信息、招聘方法,这样既可以将招聘工作置于公开监督之下,防止以权谋私、假公济私的现象,又能吸引大量应聘者。公平、公正就是确保招聘制度给予合格应聘者平等的获选机会。

3. 竞争择优原则

指在员工招聘中引入竞争机制,在对应聘者的思想素质、道德品质、业务能力等方面进行全面考察的基础上,按照考查的成绩择优选拔、录用员工。

4. 效率优先原则

效率优先原则就是用尽可能低的招聘成本录用到符合要求的员工。

二、员工招聘的流程与内容

企业员工招聘的过程可以分为五个阶段。以企业发展目标和使命为方向,分为确定需求阶段、招聘阶段、甄选阶段、录用阶段、招聘评估和反馈阶段,如图 5-1 所示。

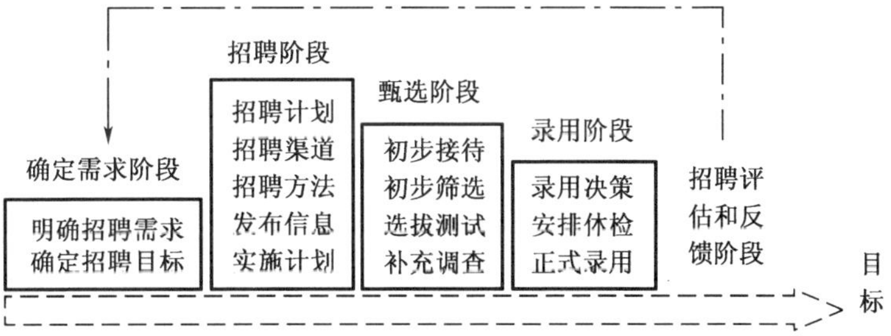

图 5-1 员工招聘的流程

1. 确定需求阶段

根据人力资源规划中对组织外部环境变化和内部条件变化分析的结果,明确招聘需求。基于岗位分析的结果、人力资源规划中的供求预测状况,确定招聘目标,即岗位的数量、类型及预招人数。

一般来说,企业出现人员招聘需求产生于以下几种情况:新增业务的出现,组织结构的调整,现有职位的空缺,员工结构的不合理。招聘只是比较常用的手段之一,组织还可以采取内部职位调整和工作任务调整的方法来解决职位空缺问题。

2. 招聘阶段

(1)制订招聘计划

①确定招聘标准:根据工作分析与设计制定工作说明书,确定招聘岗位的性质和具体要求,以及所需人员的任职资格和条件。

②确定招聘范围:根据招聘岗位的类型确定招聘工作的区域范围。

③确定招聘规模:所需吸引的应聘者的合理数量范围。

④制定招聘预算:包括人工费、业务费和一般管理费用。

(2)选择招聘渠道

确定选择组织内部招聘,还是选择组织外部招聘。

(3)确定招聘方法

招聘方法有很多,根据招聘需求和计划,选择合适的招聘方法。主要有内部晋升和工作轮换、工作告示法、内部推荐、人才库和继任计划、广告招聘、人才招聘会、校园招聘、职业中介、机构招聘、网络招聘等不同形式。

(4)发布招聘信息

利用各种传播工具发布岗位信息,鼓励和吸引人员参加应聘。需要注意以下方面:

①信息发布的范围。信息发布的范围取决于招聘对象的范围。发布信息的面越广,接收到该信息的人就越多,应聘者就越多,组织招聘到合适人选的概率就大,但费用支出相应也会增加。

②信息发布的时间。在条件允许、时间允许的情况下,招聘信息应尽早发布,以缩短招聘进程,同时也有利于使更多的人获取信息,从而增加应聘者。

③招聘对象的层次性。组织要招聘的特定对象往往集中于社会的某个层次,因而要根据应聘职务的要求和特点,向特定层次的人员发布招聘信息。

通常有报纸、杂志、电视、网络、布告栏、新闻发布会等形式。

(5)制订招聘活动计划

确定招聘人员、招聘时间和招聘地点。

3. 甄选阶段

(1)初步接待

应聘者在获取招聘信息后,向招聘单位提出应聘申请。求职者与招聘工作人员通过直接接触,形成初步印象,从而做出第一次双向选择,决定是否提供或接受简历和申请表。

(2)初步筛选

招聘工作人员通过个人简历和工作申请表对应聘者进行评价,进而决定是否通过筛选。

(3)选拔测试

①审查申请材料和推荐材料。了解求职者的背景、经历、愿望等,初步预测其适应应聘岗位的可能性。

②选择选拔测试方法。通过测试的信度、效度和普遍适用性,选择选拔测试的具体方法,如知识考试、面试、能力测试、个性测试、心理测试、人格与兴趣测试、情景模拟或评价中心测试、系统仿真等。需要指出的是,选择测试的方法要与岗位特征结合。

(4)补充调查

对求职者材料的核实,以及对其中的疑点进一步审核。主要针对应聘者个人资料的不足部分,或不便直接向应聘者询问的情况进行补充调查,以全面掌握其个人背景和表现。补充调查通常针对将要担任重要工作岗位或特殊工作岗位的应聘者,如财务、会计、出纳、仓库保管员、保安人员等,以确保企业利益不受到损害。

4. 录用和调配阶段

(1)录用阶段

通过甄选过程,做出录用决策,安排体检等工作,发放录用通知书。进行录用面谈后入职,对录用人员进行岗前培训,进入试用期,期满合格,正式录用,签订劳动合同,办理正式入职手续。

(2)调配阶段

人员调配就是面向企业内部,重新配置原有员工,是指经企业决定而改变员工的工作岗位、职务、隶属关系或工作单位的人事变动。因此,人员调配有两个特点:一是经人力资源管理部门认定,并办理相应手续;二是长时间的职位或职务改变。

一般来说,本着因事设人、用人所长、协商一致的原则,开展调配工作。

调配工作的主要内容有提出申请、填写调动审批表、组织审核、调出调入单位双方洽谈、调入单位发调动通知、办理调动手续等。

5. 评估和反馈阶段

(1)招聘评估

选择恰当的方法对招聘的效果进行评估检查。

①评估招聘成本:将实际发生的招聘费用和招聘预算进行对比;计算各种招聘方法的单位成本,找出最优的招聘方法。

②评估招聘进程:将实际发生的进程与计划进行比较。

③评估录用情况:包括对员工录用数量和员工录用质量的评估。

(2)结果反馈

对评估检查信息进行系统反馈。

第二节 员工招聘的渠道

一、员工招聘的渠道分类

企业员工招聘的渠道主要有内部招聘渠道和外部招聘渠道,如图 5-2、表 5-1 所示。按照企业总目标制订的人力资源计划,大致规划了企业在一定时期所需人员的数量和种类,加之对企业内部空缺职位进行的工作分析以及对企业外部环境的分析,从而决定到底是从企业内部进行人员选拔还是从外部吸引人员来填补一定的空缺职位。同时,招聘人员还可以在相应于内部或外部招聘可采用的方法中选取最有效的加以综合利用,力求在保证人员质量的前提下,以低成本取胜。

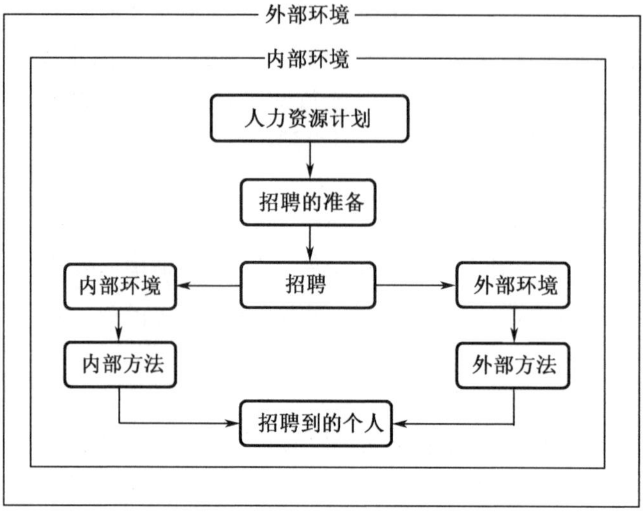

图 5-2 员工招聘渠道

表 5-1 内部招聘和外部招聘的比较

	优点	缺点
内部招聘	1. 有利于鼓舞士气,提高热情,调动内部员工的积极性 2. 有利于保证选聘工作的正确性 3. 有利于被聘者迅速展开工作,并可能促成连续提升 4. 在有些方面可节省花费	1. 引起同事不满 2. 容易造成"近亲繁殖",导致组织视野狭窄 3. 被聘者可能是组织中最合适的人,但并非是最合适岗位的人 4. 必须制订管理与培养计划
外部招聘	1. 能够为组织带来活力,有助于拓宽组织视野 2. 有利于平息和缓和内部竞争者之间的紧张关系 3. 有较广泛的来源满足组织要求 4. 如果被聘者有经验,则可节省培训费用和时间	1. 外部人员不熟悉组织流程,需要较长时间的适应和调整 2. 对内部人员的积极性造成打击 3. 组织对应聘者的情况缺乏了解 4. 可能引来组织窥察者

二、内部招聘渠道

招聘的员工来自组织内部,其特点是从组织内部发现和挖掘人才,能提高组织招聘的效益。因而,大多数组织在需要人力资源时通常先在内部进行人员的调配,如增加或减少某些部门的人员数量。内部招聘主要有员工晋升、平级调动、工作轮换和返聘等几种主要形式。

(一)职工晋升

职工晋升也叫内部晋升,是指将组织内部的职工调配到较高的职位上,是组织内部常见的招聘渠道之一。公开竞聘就是一种典型的内部晋升方式。

1. 优点

(1)组织与应聘者更易相互适应。组织对这些员工比较了解,能较正确地评价他们胜任新职务的能力和资格;内部应聘者也较熟悉组织的管理方式、政策和组织文化,因而上岗后更易适应新岗位。

(2)具有激励作用。内部晋升使员工体验到组织的安全感,感到自己在组织内只要努力工作,会有更好的发展前途,从而对组织产生长期兴趣和提高忠诚度;同时为了使自己能在内部晋升中成功,应聘者会及早做好准备,主动积极工作,不断开发自己的潜能。

(3)提高经济效益。内部晋升可以节省组织的招聘费用,节约费用支出。

2. 缺点

(1)选择范围窄,导致合适人选缺乏。内部晋升被选择的人员有限,即使被选出的是最佳人选,但从职务来看,可能并未是最合适的;另外,被发现的最佳人选,也可能因不喜欢离开熟悉的工作环境和其他的顾虑而不愿晋升。

(2)容易引发组织内部的明争暗斗和近亲繁殖。

(二)平级调动

平级调动是指内部员工在同级水平职务间的调动,是较常见的内部招聘方式。

平级调动的作用主要体现为激励,如果职工被调任到一些重要的同级岗位,被平调员工就有受领导重用之感,从而激发其工作积极性。

平级调动的关键是确定平调对象,确定时可依据资历和业绩两个标准。一般情况下,组织希望根据员工的能力大小安排平调,而员工更愿意依据资历深浅调动工作。

(三)工作轮换

工作轮换是指员工在不同阶段从事不同工作,因而轮换工作的员工其岗位有临时的特点;工作轮换有助于丰富员工的工作经验,有利于提高员工的技术水平和培养行政管理人员。

(四)返聘

返聘是组织将解雇、提前退休、已退休或下岗待业的员工再召回来工作。在组织出现职位空缺时,能够在较短的时间内补充有经验的人员,多用于人员流动率较高的组织。

这种方法支出的费用较少,较适用于商业周期明显的行业。由于重新聘用的员工较新职务申请人熟悉组织的工作程序,了解组织文化特点,有丰富的工作经验,因而更易适应工作环境及新的工作;同时组织对这些员工有记录、较了解,因而更安全、稳定,流动性小。

三、外部招聘渠道

外部招聘渠道指所需要招聘的人员来自组织的外部,主要包括广告招聘、人才招聘会、校园招聘、职业中介机构、猎头组织等。

(一)广告招聘

通过广告媒体(报纸、杂志、广播、电视、网络等)发布招聘信息,提供有关工作岗位的足够信息,向合格的员工传达就业机会,来获取企业所需人力资源的方式。

广告招聘的优点:信息发布迅速,覆盖面广,可引起较多求职者响应,备选率大;成本较低;使应聘者对组织有所了解,减少盲目性;可同时发布多种类别工作岗位信息;可给组织保留许多操作上的优势。

广告招聘的缺点:费用较高,小规模组织往往难以承受;应聘者较多,造成招聘工作量加大,费用增加。

(二)人才招聘会

借助人才招聘会所搭建的平台,寻找企业所需人力资源的一种方式,分为专场招聘会和非专场招聘会。

人才招聘会的优点:可减少招聘过程中的硬件投入;避免信息传递过程中的失真现象;实现了人才和用人单位的双向选择;招聘主题明确,流程规范,信誉度高。

人才招聘会的缺点:人力、物力、财力投入较大;时间受招聘会召开日期的限制。

(三)校园招聘

校园招聘是指招聘组织直接从学校招聘各类各层次应届毕业生。近年来,校园招聘以其集中、快捷、高效、针对性强等优点越来越受到企业雇主的青睐,并以此作为招聘年轻后备人才的首选渠道。

校园招聘的优点:能够达到直接、深度沟通的目的,避免双方选择的盲目性;可录用率较高,从而提高招聘效率;形式灵活,运作方便,并节省大量的宣传费用;具有良好的社会效应,是校企双方的宣传良机。

校园招聘的缺点:耗资费时;招聘受毕业生毕业时间限制,无法满足组织急需人才的需求状况;应聘者普遍缺乏工作经验,增加组织培训投入。

(四)职业中介机构

企业委托专门从事职业介绍和协调的专业机构进行招聘,为组织找到急需人才。通常适用于:用人单位根据经验预计难以吸引足够数量的合适人员;招聘小数量员工或者为新岗位招聘人员;急于填充某一关键岗位;试图招聘到正在就业的员工,尤其是在劳动力市场供给紧张的形势下。

职业中介机构招聘的优点:针对性强,命中率高;应聘者范围较广,不易形成裙带关系;招聘过程短,效率高;中介机构的良好服务可帮助组织强化招聘效果,提高美誉度。

职业中介机构招聘的缺点:需要一定的中介费用,且信誉较好的机构收费较高;中介机构运作情况良莠不齐,招聘失败风险较高;机构选拔人员往往对人不对岗。

(五)猎头组织

猎头组织是为组织寻找高级人才和特殊人才的机构。其掌握求职和招聘信息,熟悉各类组织对特殊人才的需求,专门为雇主“搜捕”和推荐处于就业状态的高级主管人员和高级技术人员,擅长接触正在工作并对更换工作没有积极性的人。

猎头组织招聘的优点:联系面广,针对性强,成功率较高;帮助组织的高层管理节省很多招聘和选拔高级主管等专门人才的时间。

猎头组织招聘的缺点:费用很高;猎头组织可能会推荐一个不合格的应聘者,借以博得后来应聘者的好感。

第三节 人力资源素质测评

一、人力资源素质测评概述

(一)人力资源素质测评的含义

人力资源素质测评就是在人力资源管理领域里应用专门手段和工具,依据科学的测量和评价原理,针对特定的人力资源管理的目的,对人的素质进行多方面系统的测量和评价,进而为人力资源管理与开发提供可靠的参考依据。人力资源素质测评最显著的作用体现在人员甄选、岗位配置、培训与发展,以及第三方就业推荐上。

一般而言,要测评的素质包括身体素质和心理素质两大方面。对于应聘者身体素质的测评结果容易获得,而对心理素质的测评则需要专门技术和手段。

(二)人力资源素质测评的功能

1. 甄选和评定功能

甄选和评定是人力资源素质测评活动的核心功能,是将被测评者的特征行为与某种标准进行比较,以确定其素质构成与成熟水平。

2. 诊断和反馈功能

诊断是在广泛搜集个体素质特征信息基础上进行的人力资源素质评价,能够有效反馈诊断结果,验证人力资源配置、开发、管理日标等的科学性。

3. 预测和激励功能

这种预测的有效性取决于被试者素质特征的稳定性程度。这种稳定的特征也成为制定员工激励策略的有效依据。

二、人力资源素质测评标准体系

人力资源素质测评标准体系由测评指标、测评标志、测评标度构成。

(一)测评标准体系构成

测评指标是测评标准体系中的最小单位,一般反映被测评者的某一特征,是对测评项目的更细致、更具体的分解,更具有可操作性。一般包括体力、知识、能力、技能、个性品质等。

测评标志是为每一个测评指标确立的关键性考核标准，要求必须是可辨别的、易操作的特征，通常一个测评指标要由多个测评标志来说明。

测评标度是指描述测评指标的程度差异与状态水平的顺序和度量。测评标度的一般表现形式有等级式、数量式、符号式、数轴式、定义式等。

（二）测评标准体系设计的原则

1. 针对性原则

在对不同类别被测试人员进行功能测评时，测评标准体系中的各项指标应有所不同，要根据各类人员的具体特点来进行指标设计。在设计测评标志时，应根据岗位进行工作分析，确定它对人员素质的基本要求，然后进行调查研究，归纳提炼出测评标志。

2. 完备性原则

完备性原则是指处于同一个标准体系中的各种标准相互配合，在总体上能够全面地反映工作岗位所需具备的素质及功能的主要特征，使整个考评对象包含在评价标准体系内容之中。

3. 可操作性原则

可操作性原则是指设立的标准应该可以辨别、比较、测评，也就是说，测评标准所展示的标志是可以直接观察、计算或能通过一定的方法辨别、把握和计量的。因此，在进行评价标准设计时，要充分考虑可操作性。测评标志的措辞应当通俗易懂、尽量简化、突出重点。

三、人力资源素质测评的方法

（一）面试法

面试法是最常用的人力资源素质测评方法之一。通过测试人员与被试者面对面地交流，使测试人员能够以主动而灵活的方式考核被试者，观察被试者的应对和表现，达到其他测试手段不能实现的效果，使面试成为一种有效的招聘与选拔手段。面试的种类有很多，又各有优缺点，面试人员在利用时应结合具体职位、选聘人员数量等灵活应用，并在面试过程中展示技巧，获取有关被试者的准确信息。

面试按照不同的分类标准，可以有不同的分类结果。具体的分类结果如表 5-2 所示。

表 5-2　面试的分类

分类标准	结构	内容	目的	其他
种类	结构化面试 非结构化面试	情境式面试 工作相关式面试	压力面试	系列式面试 小组式面试

(1)结构化面试与非结构化面试

结构化面试是指按照事先设计好的结构化面试表格中的问题的次序提问。结构化面试表格中通常列出面试中需要了解被试者的基本方面，由面试人员按被试者的不同而进行有选择地使用。结构化面试为面试人员提供了指南,既避免一些重要问题的遗漏,又能使面试过程紧凑而有秩序,尤其适用于对经验并不丰富的面试人员进行面试。

非结构化面试不需要面试人员按照预先确定好的问题顺序向被试者提问,可以在面试过程中随机地发问,谈话内容可以任意地展开。面试通常以同一题目开始,然后由面试人员依据被试者对问题的回答情况变换问题。采用非结构化面试要求面试人员素质较高,并掌握高度的谈话技巧,能够通过被试者的自由发挥了解情况,达到面试的目的。这种面试方法常用于高级管理人员的招聘与选拔。

(2)情境式面试和工作相关式面试

情境式面试所提问题主要集中于在某一给定情境下被试者可能采取的行动计划。根据分析被试者的回答来考察被试者的工作能力。情境式面试中的问题也可以是事先确定好的结构化问题,让被试者选择可能采取行动的方案。

工作相关式面试是指对被试者与工作有关的过去的行为进行评估,如被试者所学习过的与工作有关的知识内容等。但大多数问题不一定是情境式的,即不是设想的有关工作的情境。

(3)压力面试

压力面试是考核被试者对工作中压力的承受能力的一种特殊面试方法。主要应用于某些经常要承受较大压力的工作人员的选聘。在压力面试中,面试人员故意设计一系列令人难以接受的问题,将被试者置于尴尬的境地,甚至激怒被试者。观察被试者面对这一切的反映,以考核被试者的应变能力、心理承受能力以及人际处理能力等。

(4)系列式与小组式面试

企业在对被试者进行面试选拔时,常常由几个面试人员同时参加面试。面试人员通常以3~5人为宜。几个面试人员分别对一个被试者进行面试,然后综合各个面试人员对被试者的看法,再进行下一个被试者的面试过程,称系列式面试。小组式面试则是面试人员与所有的被试者同时在一起进行面试,每个面试人员均可向几个被试者提问,一个被试者也同时接受几个面试人员的发问。

(二)心理测试

心理测试主要集中于对被试者潜力的测试。其具体类型主要有职业能力倾向测试、个性测试、价值观测试和职业兴趣测试等。

1. 职业能力倾向测试

职业能力倾向测试是指测定从事某项特殊工作所应具备的某种潜在能力的一种心理测试。它能预测应聘者在某个职业领域中成功和适应的可能性,或判断被试者适合哪项工作。

职业能力倾向测试一般可分为以下三种:

(1)普通能力倾向测试

普通能力倾向测试包括思维、想象、记忆、推理、分析、空间关系判断和语言等方面能力的测试。

(2)特殊职业能力测试

特殊职业能力测试是测试特殊职业需要特殊能力的一种职业能力测试,如出纳员、打字员、驾驶员等。

(3)心理运动机能测试

心理运动机能测试是测试心理运动能力的测试,如选择反应时间、肢体运动速度、四肢协调、速度控制等,这些可借助体检、各种测试仪器或工具进行。

由于不同职业对能力的要求不同,人们设计了针对不同职业领域的能力倾向测试,用于有针对性地选拔人员和进行职业设计。例如,我国已在公务员和事业单位公开招考中设立了行政职业能力测试,它专门用来测量与行政职业有关的一系列心理潜能(如知觉速度与准确性、判断推理能力、语言理解能力、数量关系与资料分析能力),通过一系列的考试,即可预测考生在行政职业领域多种职位上成功的可能性。目前,很多企业在招聘中,也往往将行政职业能力测试作为招聘的重要测试手段。

2. 个性测试

个性是一个人能否施展才华,有效完成工作的基础,难怪有人说:"人的性格就是人的命运,影响你的待人处事方式、交际圈大小和人际关系;一个有毅力、专一的人和一个有惰性、兴趣多变的人,即使两个人能力相当,前者可能更易取得事业的成功。"

对组织而言,通过个性测试可以筛选出那些具有优良品质、心理健康的人。国外很多公司的 CEO(首席执行官)在选择自己的继任者时无不看重候选人的个性,期望找一个既有才干,更具个性魅力的候选人;对应聘者个人而言,通过个性测试可以发现自己具备的个性和与之相适应的工作性质。

运用较多的个性测试主要有自陈式测试和投射测试。

在运用这种方法时,要明确具有特定个性的人并不是就一定能够从事特定的工作或只能从事特定的工作;同样地,特定的工作只能由特定个性的人来胜任。只不过,特定工作需要特定的员工个性,如会计和秘书均需具备心细的品格特征,市场营销员则需要有强烈创新和开拓的意识。很显然,心细的人不一定就能当好秘书,也绝非只能当秘书;有强烈创新、开拓意识的人也不一定就能干好市场营销工作,也不是只能从事市场营销工作。

3. 价值观测试

价值观测试是指通过对应聘者道德方面,如诚实、质量和服务意识等价值观的测试,来深入了解应聘者的价值取向,作为选拔、录用的一种补充性依据。

价值观测试之所以近几年来被重视并运用于招聘中,是因为一些求职者因某些原因去应聘与其工作价值观完全不符的职业或职位,结果即使他们其他方面能力满足招聘要求被录用了,但他们对录用了的职业或职位可能并不满意,这不仅降低其工作热情与积极性,而且还会直接影响其工作绩效及组织效率(是因为一些求职者的工作价值观与其所录用的职业或职位并不相符,结果影响其工作热情、积极性的发挥。)。

某工作价值观测试样例如表 5-3 所示。

表 5-3 价值观测试样例

评价因素	你认为的重要程度(在数字上画圈)				
有趣的工作	5	4	3	2	1
非工作时间	5	4	3	2	1
收入	5	4	3	2	1
挑战	5	4	3	2	1
住房	5	4	3	2	1
福利	5	4	3	2	1
明确的责任	5	4	3	2	1
技能应用	5	4	3	2	1
公司荣誉	5	4	3	2	1
培训机会	5	4	3	2	1
与经理的工作关系	5	4	3	2	1
赏识	5	4	3	2	1
建议被倾听	5	4	3	2	1
反馈	5	4	3	2	1
贡献	5	4	3	2	1
公平竞争	5	4	3	2	1
提升	5	4	3	2	1
合作的同事	5	4	3	2	1
和谐的组织气氛	5	4	3	2	1
地区	5	4	3	2	1

4. 职业兴趣测试

职业兴趣测试是心理测试的一种方法,用来探究一个人最感兴趣的,并最可能从中得到满足的工作是什么,该测试是将个人兴趣与那些在某项工作中较成功的员工的兴趣进行比较。它是用于了解一个人的兴趣方向以及兴趣序列的一项测试。

个体的兴趣在很长时期内是稳定的,并与某些领域的成功有关。但是兴趣不等于才能或能力,对这些特点的测试应与兴趣测试同时进行。此外,很容易在兴趣测试问题的回答上作假,虽然在员工选择中可能用到一些兴趣测试,但是它们主要用于评议和职业的指导方面。

兴趣测验有许多用途,最典型的就是用于员工的职业生涯规划,因为一个人总是会把自己感兴趣的事情做得很好。另外,还可以用它作为选择的工具,如果你能选择那些与现职成功的雇员的兴趣相似的候选人,那么这些候选人很可能在新的岗位上也能取得成功。

美国约翰·霍普金斯大学的约翰 · 霍兰德(John Holland)教授是著名的职业指导专家,他于 1959 年提出了具有广泛社会影响的职业兴趣理论。该理论认为类型、兴趣与职业密切相关,兴趣是人们活动的巨大动力,凡是具有职业兴趣的职业,都可以提高人们的积极性,促使人们积极地、愉快地从事该职业,且职业兴趣与人格之间存在很高的相关性。约翰·霍兰德认为职业兴趣类型可分为常规型、艺术型、实践型、社会型、研究型和管理型六种,如表 5-4 所示。

表 5-4　霍兰德职业兴趣类型表

职业兴趣类型	具体表现	适合职业
常规型	尊重权威和规章制度,喜欢有秩序的、安稳的生活。惯于按照计划和指导做事,按部就班,细心有条理。不习惯自己对事情做判断和决策,较少发挥想象力。没有强烈的野心,不喜欢冒险	秘书、办公室人员、记事员、会计、行政助理、图书馆管理员、出纳员、打字员、投资分析员
艺术型	热爱艺术,富于想象力,拥有很强的艺术创造力。乐于创造新颖、与众不同的成果,渴望表现个性,展现自己。做事理想化,追求完美。善于用艺术形式来表现自己和表现社会。进行艺术创作或创新时,不喜欢受约束和被限制	艺术方面(演员、导演、艺术设计师、雕刻家、建筑师、摄影家、广告制作人),音乐方面(歌唱家、作曲家、乐队指挥),文学方面(小说家、诗人、剧作家)
实践型	喜欢使用工具或机械从事操作等动手性质的工作,动手能力强,通常喜欢亲自体验或实践理论和方法,一般不具有出众的交际能力,喜欢从事户外工作	技术性职业(计算机硬件人员、摄影师、制图员、机械装配工),技能性职业(木匠、厨师、技工、修理工、农民、一般劳动)
社会型	乐于与人打交道,乐于处理人际关系。喜欢从事对他人进行传授、培训、帮助等方面的服务工作。愿意发挥自己的感染力和说服力引导别人。有社会责任心,热情,善于合作,善良,有耐心,重视社会义务和社会道德	教育工作者(教师、教育行政人员),社会工作者(咨询人员、公关人员)
研究型	喜欢理论研究,潜心于专业领域的创新和应用;喜欢探索未知领域,擅长使用逻辑分析和推理解决难题。不喜欢官僚式的管理行为过多地影响研究工作	科学研究人员、教师、工程师、电脑编程人员、医生、系统分析员
管理型	对其所能支配的各种资源能够进行有效的计划、组织、领导和控制。喜欢影响别人,敢于挑战,自信、有胆略、有抱负,沟通能力出色,擅长说服他人,追求声望、经济成就和社会地位	项目经理、销售人员、营销管理人员、政府官员、企业领导、法官、律师

(三)评价中心技术

评价中心技术是当代管理中识别有才能的管理者的最有效的工具,它是通过把候选人置于相对隔离的一系列模拟工作情景中,以团队作业的方式,采用多种测评技术和方法,观察和分析候选人在模拟的各种情景压力下的心理、行为、表现以及工作绩效,以测量候选人的管理技术、管理能力和潜能等。评价中心技术所采用的测评技术和方法包括公文筐测验、管理游戏、无领导小组讨论、小组问题解决、演讲辩论、案例分析等。通过评价中心的运用可达到两方面的目的:一是为组织发展选择和储备所需的管理人才;二是对个人的潜在能力及培训和发展需要做出早期诊断。

1. 无领导小组讨论

无领导小组讨论是指把一组求职者(一般 5~8 人)集中在一起,就既定背景下的某一给定问题展开讨论,事先不指定主持人,评价者在一旁观察评价对象的行为表现,看谁会从中脱颖而出,成为自发的领导者。

无领导小组讨论的目的主要是考察求职者的组织协调能力、领导能力、人际交往能力与技巧、想象能力、对资料的利用能力、辩论说服能力以及非语言的沟通能力等,同时也可以考察求职者的自信心、进取心、责任感、灵活性以及团队精神等个性方面的特点及风格。有关研究表明,无领导小组讨论对于管理者集体领导技能的评价非常有效。

无领导小组讨论的优点在于:能充分暴露求职者的真实特点,能依据求职者的行为特征对其进行更加全面、合理的评价,能使求职者在相对无意识状态中展示自己多方面的特点,能在同一时间对竞争同一岗位的求职者的表现进行横向比较,应用范围广。

无领导小组讨论的题目类型通常有意见求同型、资源争夺型、团队作品型、两难型四种。在实施无领导小组讨论时,需要注意的问题包括:准确界定测评的内容;确立统一的评定标准,要具体,有可操作性;适当控制小组的人数,一般以 3~5 人为宜;保持洁静、明亮、轻松而不失测评气氛的环境,以圆桌会议为最佳方式,不要让求职者明显感觉到自己处于被观察、被评价地位。

2. 公文筐测验

公文筐测验是评价中心最常用、最核心的技术之一。该测验主要考察求职者对各种各样的文书问题,如备忘录、信件、电报、电话记录、报告等的处理和反应能力,以及对他人的敏感性。该测验在假定的情景下实施,一般让求职者扮演组织中某一重要角色(需要选拔的岗位)。工作人员把事先准备好的资料交给求职者,要求其在规定时间内对各种材料进行处理,做出决策,形成公文处理报告。这些资料是该组织内的实际业务和管理环境信息,包括财务、人事、市场信息、政府的法令公文、客户关系等十几份材料。公文筐测验通过求职者在规定条件下处理过程的行为表现和书面报告,评估其计划、组织、预测、决策和沟通能力。

该测验的优点在于:非常适合对管理人员、行政人员进行评价;操作简便,具有灵活性,可以根据需要设计问题;公文筐中的成绩与实际工作表现有很大的相关性,对求职者的未来工作绩效有很好的预测能力;每个受试者都在平等的条件和机会下接受测试;能够多维度评价求职者。

该测验的缺点在于:费时较长,一般需要 2~3 小时;编制公文筐的成本很高;评分主观性强;求职者单独作答,很难判断他们与别人交往、沟通的能力。

3. 演讲

演讲是求职者按照给定的材料组织并表达自己观点和理由的过程。通常求职者拿到演讲题目后要稍做准备,然后进行 5~10 分钟的正式演讲,演讲完毕后主考官还会针对演讲内容进行提问。这种方法着重考察求职者思维的敏捷性、系统性、条理性、创造性,说服能力以及自信心等。这种方法操作简单,成本较低,但由于演讲仅能反映出个人特质,具有一定局限性,所以它往往和其他形式结合使用来考察求职者。

4. 角色扮演

角色扮演是一种比较复杂的测评方法,它是指模拟一个管理场景,多个求职者分别扮演一定的角色,模拟实际工作中的一系列活动。例如在某个管理决策活动中,有人扮演总经理,有人扮演销售部经理,有人扮演技术部经理,大家在一起分工合作。通过这种模拟,能够有效考察求职者的实际工作能力、团队合作能力、创造性、组织协调能力等,并且效度较高。

第四节　人力资源招聘效果评估

招聘效果评估是人力资源招聘的最后一个环节,也意味着下一次人力资源招聘前期工作的开始。招聘效果评估就是对人员招聘的整个过程的评价和总结。主要目的是分析和了解人员招聘的成本及其效益,以及通过招聘获得的经验和教训,从而为今后的招聘提供信息支持。招聘评估的内容涉及制订的招聘计划和程序是否合理和有效;招聘和预算及其成本控制是否适当;招聘效益如何;招聘过程的哪些环节不够完善,需要修改或调整。

一、招聘评估

招聘评估涉及的指标有人均招聘成本和招聘录取比。人均招聘成本是招聘阶段的费用支出与应聘人数之比。一般情况下,招聘成本包括招聘阶段的直接支出和间接支出两部分。其中,直接支出主要包括招聘人员差旅费、招聘会费用支出、招聘代理和职业中介机构收费、人才推荐奖金、人员接待费以及其他相关费用支出,间接费用支出包括招聘人员工资、福利及职位空缺损失等。

人均招聘成本=招聘成本/招聘阶段录取人数

招聘录取比=(招聘阶段录取人数/应聘人数)×100%

其中,招聘阶段录取人数是指通过求职简历审核而进入下一阶段的人数,应聘人数是指向某次招聘活动提交求职简历的人数。

二、甄选评估

甄选评估是指甄选阶段的人均甄选成本及甄选录取比。其计算公式为

人均甄选成本=甄选成本/甄选阶段录取人数

其中,甄选成本包括进行考试、心理测试、面试及体检等支出的所有费用。

甄选录取比=(甄选阶段录取人数/应聘人数)×100%

三、录用评估

录用评估包括对录用数量的评估和录用质量的评估。

(一)录用数量的评估

录用数量的评估主要包括人均录用成本、录用比、招聘完成比以及应聘比等几项指标。其中,录用成本是录用阶段的所有费用支出,包括直接费用和间接费用。直接费用主要包括被录用人员的家庭安置费和生活安置费,间接费用主要包括负责录用的人员的工资福利和职位空缺所带来的机会成本。

录用比的计算过程为

录用比=(录用人数/应聘人数)×100%

一般来说,录用比越小,录用者的质量可能会越高;反之,则录用者的质量越低。

（二）录用质量的评估

录用质量是指实际录用的应聘者的个性特征及其知识技能等与空缺岗位的符合程度。录用人员的质量既关系到招聘成败，同时也关系到招聘岗位今后一段时间的工作绩效。因此，对录用人员质量进行评估，客观、公正地分析评价，对招聘而言是非常重要的。

四、招聘过程整体评估

招聘过程整体评估所涉及的指标主要有总成本效用、招聘完成比和应聘比。

招聘总成本是上述招聘成本、甄选成本、录用成本之和，也可以分为直接成本和间接成本。总成本效用是从招聘单位支出角度来评价招聘的实际效用，因此，总成本效用可用下式来表示：

$$总成本效用=录取人数/招聘总成本$$

$$招聘完成比=(录用人数/计划招聘人数)\times 100\%$$

通常，招聘完成比在100%级以上，说明完成或超额完成了招聘任务。

$$应聘比=(应聘人数/计划招聘人数)\times 100\%$$

一般来说，应聘比越大，说明宣传的范围越广，前来应聘的人数越多，往往越有可能招聘到高素质员工。

【本章小结】

1. 员工招聘是指组织为了生存和发展的需要，根据人力资源规划的需求预测结果和工作分析与设计的具体要求，通过制订招聘计划、发布招聘信息，实施招聘活动，并运用科学的甄选、录用方式，挑选出组织所需的合格人才，并将其安排到合适岗位工作的系统过程。员工招聘的目的：(1)满足企业的现实需求，为企业中空缺的职位寻找符合资格要求的申请人；(2)满足企业的未来需求，为企业建立人才储备库，实施人才开发战略；(3)满足企业的效率需求，以最低的成本招聘到高质量的人才。

2. 人力资源素质测评就是在人力资源管理领域里应用专门手段和工具，依据科学的测量和评价原理，针对特定的人力资源管理的目的，对人的素质进行多方面系统的测量和评价，进而为人力资源管理与开发提供可靠的参考依据。人力资源素质测评最显著的作用体现在人员甄选、岗位配置、培训与发展，以及第三方就业推荐上。

一般而言，要测评的素质包括身体素质和心理素质两大方面。对于应聘者身体素质的测评结果容易获得，而心理素质的测评则需要专门技术和手段。

3. 人力资源素质测评的方法有面试法和心理测试法。面试法是最常用的人力资源素质测评方法之一。通过测试人员与被试者面对面地交流，使测试人员能够以主动而灵活的方式考核被试者，观察被试者的应对和表现，达到其他测试手段不能实现的效果，使面试成为一种有效的招聘与选拔手段。面试的种类很多，又各有优缺点，面试人员在利用时应结合具体职位、选聘人员数量等灵活应用，并在面试过程中展示技巧，获取有关被试者的准确信息。心理测试主要集中于对被试者潜力的测试。其具体类型主要有职业能力倾向性测试、个性测试、价值观测试和职业兴趣测试等。职业能力倾向测试是指测定从事某项特殊工作所应具备的某种潜在能力的一种心理测试。它能预测应聘者在某个职业领域中成功和适应的可能性，或判断被试者适合哪项工作。职业能力倾向测试内容一般可分为普通能力倾向测试、特殊职业能力测试、心理运动机能测试。

【思考与探讨】

1. 员工招聘的方法有哪些？
2. 员工招聘的流程有哪些？
3. 各类员工招聘方法的优缺点是什么？
4. 假设你是一名人力资源管理人员，设计一个招聘计划并阐明该招聘计划的优缺点。

第六章　组 织 管 理

【学习目标】

1. 了解企业组织设计的原则与程序。
2. 了解企业组织结构的主要类型。
3. 掌握组织结构的选择。
4. 掌握人力资源管理制度设计的原则。
5. 掌握人力资源管理制度设计的一般方法。

第一节　企业组织设计

一、企业组织设计概述

(一)组织概述

组织是为了达到某些特定目标,经由分工与合作及不同层次的权力和责任制度,而构成的人的集合。

1. 组织必须具有目标。任何组织都是为目标而存在的,不论这种目标是明确的,还是隐含的,目标是组织存在的前提。

2. 组织有分工与合作。分工与合作关系是由组织目标限定的,企业为了达到经营目标,要有采购、生产、销售、财务和人事等许多部门。这种分工,使每个部门都专门从事一种特定的工作,各个部门又要相互配合。只有把分工与合作结合起来才能产生较高的组织效率。

3. 组织有不同层次的权力与责任制度。分工之后,就要赋予每个部门乃至每个人相应的权力和责任,以便于实现组织的目标。若想完成任何一种工作,都需要具有完成该项工作所必需的权力,这是不言而喻的,同时又必须让其负有相应的责任。仅有权力而无责任,可能导致滥用权力,而不利于组织目标的实现。权力和责任是达成组织目标的必要保证。

(二)企业组织设计的含义

组织设计是指管理者将组织内各要素进行合理组合,进行以企业组织结构为核心的组织系统的整体设计,建立和实施一种特定组织结构的过程。组织设计是进行有效管理的必备手段之一,其实质是对管理人员的管理劳动进行横向和纵向的分工。

组织设计的任务是进行包括职能设计、框架设计、协调方式设计在内的组织结构设计和进行包括管理规范设计、人员设计、激励制度设计在内的运行制度设计。组织结构设计的实质是从企业的职能出发,设计部门和岗位之间的分工和合作。运行制度设计的实质是从结构本身设计出发,设计规章制度、人员的配备和控制。

组织设计的结果是组织结构图、层级关系图、部门划分方案、职位说明书。

(三)企业组织设计的主要内容

1. 职能设计

职能设计是指企业的经营职能和管理职能的设计。企业作为一个经营单位,要根据其战略任务设计经营、管理职能。如果企业的有些职能不合理,那就需要进行调整,对其弱化或取消。

2. 框架设计

框架设计是企业组织设计的主要部分,运用较多。其内容简单来说,就是纵向的分层次、横向的分部门。

3. 协调设计

协调设计是指协调方式的设计。框架设计主要研究分工,有分工就必须要有协作。协调方式的设计就是研究分工的各个层次、各个部门之间如何进行合理的协调、联系、配合,以保证其高效率的配合,发挥管理系统的整体效应。

4. 规范设计

规范设计就是管理规范的设计。管理规范就是企业的规章制度,它是管理的规范和准则。结构本身设计最后要落实、体现为规章制度。管理规范保证了各个层次、部门和岗位按照统一的要求和标准进行配合和行动。

5. 人员设计

人员设计就是管理人员的设计。企业结构本身设计和规范设计,都要以管理者为依托,并由管理者来执行。因此,按照组织设计的要求,必须进行人员设计,配备相应数量和质量的人员。

6. 激励设计

激励设计就是设计激励制度,对管理人员进行激励,其中包括正激励和负激励。正激励包括薪酬、福利等,负激励包括各种约束机制,也就是所谓的奖惩制度。激励制度既有利于调动管理人员的积极性,也有利于防止一些不正当和不规范的行为。

二、企业组织设计的原则和程序

(一)企业组织设计的原则

1. 精简原则:管理层次和部门设计得合理、清晰、高效。

2. 权责对等原则:权力和责任是同一事务的两个方面,职权和职责必须对等。

3. 统一指挥原则:组织层次中任何一级只能接受一个上级的指挥,不得“政出多门”。

4. 灵活性原则:静态组织结构与动态的环境相适应。

5. 效率、效益原则:效率、效益是组织结构的最根本的准则,效率是组织结构合理协调的标志,效益则是设置组织的目的。

6. 管理宽度原则:管理宽度的确定要视不同的组织与管理者及被管理者的具体情况而定。

7. 目标明确原则:任何一个组织都有其特定的目标,组织结构是为实现组织目标而设置的。

8. 分工协作原则：组织目标的实现，要靠组织全体成员共同努力，分工就是规定各部门、各层次和成员的工作内容及范围，即明确干什么的问题，同时有分工就有协作。

9. 弹性原则：组织结构既要有相对的稳定性，又必须随着组织内部和外部条件的变化而变化。

(二)企业组织设计的程序

企业组织设计要充分考虑到组织目标和组织资源，按照一定的程序步骤进行结构设计和制度设计。其程序如图 6-1 所示。

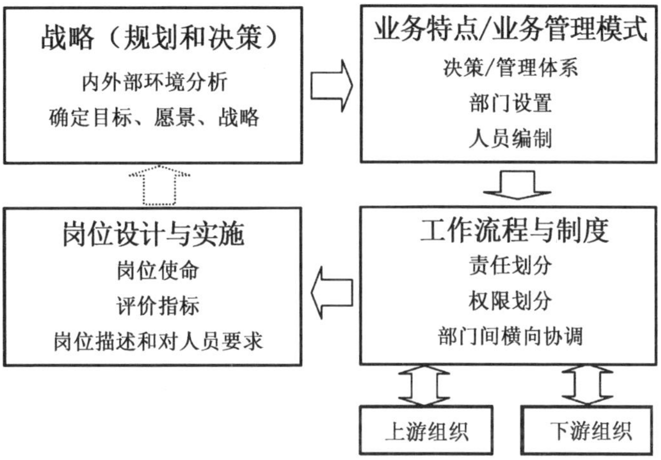

图 6-1　企业组织设计的程序

1. 战略(规划和决策)

确立组织目标的过程。通过收集及分析资料，进行设计前的评估，以确定组织目标。此部分内容要结合组织发展战略，在充分分析内外环境因素的基础上形成。

2. 业务特点/业务管理模式

这是划分业务工作、提出组织结构的基本框架的过程。一个组织是由若干部门组成的，根据组织的工作内容和性质，以及工作之间的联系，将组织活动组合成具体的管理单位，并确定其业务范围和工作量，进行部分的工作划分。在此基础上，按组织设计要求，决定组织的层次及部门结构，形成层次化的组织管理系统，构建出组织结构的基本框架。

3. 工作流程与制度

工作流程与制度是确定职权和责任、设计组织运行方式的过程。工作流程的设计，需要界定和部门间或岗位间的职权和责任，明确规定各层次、各部门以及每一职位的权限、责任。一般用职位说明书或岗位职责等文件形式表达。

设计组织的运作方式主要包括：联系方式的设计，即设计各部门之间的协调方式和控制手段；管理规范的设计，确定各项管理业务的工作程序、工作标准和管理人员应采用的管理方法等；各类运行制度的设计。

4. 岗位设计与实施

组织目标、管理模式、工作流程确定后，工作被分解到各个具体岗位上，通过岗位说明书确定的岗位要求，配置人力资源，并在组织运行中，发现组织由于设计缺陷带来的功能和效率的不足，进而不断改进和优化。

根据工作流程决定人员配备，即按职务、岗位及技能要求，选择、配备恰当的管理人员和员工；形成组织结构，即对组织设计进行审查、评价及修改，并确定正式组织结构及组织运作程序，颁布实施；调整组织结构，就是根据组织运行情况及内外环境的变化，对组织结构进行调整，使之不断完善。

第二节　中小企业组织结构的类型与选择

组织结构反映组织成员之间的分工协作关系，设计组织结构是为了更有效地、更合理地将企业员工组织起来，形成一个有机整体来创造更多的价值。每个企业中都有一套自身的组织结构，他们既是组织存在的形式，也是组织内部分工与合作关系的集中体现。

常见的组织结构类型有直线型组织结构、职能型组织结构、直线-职能型组织结构。除此之外，还有事业部组织结构、矩阵型组织结构等。

一、企业组织结构的类型

（一）直线型组织结构

1. 含义

直线型组织结构是沿着指挥链进行各种作业，每个人只向一个上级负责，必须绝对地服从这个上级的命令。直线型组织结构适用于企业规模小、生产技术简单，而且管理者具备生产经营所需要的全部知识和经验的情况。要求管理者应当是“全能式”的人物，特别是企业的最高管理者。

2. 特点

（1）组织中每一位主管人员对其直接下属拥有直接职权。

（2）组织中的每一个人只对他的直接上级负责或报告工作。

（3）主管人员在其管辖范围内，拥有绝对的职权或完全职权，即主管人员对所管辖的部门的所有业务活动行使决策权、指挥权和监督权。

3. 优缺点

（1）优点：一个下级只受一个上级领导管理，上下级关系简明清晰，层级制度严格明确，保密程度好，决策与执行工作有较高效率；管理沟通的信息来源与基本流向固定，管理沟通的渠道也简单固定，管理沟通的速度和准确性在客观上有一定保证。

（2）缺点：直线型组织结构管理无专业分工，各级管理者必须是全能管理者，其负担重，当企业较大时，难以有效领导与管理；管理沟通的信息来源与基本流向被管理者严格控制，并且管理沟通的速度和质量严重依赖于直线中间的各个点，信息容易被截取或增删，造成管理沟通不顺畅或失误。

（二）职能型组织结构

1. 含义

职能型组织结构是按职能实行专业分工的管理办法来取代直线型组织结构的全能式

管理。下级既要服从上级主管人员的指挥,也要听从上级各职能部门的指挥。

2. 特点

(1)各级管理机构和人员实行高度的专业化分工,各自履行一定的管理职能。因此,每一个职能部门所开展的业务活动将为整个组织服务。

(2)实行直线-参谋制。整个管理系统划分为两大类机构和人员:一类是直线指挥机构和人员,对其直属下级有发号施令的权力;另一类是参谋机构和人员,其职责是为同级直线指挥人员出谋划策,对下级单位不能发号施令,而是起业务上的指导、监督和服务的作用。

(3)企业管理权力高度集中。由于各个职能部门和人员都只负责某一个方面的职能工作,唯有最高领导层才能纵观企业全局,所以,企业生产经营的决策权必然集中于最高领导层,主要是经理身上。

3. 优缺点

(1)优点:使用人员灵活性较大;有利于知识和经验的交流;专业人员可以从本职部门获得顺畅晋升。

(2)缺点:跨部门的交流与合作比较困难;过于注重与职能部门利益直接相关的问题,而忽略利益范围之外的问题;容易导致责任的不明确。

(三)直线-职能型组织结构

1. 含义

直线-职能型组织结构保证直线统一指挥,能充分发挥专业职能机构的作用。

2. 特点

(1)除了直线人员外,还需要职能参谋人员提供服务。直线人员直接参与组织目标的实现,而职能参谋人员则是间接参与,他们为组织目标的实现提供服务。

(2)职能参谋部门拟订的计划、方案以及有关指令,由直线主管批准下达;职能部门参谋只起业务指导作用,无权直接下达命令。

3. 优缺点

(1)优点:既保持了直线型组织结构集中统一指挥的优点,又吸收了职能型组织结构分工细密、注重专业化管理的长处,从而有助于提高管理工作的效率。

(2)缺点:属于典型的"集权式"结构,权力集中于最高管理层,下级缺乏必要的自主权;各职能部门之间的横向联系较差,容易产生脱节和矛盾;建立在高度的"职权分裂"基础上,各职能部门与直线部门之间如果目标不统一,则容易产生矛盾,特别是对于需要多部门合作的事项,往往难以确定责任的归属;信息传递路线较长,反馈较慢,难以适应环境的迅速变化。

(四)事业部组织结构

1. 含义

事业部组织结构,就是一个企业内对于具有独立的产品和市场、独立的责任和利益的部门实行分权管理的一种组织形态。这样的部门就是事业部门,它必须具备三个要素:第一,具有独立的产品和市场,是产品责任或市场责任单位;第二,具有独立的利益,实行独立核算,是一个利润中心;第三,是一个分权单位,具有足够的权力,能自主经营。

2. 特点

(1)把政策制定与行政管理分开,政策管制集权化,业务劳动分权化。企业的最高管理层是企业的最高决策管理机构,以实行长期计划为最大的任务,集中力量来研究和制定公司的总目标、总方针、总计划以及各项政策。

(2)事业部的经营活动只要在不违背总目标、总方针、总计划的前提下,可完全由事业部自行处理,因而事业部成为日常经营活动决策的中心,是完全自主的经营单位,可以充分发挥自己的主观能动性。

(3)为了使企业保持完整性,为了使高层领导不致“大权旁落”,保证事业部不至于“各行其是”“群雄割据”,最高管理当局必须保持事业发展的决策权、有关资金分配的决策权、人事安排权。

(4)采用事业部结构的组织,对直线结构组织和职能的关系比较清楚。公司的职能部门的主要任务是对最高管理层和各业务部门进行有效的建议、指导与服务。

3. 优缺点

(1)优点:最高管理部门摆脱日常行政事务,成为坚强有力的决策机构;各个事业部发挥经营管理的主动性;既有较高的稳定性,又有较高的适应性;便于培养管理人才。

(2)缺点:对事业部一级的管理人员的要求较高;集权与分权关系比较敏感,一旦处理不当,可能削弱整个组织的协调一致;各事业部皆有完备的职能部门,管理人员增多,管理成本较高。

(五)矩阵型组织结构

1. 含义

矩阵型组织结构是从专门从事某项工作的工作小组形式发展而来的一种组织结构。一般是由一群不同背景、不同技能、不同知识,分别选自不同部门的人员所组成的,通常人数不多。组成工作小组后,大家为某个特定的任务而共同工作,以特定项目为基础建立的项目工作组是典型的矩阵型组织结构。

2. 特点

根据任务的需求把各种人才集合起来,任务完成后小组就解散。在某一小组内,人员也不固定,需要谁,谁就来,任务完成后就可以离开,所以一个人可以同时参加几个工作小组。例如一个演员可以同时参加几个摄制组。工作小组的优点是适应性强,机动灵活,容易接受新观念、新方法;各个成员像一个球队的运动员一样,都了解整个小组的任务和问题,责任感强。其缺点是缺乏稳定性,在规模上有很大的局限性。

3. 优缺点

(1)优点:灵活性、适应性强;集思广益,有利于把组织纵向联系与横向联系结合起来,加强各职能部门间的合作;专业人才潜能得到发挥,能培养各种人才。

(2)缺点:小组是临时性的,稳定性较差;小组成员要接受双重领导,当两个领导意见不一致时,会使成员无所适从。

二、中小企业组织结构的选择

组织结构是组织设计最重要的内容,是企业运行的载体,也是企业的组织流程。一般来说,企业组织结构越简单,效率越高,结构越复杂,则效率越低。

(一)我国中小企业组织结构现状

我国的中小企业大多成长于20世纪80年代,经过近30年取得了长足发展,但依然存在着经营管理不规范、信息化程度低、人力资源效用发挥程度低、授权程度低等问题。在中小企业的发展中,存在一个共同的特点,就是缺乏固定、合理的组织结构,能够通过组织的优势而不是个人的优势来解决公司发展中出现的一系列问题。选择与我国的中小企业发展相适应的企业组织结构是摆在每个中小企业经营管理者面前的现实问题。

在组织管理上,中小企业采取的组织设计和管理方式主要有以下两种:

(1)家族制企业的家长式管理结构,操作方式大部分还是家庭成员集体上阵,哪里有事到哪里,不进行工作分工、不讲计划性、不用协调,甚至有时不必沟通,就把很多工作做了。这种方式往往效率很高,解决问题很快,但同时也造成经营过程中的不足和过剩现象,造成浪费和损失。

(2)虽然建立了组织管理结构,但是企业的高级管理层不是行政管理的专业人员,缺乏针对不同的管理阶段,对组织结构进行合理变革的敏感性。有的中小企业沿袭的是原来国有企业的组织模式,在一定程度上这种模式是在政府模式的基础上设定的,有分工,但是不科学。

大部分健康发展的中小企业的经营管理者,已经意识到上述问题,于是很多企业开始进行组织机构的变革,开始运用现代的管理理论和现代成熟的管理经验管理企业。

中小企业在组织设计、调整和优化过程中,易出现以下问题:

(1)虽然职能分清了,但是没有相关的、合适的、有专业技能的人才。

(2)虽然人才引进了,却没有建设合适的工作环境,或者引进的人才本身就是不合格的。

(3)职责、职能分清了,效率却很低。

(4)企业经营者怀疑工作和人员的正确性,急于求成,不能坚持。

(5)老员工习惯于旧有模式,满足于原有的权利、利益等眼前状况,而不愿意变革。因为变革也是对权力和利益的再分配,往往会伤害到老员工,引起企业内部原有成员的不满,阻碍企业改革的进程。

(二)中小企业组织结构选择路径

中小企业规模较小,组织结构相对简单,其内部管理结构变革主要包括职能机构再设计和管理流程变革,主要选择路径是组织结构扁平化建设和业务流程再造,有利于更好地协调企业组织的活动,进而提高组织运行效率。

1. 构建扁平化的组织结构

针对传统的"官僚式"的职能型的垂直等级化企业组织结构的缺陷,为适应快速变化的市场竞争环境的需要,组织设计理论提出了"扁平化"组织形式。所谓"扁平化"组织就是通过减少中间管理层,压缩职能机构而建立起来的一种紧凑而富有弹性的新型团体组织,它具有敏捷、灵活、快速和柔性化的优点。中小企业本身规模不大,管理层次较少,这是其组织效率较高的原因之一。但随着规模的发展壮大,实现组织结构扁平化是使其保持这一优势的必然选择。中小企业向组织扁平化发展的路径包括：

(1)在业务流程中引入利润中心模式。利润中心是指一个基层单位拥有一定的资源配置权力，负担一定的利润目标，具有相对较大的经营权力，从而保证了业务流程的顺畅，使组织具有更大的活力和适应性。

(2)建立有自主权力的工作团队，实现权力重心下移。团队是由少数具有互补技能，为了共同目标相互依赖、相互承担责任的人们组成的群体，是以协作的优势来达到适应市场变化的有效形式。为了满足顾客个性化的需要，企业必须打破原有的部门界限，绕过中间管理层组成功能齐全的团队，实现灵活运作。

(3)远程办公。利用现代信息技术实现管理信息无障碍沟通，实现组织决策层和业务层的良好衔接，达到组织柔性化，这对于中小企业适应市场变化，提高竞争力具有重要意义。

(4)业务外包。中小企业为了将有限的资源集中于核心业务，可以将非核心业务或者辅助性作业外包出去。这样既达到了业务专业化，强化了竞争力，也弱化了组织复杂性，提高了适应市场的能力。外包体现了组织整合资源能力的提高。

2. 业务流程再造

企业管理流程是把管理业务各环节联结起来，形成一个完整的企业管理的网络程序。对其进行再设计和优化，实际上就是要建立以业务流程为中心的整套管理体制，以克服企业组织内部职能分工的弊端。中小企业实施流程再造，目标是整合现有企业资源，提高组织效率，促进现有业务的发展，并为开拓新业务留下空间。

业务流程再造是一个系统过程，中小企业可以分步骤实施：

(1)重新审视企业现行业务流程，找出关键业务流程。通常中小企业的业务多而杂，进行流程再造首先要求全面分析业务内容，理顺业务联系，找出企业核心业务，从而确定关键业务流程。关键业务流程是中小企业的主要利润来源，是其命脉。

(2)依据关键业务流程制定企业价值链，借助于信息技术对业务流程进行重新设计。企业的最终目的是提升顾客在价值链上所得到的分配，进而实现自身价值。这反映到流程再设计上就是尽可能缩短流程路线，减少不增值的环节，优化核心增值活动。在价值链分析的基础上，通过清除、简化、整合和自动化等手段来打破原有的业务流程，按照新的业务流程模块重组组织部门，实现管理的“一贯化”，从而形成顺畅的管理网络，提高管理效率。

(3)做好流程管理，保证新流程有效运行。新流程要求在组织保障、人员等各方面进行相应变化，以发挥其效用。这包括建立流程管理信息系统和引进适应复杂工作的综合型人才等。

3. 企业超边界整合

根据组织创新理论，在剧烈变动的信息化市场环境下，企业组织的边界不再是固定的。中小企业为赢得复杂环境下的竞争优势，必须超出传统边界实现组织整合，扩展跨越组织边界的外部联系。

主要路径包括：

(1)产业链整合

借助于信息技术和流程管理手段，企业和上下游企业可以像一个完整的企业那样运作，上游企业类似供应部门，下游企业类似销售部门。若企业处于事实上的支配地位，可以拥有对产业链的控制力,甚至可以帮助上游企业制订生产计划。市场机制和管理机制在此达到有机融合,整个产业的生产活动得到了有机协调。特别指出的是,企业之间仍然保持着产权上的独立性。

(2)网络型组织创新

网络型组织是企业间的一种联盟方式,是通过将拥有不同竞争优势的企业组建成实体或虚拟企业,并各尽所能,各扬其长,以充分发挥优势互补的作用,共同发展,谋取更多经济利益。网络组织成员是独立的企业,分别承担法律责任,其经营协调不是由行政命令加以实现,而是通过交涉与沟通来进行,因此,网络内的企业都是平等的合作伙伴。

网络型组织创新的具体实现形式包括:

(1)战略联盟是拥有不同战略资源的企业为共同利益诉求而组成的策略联盟。

(2)连锁经营是一种自愿加盟、资源合作的方式。

(3)虚拟经营是由若干独立且有特定联系的企业组成的优势互补的团体。

第三节 企业人力资源管理制度设计

人力资源管理制度设计是企业规范化管理的必要要求,科学有效的人力资源管理制度体系是规范人力资源管理流程、预防各种管理风险的有效手段。作为人力资源从业者,必须站在人力资源管理战略的高度来考虑人力资源管理制度的设计和建设,站在公司经营管理需要的角度审视管理制度的突出要点,确保各项管理制度制定的针对性和有效性。

一、企业人力资源管理制度设计的原则

企业人力资源管理制度是企业内部对人员进行规范化管理的实施法则。制定人力资源管理制度应遵循一定的原则。

1. 合法性原则

是指企业人力资源制度设计必须符合国家法律法规和公序良俗。企业作为一个具有法人资格的实体,在经营过程中必须遵照国家各项法律、法规和规章,做守法的法人是对企业提出的最基本的要求。

人力资源管理在具体工作中,涉及招聘、用人和管人等,在各个环节中应严格遵守和落实国家相关的法律、法规和规章的要求。企业人力资源管理制度和政策涉及员工的切身利益,具有相当的敏感性,如果处理不当的话,轻微情况下会产生劳动纠纷,出现劳动争议,严重情况就要发生矛盾冲突,直接影响企业正常的生产经营活动,甚至使企业待工停产,给企业和员工的切身利益带来重大的损失。从这个意义上来讲,制度制定者必须精通国家法律、法规。

2. 公平性原则

公司的人力资源管理制度对公司的所有员工,不论其职位高低,都具有同样的约束力。人力资源管理制度要将员工与企业的利益紧密地结合在一起,促进员工与企业共同发展,这是企业人力资源管理制度规划的基本原则。任何有失公平的制度,都会极大损害员工长远利益,最终也会伤害企业的长期利益。

3. 规范化原则

人力资源管理制度的规范化，是指制度本身的严谨和程序化。人力资源管理制度应规范和科学，这是企业人力资源管理操作实施的基础。

4. 可操作化原则

制定制度应该考虑可操作性，否则不会达到人力资源管理制度化的目的。人力资源管理制度如果没有了可操作性，就失去了其实际意义。可操作性必须以不同企业的实际状况及不同的需求为出发点。

5. 可调整性原则

任何制度设计都不可能一蹴而就，必须采用循序渐进的方式逐步推进。为此必须采用架构式的思维框架来考虑制度设计，健全的人力资源管理制度应该能够随公司的发展和变革进行相应的调整，从而保证公司的人力资源管理水平不落后于公司发展。

二、企业人力资源管理制度的主要内容

健全的企业人力资源管理制度应该包含一些相对确定的内容，从而保证人事管理的完整性，如表 6-1 所示。一般而言，一套完整的人力资源管理制度应至少包括以下内容：

1. 人力资源管理部门职责规定。不同的公司对其人力资源管理部门的职责会有不同的要求，但首先应该规定人事部门的职责及权限范围，并以此为基础开展公司的人力资源管理。

2. 人员甄选与录用制度。此项制度是为了保证企业人才引进的质量。人员的甄选与录用是企业吸纳人才的关键环节，而人员甄选与录用工作的质量直接关系到企业人力资源的质量。

3. 员工薪金制度。薪金管理是人事管理中极为重要的组成部分。员工薪金关系到每位员工的切身利益，制定薪金管理制度应保证其公平性、透明性和合理性。

4. 员工保险制度。员工保险是员工利益保护中的一项主体内容。

5. 员工培训制度。员工培训是公司内部人力资源开发的重要保障，既是公司发展的需要，也是员工个人发展的需要。

6. 员工考核制度。公平管理在很大程度上取决于工作绩效考核的公平程度，因为工作绩效的考核是对员工工作结果的评价，涉及员工的薪酬、奖励、晋升、调动，以及降职、辞退等各项工作，而这些工作的实施大都是以工作绩效的考核结果为评价标准的。

7. 人事调整管理制度，也称人事异动。凡涉及公司内部人员的升、降、调、退等各项工作，均属于人事异动的管理范围。人事调整管理制度的目的就是使人事调整能够按照规范化程序进行。

8. 劳动合同与人事纠纷管理制度。在公司中，公司与员工的关系应该是以契约的形式表现出来的，一旦公司出现各种人事纠纷，也应该通过某种制度化程序加以解决。

9. 人事管理的日常工作制度。其大致分为两个方面：人事档案管理和人事统计及报表管理。这部分制度的制定主要是为了加强人事管理部门自身工作的科学化和规范化。

表 6-1　企业人力资源管理制度的主要内容

制度和规范名称	制度价值分析	常见管理记录	备注
员工手册	企业要维护一套有效的员工手册，员工手册要提炼所有制度的精华内容	—	新员工入职时签订
员工招聘管理规范	企业要规范招聘面试登记和录用流程，特别是录用过程必须防范录用风险	《新员工招聘申请表》《新员工应聘登记表》《新员工面试评价表》《新员工录用审批表》等	招聘登记表内容要严谨、规范
员工入职和转正管理规范	企业要规范员工入职流程和服务标准，提升企业形象	《新员工欢迎函》《劳动合同书》《新员工试用期考核表》《转正审批表》等	要规范试用期考核对应转正薪酬的关系
绩效考核管理制度	企业要有一套明确而严谨的绩效评估流程	《年度考核任务书》《员工考核指标确认表》《绩效考核申诉表》《员工考核评价表》《考核对应奖惩审批表》等	考核指标下发以及确认过程要规范
薪酬福利管理制度	企业要维护统一有效的《薪酬职级表》，与任职资格以及绩效考核挂钩	《薪酬(福利)调整审批单》《薪资(福利)调整通知书》	公司福利要透明、规范
培训管理制度	规范培训管理制度，提升企业员工能力	《公司年度培训计划表》《年度培训需求调查表》《培训课程评估表》《培训签到表》《培训效果反馈表》《培训协议书》《公司年度培训记录表》	外部培训要及时和员工签订《培训协议书》
考勤休假管理制度	公司考勤休假管理规范有序	《员工请假审批表》《员工加班审批表》《员工调休审批表》等	—
劳动纪律管理制度	明确劳动纪律，明确规定违纪的行为规则	《员工违纪处罚审批表》《员工违纪处罚通知书》《公司制度民主评议表》《公司制度民主评议报告》等	涉及员工切身利益的制度要民主发布

表 6-1(续)

制度和规范名称	制度价值分析	常见管理记录	备注
员工离职管理规范	规范企业制度 保障劳动者权益	《员工离职申请表》《离职访谈记录表》《员工离职联合会签表》《竞业限制协议》《员工离职证明》等	—
……		……	……

三、企业人力资源管理制度设计的流程

企业人力资源管理制度设计和企业所有制度一样,编写流程基本一致,如图 6-2 所示。在设计、运行过程中,对存在的问题及时反馈调整,根据问题级别不同,反馈的环节也不一样。

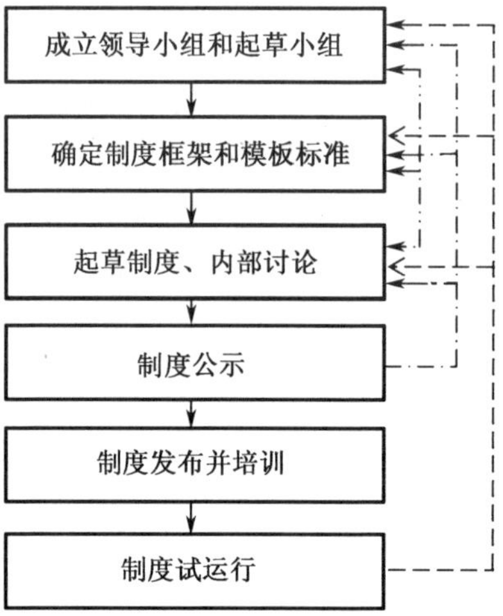

图 6-2 企业人力资源管理制度设计的流程

(一)成立企业制度领导小组和起草小组

企业人力资源管理制度设计领导小组主要由企业领导组成,主要目的是制度起草过程中获得高层的有力支持。在涉及员工切身利益的节点上,高层能够站在更高角度审视制度内容的合理性和可行性。

企业成立管理制度起草小组的目的,是在统一的管理体系下分工协作,充分讨论,确保各项管理制度流程的规范性。

此外,起草小组要做好分工,为了确保管理制度"来自员工,服务员工",最佳的方式是制度起草小组成员来自各个部门的代表,方便参与讨论。

（二）确定管理制度框架和模板标准

制度起草小组要根据企业经营管理需要，制定统一的管理框架，讨论并确定制度模板中的关键项目。例如，每项制度一般包括但不限于以下内容。

主要目的：描述管理制度制定的主要目的。

术语定义：定义常见的专业术语和名词解释。

适用范围：清晰定义出制度的适用范围，如集团还是子公司等。

职责分工：定义在本项管理制度中的各部门职责。

主要流程：制度涉及的工作流程图。

制度规定：清晰规定制度的具体内容。

相关制度：本项管理制度引用哪些外部管理制度。

主要记录：本项管理制度配套的记录文件。

制度生效：规定制度何时正式生效。

（三）起草制度、内部讨论

一项制度起草后，必须经过小组内部讨论，必须考虑每项制度实现的管理基础，必须考虑员工的接受程度。

（四）制度公示

设计的制度在内部讨论通过后，需要在公司内部公示。对于影响员工切身利益的制度，必须全员公示才有效。公示之后，会有可能收到相关反馈意见，针对意见的层级，在流程中反馈至不同环节进行处理。

（五）制度发布并培训

制度发布后必须进行员工培训，保留员工培训的记录，如《培训签到表》《培训效果调查表》等。

（六）制度试运行

任何制度发布后都要有试运行的过程，试运行过程发现问题及时反馈，以便在下一版本中完善。

【本章小结】

1. 组织结构是组织设计最重要的内容，是企业运行的载体，也是企业的组织流程。一般来说，企业组织结构越简单，则效率越高，结构越复杂，则效率越低。在组织管理上，中小企业采取的组织设计和管理方式主要有以下两种：家族制企业的家长式管理结构，虽然建立了组织管理结构，但是企业的高级管理层不是行政管理的专业人员，缺乏针对不同的管理阶段，对组织结构进行合理变革的敏感度；有的中小企业沿袭的是原来国有企业的组织模式，在一定程度上这种模式是在政府的模式的基础上设定的，有分工但是不科学。

2. 中小企业规模较小，组织结构相对简单，其内部管理结构变革主要包括职能机构再设计和管理流程变革，主要选择路径是组织结构扁平化建设和业务流程再造，它能更好地协调企业组织的活动,进而提高组织运行效率。

3. 人力资源管理制度设计是企业规范化管理的必要要求,科学有效的人力资源管理制度体系是规范人力资源管理流程,预防各种管理风险的有效手段。作为人力资源从业者,必须站在人力资源管理战略的高度来考虑人力资源管理制度的设计和建设,站在公司经营管理需要的角度审视管理制度的突出要点,确保各项管理制度制定的针对性和有效性。企业人力资源管理制度是企业内部对人员进行规范化管理的实施法则。制定人力资源管理制度应遵循一定的原则:合法性原则、公平性原则、规范化原则、可操作化原则、可调整性原则。

【思考与探讨】

1. 简要说明企业组织设计的原则与程序。
2. 企业组织结构的类型有哪些,优缺点是什么?
3. 如何进行人力资源管理制度设计?

第七章　人力资源培训与开发

员工的素质是企业的基础，招聘到了合格的员工并不等于拥有了优秀的人才。为了使企业在竞争中始终立于不败之地，企业就必须进行人力资源的开发与培训，选聘优秀的人才，开发员工的潜力。在科技进步、国际竞争和市场变化加剧的大背景下，人力资源的开发与培训应是一个持续不断的过程，不能一劳永逸。当然，开发和培训需要投入时间和经费，但有效的员工培训会给企业带来更大的产出，甚至会重新塑造整个企业。所以，人力资源的开发与培训对于企业来说意义重大，企业领导更应该将注意力转移到此。

【学习目标】

1. 了解人力资源开发的基本含义。
2. 掌握培训的含义与作用。
3. 掌握人力资源培训分析的方式与意义。
4. 掌握人力资源培训的基本程序与要点。
5. 了解人力资源培训评估的不同方法及特点。
6. 了解培训评估的意义与做法。

第一节　员工培训概述

在当今这个知识不断更新、经济快速发展的时代，变化是永恒的主题。适应快速变化的环境成为企业生存和发展的首要准则，而培训正成为企业增强应变能力与竞争力的必要手段。

长期以来，国际上许多著名企业都非常重视员工培训工作。20 世纪 90 年代初，摩托罗拉每年用在员工培训上的投资就已经达到了 1.2 亿美元，占公司工资总额的 3.6%，每位员工每年参加培训的平均时间为 36 h。联邦快递公司每年则花费 2.25 亿美元用于员工培训，占公司总开支的 3%。通过培训，企业获得了员工工作能力和热情的提高，并为企业的技术创新提供了动力，降低了工作损耗及事故发生率。

尽管目前国内的一些企业也已经逐渐开始重视员工培训，但这些企业主要是集中于一些国有大中型企业和垄断行业。在数量众多的中小企业，特别是中小民营企业中，员工的培训工作常常处于被忽视的境地。就已开展的培训工作来看，大多数企业做得并不到位：很多企业是为了培训而培训，缺乏前期的培训需求分析和后续的培训效果评估；很多企业的管理者甚至认为，培训不可能在短期内取得成效，常常是为别人做“嫁衣”。所以当企业需要节约开支时，其首先想到的就是削减培训费用。这说明在现阶段，我国企业界对培训的认识还不深刻和全面，从企业的长远发展来看，全面认识和开展员工培训具有重大的意义。

一、员工培训的含义与目的

员工培训就是向新员工或现有员工传授其完成本职工作所需的知识、技能、价值观念和行为规范的过程，是由企业安排的对本企业员工进行的有计划、有步骤的培养和训练。在人力资源管理中，培训和开发是经常在一起被使用的两个概念，但二者在内涵上有一些差别：培训强调的是帮助培训对象获得目前工作所需的知识和能力，以便使其更好地完成现在所承担的工作。比如，通过示范教一名工人如何操作一台车床，或教一名管理人员如何安排日常生产。人力资源开发则是针对员工在未来的职务（晋升或者岗位轮换后）所需的知识、技能、能力以及态度而进行的教育，它强调的是一种面向未来的人力资本投资活动。二者的目的都在于提高员工各方面的素质，使之适应现职工作或未来发展的需要。

员工培训是人力资源管理工作的内在组成部分，是一种对人的投资。尽管企业在招募员工的时候，做了大量的甄选工作，但对于任何一个新进入组织的员工来说，不论他具有多高的素质和技能，都不可能与企业的工作要求直接吻合，因为新进入的员工缺乏在本企业中工作的经验，也不了解新企业对员工工作态度和工作方式等方面的要求。因此，企业为使新员工掌握必要的知识、技能，具备应有的工作态度，一般都要对其进行相应的培训。在过去，大多数企业习惯于将培训作为一项例行的事务，其内容不外乎是安全知识培训、企业规章制度培训和操作技能培训，如培训新员工的安全生产知识、培训焊工焊接线路、培训销售人员洽谈业务等。如今，越来越多的企业赋予了培训以下两个新的目的。

首先，向员工传授更为广泛的技能，包括解决问题的技能、沟通的技能以及团队合作的技能等。培训内容的扩展反映出技术进步、经济发展对企业的新要求。企业是在不断变化的经济与技术环境中生存和发展的，员工的知识、技能、工作态度也必须与这种不断变化的外部环境相适应。员工仅仅能够胜任今天的工作是不够的，还应能满足顾客未来在产品创新和服务质量等方面的需求，而要适应这些新要求，员工的素质和技能就必须不断得到提高。正如彼得·圣吉所言，“未来唯一持久的竞争优势就是——比你的竞争对手学得更快”。正是从这个意义上，现代企业非常强调员工的终身学习。因此，培训也就不单是针对新员工的一次性工作，而需要变成一种经常化的人力资源管理制度。不仅新员工需要接受培训，老员工特别是企业的管理者和领导者也需要不断地充电，接受培训。

其次，更多的企业希望通过培训来增强组织的吸引力，强化员工的奉献精神。现代企业中员工的自我意识和自我实现的愿望十分强烈，工作对于他们来说，不仅仅是生存的手段，也是其实现自我价值的途径，他们十分看重工作中的个人发展前景。如果企业不能为他们提供实现自我价值的机会，那么这将会降低员工的工作动力和工作绩效。而高质量的培训恰恰能够满足员工在这方面的需求，通过有效地开发员工自身的潜力和素质，使他们在工作中感受到个人的成长和发展，从而激发员工对企业的忠诚感和奉献精神，增强企业的凝聚力。

二、员工培训的内容和类型

（一）培训内容的两个方面

员工培训的内容主要包括两个方面，即职业技能培训和职业品质培训。具体介绍如下：

职业技能主要包括基本知识、专业知识和技能。企业应把培训的重点放在专业知识和技能上。这是因为基本知识可以借助企业培训外的教育方式获得,而专业知识和技能只能通过企业培训获得,企业对员工业务能力的要求最终体现在专业知识和技能上。所以,企业通常把基本知识和素质作为录用员工的一项必要条件,而把录用后的培训重点放在专业知识和技能上。接受这类培训的员工,由于学习、吸收到新的专门化知识和技能,个人会有成长感和成就感,进而会对企业产生更多的认同和承诺,不愿意轻易离开企业,从而更可能获得高的工作绩效。

职业品质主要包括职业态度、责任感、职业道德、职业行为习惯等,这些必须和本企业的文化相符合。在现代企业中,员工的知识水平和技能已不再是影响其工作绩效的唯一重要的因素,员工的态度、观念和工作方式对企业效益的影响日益加强。因此,企业不仅应该要求员工具备良好的职业知识技能,还应要求员工拥有良好的职业品质,这样才能保证员工不仅有能力,而且有动力做好工作。员工培训应注重职业品质方面的教育和引导,通过培训建立起企业和员工、员工和员工之间的相互合作、相互信任的文化氛围。

(二)面向对象的培训内容选择

一个完整的培训体系,其培训对象应该涉及企业中担任各种不同角色的人员,即上至领导者、下至一线员工均能够获得全面的培训。但对不同职位的员工,培训应该有所侧重,这里就涉及培训内容的针对性问题。

1. 高层管理者的职责是对整个企业的经营管理全面负责,他们的知识、能力、品格、态度与企业经营的成败关系极大。他们一般经验丰富,能力比较突出,对他们的培训应侧重于引导他们如何有效地运用经验进行战略思考,全方位地把握企业的发展方向,也就是培训他们“做对的事情”。培训内容具体包括企业外部经济政策环境变化的趋势、战略管理的思维方式与工具、集权与授权的运作处理,以及必要的市场、法律与财务知识的培训。

2. 中层和基层管理人员在企业中处于“桥梁”位置:向下要传达上层管理者的意图,执行上层管理者的命令;对上又要代表员工的利益,表达他们的愿望,而且大多数基层管理者都是从业务岗位走向管理岗位的,比较缺乏管理经验。因此要着重培养中层和基层管理人员的沟通协调技能、人际关系处理技巧和有效的工作方法,也就是培训他们“把事情做对”。

3. 会计师、工程师、经济师等各类专业人员各有自己的业务活动范围,他们容易局限于自己的专业,与其他专业人员之间缺乏了解和沟通。在培训中,一方面要注意更新他们的知识,提高他们的技能,使他们跟上新技术、新知识的发展;另一方面又要培养他们的大局观念,促进不同专业人员之间的协调与合作,也就是培训他们“把事情做实”。

4. 一般员工是企业的主体,是各项工作的实际操作者。应根据工作说明书和工作规范的要求,培训他们的操作技能,以保证其工作任务的顺利完成。其重点应该是培训他们“愉快地做事”。

(三)培训类型

按照培训的方式不同,员工培训又可以分为不同的种类,具体包括岗前培训、在岗培训、离岗培训、员工业余自学四种类型。

1. 岗前培训

岗前培训是指以企业新录用的员工为对象的集中培训。在新员工加盟企业的第一天,他们的所见所闻会使其形成对企业的第一印象,而且这种印象将会持续很长时间。新员工在企业最初阶段的经历是其职业生涯发展的起点,具有极其重要的意义。因此,企业有必要为新员工提供考虑周全、信息丰富的岗前培训。岗前培训主要有两个目的:一方面,培养新员工对企业的荣誉感和归属意识,促使新员工认同企业所提倡的价值标准和行为规范;另一方面,促进新员工了解企业的基本情况,掌握必要的工作技能和基本的工作流程,帮助新员工设计在企业的个人发展规划。

岗前培训要为新员工提供的信息有以下两个方面。

(1)由人力资源部门提供的信息主要包括:企业概况,如企业简史、经营状况、业务领域、产品、所属机构、组织结构、企业战略等;公司文化,如经营理念、价值观念、行为规范等;基本政策与制度,如工作时间、假期、假日、请假、晋升、调职、培训、奖惩、员工的职业生涯规划、有关安全的各项规定等;工资福利,如工资制度、加班费、领薪日期及手续、各项福利待遇等。

(2)由新员工所在部门提供的信息主要包括:本部门的功能,如部门目标、业务和结构、该部门和其他部门之间的业务关系;工作职责,如新员工工作的具体任务、职责范围、绩效标准、工作条件、该工作与部门中其他工作的关系,以及工作所需的知识和技能等;本部门特有的规定,如休息时间、午餐时间、安全问题等;本部门的环境,如使新员工熟悉部门中的工作环境,包括安全出口、更衣室等;介绍部门同事。

以上内容可以通过发放员工手册、安排专人讲解、召开座谈会和带领新员工实地参观等方法进行。岗前培训要达到使新员工感到自己加盟企业是受欢迎的、是值得的,从而愿意为企业好好工作、谋求更大发展的效果。

2. 在岗培训

在岗培训是指员工在不脱离工作岗位的情况下,由部门经理、业务主管或其他经验丰富、技术过硬的员工在日常工作过程中对员工进行的定期或不定期的业务传授和指导。如果工作中使用的材料和设备很难搬到教室去,那么,选择在岗培训这种方式是最为恰当的。当培训的内容很简单、不需要正式的课堂学习时,在岗培训也是一种常见的培训方式。为使在岗培训的效果更为显著,可按下列步骤进行:

第一步,解释工作程序。包括为什么需要这一特定的工作或程序,它是如何影响其他工作的,这一工作如果出现差错会造成什么样的后果。这一步的目的是让员工在掌握具体工作前对整个过程有一个初步了解。

第二步,给员工演示整个过程。如果是一项有形的任务,如接电话、使用传真机或复印机,那么一定要慢慢做示范,尽量让员工记住每一个工作步骤。

第三步,演示结束后,要鼓励员工提问。根据提问,有针对性地重新进行演示,并鼓励员工进一步提问。

第四步,让员工自己动手做。请员工解释自己在做什么和为什么要这样做,以此确认员工是否真正理解了工作过程。

第五步,继续观察员工的工作,并提出反馈意见,直到培训者和受训者双方都对操作过程感到满意为止。让员工清楚地知道自己在什么地方有进步、什么地方做得好,并给出足够的时间练习,直到员工有信心独立完成工作而无须指导为止。教会员工在整个过程中检查自己的工作质量,让他们感到自己有责任提高工作质量。

在岗培训是将学习和应用直接结合起来的一种培训形式,受训者边学边干,不需要工作地点以外的教室和正规化培训所需的教学仪器,可以节约培训经费。同时,受训者能够迅速得到工作绩效的反馈,学习效果好。但是,在岗培训有时候会打乱正常的工作流程,这使得在岗培训的应用受到了限制。

3. 离岗培训

离岗培训是指员工离开实际工作岗位去学习所需要的知识和工作技能。其中,外派培训是离岗培训的重要形式之一,它是指员工接受企业委派,在一定时间内离开工作岗位,到企业以外(包括国内外)的机构参加的各种培训。当然,离岗培训也可以在企业内部进行。离岗培训往往是针对企业的战略和核心业务、核心能力、员工改善绩效所必需的关键知识技能,以及其他对企业运营产生重要影响的内容而进行的专项培训,如经理人员培训、核心业务培训、通用知识与技能培训等。

经理人员培训以部门经理、业务主管、项目经理和子公司经理为培训对象;核心业务培训是指围绕与企业战略、核心业务紧密相关的关键知识和核心能力开展的培训;通用知识与技能培训是指为使员工改善绩效、提高效率、转变观念所进行的基础知识和基本技能的培训,包括外语,计算机网络知识与技能,公文处理,表达与展示技巧,人际沟通技能,职业发展与规划,时间管理,团队工作技能,压力、冲突与矛盾处理技能以及其他必要的内容。

4. 员工业余自学

员工业余自学是指员工利用业余时间参加的自费学历教育、自费进修或培训、自费职业资格或技术等级考试及培训。对于员工业余学习的费用,凡是其所学内容与企业相关的,企业一般都给予一定比例的支持。

三、员工培训的意义

(一)有利于实现组织的发展目标

在现代科学技术飞速发展、市场竞争空前激烈的情况下,知识技能更新和市场情况变化已是司空见惯的事情。任何组织都必须正视这一事实,运用现代科学技术成果,把握市场机遇,谋求组织的生存和发展。例如,企业要开发新产品、运用新工艺、扩大生产规模、开拓产品的市场、降低成本、提高经营效率等,都离不开高素质的员工,而高素质的员工,又主要依赖于员工培训。换句话说,通过员工培训,提高员工的素质,使他们能胜任工作,才能实现组织的发展目标。

(二)有利于实现员工个人的发展目标

员工个人也有自己的发展目标,如希望掌握新的知识和技能,希望获得较高的报酬和待遇,希望晋升,希望得到符合个人志趣的工作岗位等。这些也同样离不开培训。通过培训,可以直接或间接地满足员工个人的上述愿望,实现员工个人的发展目标。

(三)作为普通学校教育的补充和延续

普通学校对学生的教育,主要是基础教育,包括基础性的专业知识与技能的教育。当学生进入企业,成为工作岗位上的员工,他们必然面临着如何适应新环境、掌握实际工作技能、如何将已有的基础知识运用到实际工作中去等问题。解决这些问题的途径是对员工进行有效的培训。而且,从现代"终身教育"的观点出发,员工培训应贯穿于员工的整个职业生涯。

(四)完善企业文化

通过员工培训,能够使员工逐步地理解并且接受企业的文化,理解并且能够有效地贯彻组织的战略意图。通过培训,可以调整员工的观念,使其行为有利于组织的运转,并使企业和员工融为一体,共同求得生存和发展。

第二节 培训需求分析

在企业的生产经营活动过程中,由于企业内外部环境的变化,以及主客观多种因素的影响,使企业面临一系列的新困难和新问题,当它们只有通过培训才能解决或才能更好地解决时,培训需求就应运而生。培训需求分析就是采用科学的方法弄清谁最需要培训、为什么要培训、培训什么等问题,并进行深入探索研究的过程。

一、培训需求分析的目的

培训需求分析具有很强的指导性,是确定培训目标、设计培训计划、有效地实施培训的前提,是现代培训活动的首要环节,是进行培训评估的基础,对企业的培训工作至关重要,是使培训工作准确、及时和有效的重要保证。它的具体作用如下。

(一)有利于找出差距,确立培训目标

进行培训需求分析时,首先应当找出差距,明确目标,即确认培训对象的实际状况同理想状况之间的差距,明确培训的目标与方向。差距的确认一般包括三个环节:一是明确培训对象目前的知识、技能和能力水平,二是分析培训对象理想的知识、技能和能力标准或模型,三是对培训对象的理想和现实的知识、技能和能力水平进行对比分析。

(二)有利于找出解决问题的方法

解决需求差距的方法有很多,可以是培训的方法,也可以是与培训无关的方法,如人员变动、工资增长、新员工吸收等,或者是这几种方法的综合。目前企业所面临的问题往往复杂多变,因此最好将这几种可供选择的解决问题的方法综合起来,制定多样性的培训策略。

(三)有利于进行前瞻性预测分析

企业的发展过程是一个动态的、不断变化的过程,当组织发生变革时(不管这种变革涉及技术、程序、人员,还是涉及产品或服务),培训计划必须进行相应的调整。而培训需求分析是培训计划的前提,因此它必须做好前瞻性和预测性分析,迅速把握住这种变革,为制订完善的培训计划做准备。

(四)有利于进行培训成本的预算

当进行培训需求分析并找到了解决问题的方法后,培训管理人员就能够把成本因素引入到培训需求分析中去,预算培训成本,回答“不进行培训的损失与进行培训的成本之差是多少”的问题。如果不进行培训的损失小于培训的成本,则说明当前还不需要或不具备条

件进行培训。但由于很多项目不能用数字量化，且要考虑长远利益，因而做这项工作是较困难的。

（五）有利于促进企业各方达成共识

通过培训需求分析收集了制订培训计划、选择培训方式的大量信息，为确定培训的对象、目标、内容、方式提供了依据，促进企业各方达成共识，有利于培训计划的制订和实施。例如，企业相关部门的员工通常支持建立在真实需求分析基础之上的培训计划，因为他们实际参与了培训需求分析的过程，亲自感受到培训的必要性和紧迫性。

二、培训需求分析的内容

企业的培训需求是由各个方面的原因引起的，进行培训需求分析并收集到相关的资料后，就要从不同层次、不同方面、不同时期对培训需求进行分析。

（一）培训需求的层次分析

需求分析一般从三个层次上进行：战略层次、组织层次、员工个体层次。

1. 战略层次分析

随着企业变革速度的加快，人们把目光投向未来，不仅针对企业的过去和现在进行培训需求分析，而且重视对企业未来进行培训需求分析，即战略层次分析。战略层次分析一般由人力资源部发起，需要企业的执行层或咨询小组的密切配合。战略层次分析要考虑各种可能改变组织优先权的因素，如引进一项新的技术、出现了临时性的紧急任务、领导人的更换、产品结构的调整、产品市场的扩张、组织的分合，以及财政的约束等；还要预测企业未来的人事变动和企业人才结构的发展趋势（如高中低各级人才的比例），调查了解员工的工作态度和对企业的满意度，找出对培训不利的影响因素和可能对培训有利的辅助方法。

2. 组织层次分析

组织层次分析主要分析的是企业的目标、资源、环境等因素，准确找出企业存在的问题，并确定培训是否是解决问题的最佳途径。组织层次的分析应首先将企业的长期目标和短期目标作为一个整体来考察，同时考察那些可能对企业目标发生影响的因素。企业目标决定着培训目标，如果企业目标不明确，那么培训采用的标准就难以确定，培训工作就失去了指导方向和评估标准。因此，人力资源部必须弄清楚企业目标，才能在此基础上做出一份可行的培训规划。

3. 员工个人层次分析

员工个人层次分析主要是确定员工目前的实际工作绩效与企业的员工绩效标准对员工技能的要求之间是否存在差距，为将来培训效果和新一轮培训需求的评估提供依据。对员工目前实际工作绩效的评估主要依据以下资料：员工业绩考核的记录、员工技能测试成绩，以及员工个人填写的培训需求调查问卷等资料。

（二）培训需求的对象分析

1. 新员工培训需求分析

新员工由于对企业文化、企业制度不了解而不能融入企业，或是由于对企业工作岗位的不熟悉而不能很好地胜任新工作，此时就需要对新员工进行培训。对于新员工的培训需求分析,特别是对于从事低层次工作的新员工的培训需求分析,通常使用任务分析法来确定其在工作中需要的各种技能。

2. 在职员工培训需求分析

在职员工培训需求是指由于新技术在生产过程中的应用,在职员工的技能不能满足工作需要等方面的原因而产生的培训需求,通常采用绩效分析法评估在职员工的培训需求。

(三)培训需求的阶段分析

1. 目前培训需求分析

目前培训需求是指针对企业目前存在的问题和不足而提出的培训要求,目前培训需求分析主要分析企业现阶段的生产经营目标、生产经营目标的实现状况、未能实现的生产任务、企业运行中存在的问题等方面。找出上述问题产生的原因,并确认培训是解决问题的有效途径。

2. 未来培训需求分析

未来培训需求是为满足企业未来发展过程中的需要而提出的培训要求,未来培训需求分析主要采用前瞻性培训需求分析方法,预测企业未来工作变化、员工调动情况、新工作岗位对员工的要求以及员工已具备的知识水平和尚欠缺的部分。

三、培训需求分析的实施程序

(一)做好培训前期的准备工作

培训活动开展之前,培训者就要有意识地收集有关员工的各种资料。这样不仅能在培训需求调查时很方便地调用,而且能够随时监控企业员工培训需求的变动情况,以便在恰当的时候向高层领导者请示开展培训。

1. 建立员工背景档案

培训部门应建立起员工的背景档案,培训档案应注重员工素质、员工工作变动情况以及培训历史等方面内容的记载。员工培训档案可参照员工人事档案、员工工作绩效记录表等方面的资料来建立。另外,培训者应密切关注员工的变化,随时向档案增添新的内容,以保证档案的监控作用。

2. 同各部门人员保持密切联系

培训工作的性质决定了培训部门通过和其他部门之间保持更密切的合作联系,随时了解企业生产经营活动、人员配置变动、企业发展方向等方面的变动,使培训活动开展起来更能满足企业发展需要,更有效果。培训部门工作人员要尽可能和其他部门人员建立起良好的个人关系,为培训收集到更多、更真实的信息。

3. 向主管领导反映情况

培训部门应建立一种途径,满足员工随时反映个人培训需要的要求。可以采用设立专门信箱的方式,或者安排专门人员负责这一工作。培训部门了解到员工需要培训的要求后,要立刻向上级汇报,并汇报下一步的工作设想。如果这项要求是书面的,在与上级联系之后,最好也以书面形式作答。如果得到的是一项口头要求,培训者可以口头作答,但应把主要内容以书面形式向上级汇报。

4. 准备培训需求调查

培训者通过某种途径意识到有培训的必要时，在得到领导认可的情况下，就要开始调查的准备工作。

（二）制订培训需求调查计划

培训需求调查计划应包括以下几项内容：

1. 培训需求调查工作的行动计划

安排活动中各项工作的时间进度以及各项工作中应注意的一些问题，这对调查工作的实施很有必要。特别是对于重要的、大规模的需求分析，有必要制订一个行动计划。

2. 确定培训需求调查工作的目标

培训需求调查工作应达到一个什么目标，一般来说，是完全出于某种培训的需要，但由于在培训需求调查中会有各种客观或主观的原因，培训需求调查的结果并不是100%可信的。所以，要尽量排除其他因素的影响，提高培训需求调查结果的可信度。

3. 选择合适的培训需求调查方法

应根据企业的实际情况以及培训中可利用的资源选择一种合适的培训需求调查方法。如工作任务安排非常紧凑的企业员工不宜对其采用面谈法，专业技术性较强的员工一般不用观察法。对于大型培训活动可以数种方法并施，如将问卷调查和个别会谈结合使用，扬长避短，但会增加成本费用。

4. 确定培训需求调查的内容

确定培训需求调查内容的步骤如下：首先要分析这次培训调查应得到哪些资料，然后排除手中已有的资料，就是需要调查的内容。培训需求调查的内容不要过于宽泛，这样会浪费时间和费用，对于某一项内容可以从多角度调查，这样易于取证。

（三）实施培训需求调查工作

在制订了培训需求调查计划以后，就要按计划规定的行动依次开展工作。实施培训需求调查主要包括以下步骤：

1. 提出培训需求动议或愿望

需求动议是指提出培训动态，由培训部门发出制订计划的通知，请各责任人针对相应岗位工作需要提出培训动议或愿望。它应由理想需求与现实需求，或者预测需求与现实需求存在差距的部门和岗位提出。

2. 调查、申报、汇总需求动议

相关人员根据企业或部门的理想需求与现实需求、预测需求与现实需求的差距，调查、收集来源于不同部门和个人的各类需求信息，整理、汇总培训需求的动议和愿望，并报告企业培训组织管理部门或负责人。

3. 分析培训需求

申报的培训需求动议并不能直接作为培训的依据。因为培训需求常常是一个岗位或一个部门提出的，存在着一定的片面性，所以对申报的培训需求进行分析，就是要消除培训需求动议的片面性，也就是说要全方位考虑，从整体工作计划来考虑，这就需要由企业的组织计划部门、相关岗位、相关部门，以及培训组织管理部门共同协商确定。

分析培训需求需要关注以下问题：

(1)受训员工的现状。在调查开始之前就要明确受训员工的工作情况。了解他们在组织中的位置,以及以前是否受过培训、受过什么样的培训、培训的形式有哪些等。

(2)受训员工存在的问题。员工在工作中存在的问题并不是每个员工自己都能发现的,这时培训者要帮助培训对象分析工作中存在问题的原因是什么,这样有利于员工采取更为合作的态度配合你的调查。

(3)受训员工的期望和真实想法。在调查中应确定受训员工期望能够达到的培训效果。要让员工知道说出自己的培训期望和真实想法,可能会对培训内容有所影响。如果不能满足其期望,应向员工解释原因。

4. 汇总培训需求意见,确认培训需求

即培训部门对汇总上来并加以确认的培训需求列出清单,参考有关部门的意见,根据重要程度和迫切程度排列培训需求,并依据所能收集到的培训资源制订初步的培训计划和预算方案。

(四)分析与输出培训需求结果

1. 对培训需求调查信息进行归类、整理

培训需求调查的信息来源于不同的渠道,信息形式有所不同,因此,有必要对收集到的信息进行分类,并根据不同的培训调查内容的需要进行信息的归档,同时要制作表格对信息进行统计,并利用直方图、分布曲线图等工具将信息所表现的趋势和分布状况予以形象的处理。

2. 对培训需求进行分析、总结

对收集上来的调查资料进行仔细分析,从中找出培训需求。此时应注意个别需求和普遍需求、当前需求和未来需求之间的关系。要结合业务发展的需要,根据培训任务的重要程度和紧迫程度对各类需求进行排序。

3. 撰写培训需求分析报告

对所有的信息进行分类处理、分析总结以后,就要根据处理结果撰写培训需求调查报告,报告结论要以调查信息为依据,不能根据个人主观看法做出结论。

四、培训需求分析模型

(一)循环评估模型

实际工作中有两种培训者,即积极的和消极的。积极的培训者通过培训循环评估方法搜集和跟踪组织的业务、人事变动以及政策和程序的变化等信息,及时预测和掌握组织的培训需求,掌握受训者的规律,而消极的培训者只是坐等业务上门或只是做简单、临时的需求分析。循环培训评估模型旨在对员工培训需求提供一个连续的反馈,以用来周而复始地估计培训的需要。在每个循环中,都需要从组织整体层面、作业层面和员工个人层面进行分析。

(二)全面性任务分析模型

全面性任务分析模型是指通过对组织及其成员进行全面、系统的调查,以确定理想状况与现有状况之间的差距,从而进一步决定是否需要培训和确定培训内容的一种方法。其核心是通过对一项工作或一类工作所包含的全部可能的任务和所有可能的知识和技能进行分析,形成任务目录和技能目录,以此作为制定培训策略的依据。

(三)绩效差距分析模型

策略与全面性任务分析方法相似,但绩效差距分析方法是一种重点分析方法。绩效差距分析方法的环节如下:

1. 发现问题阶段。问题是理想绩效和实际绩效之间差距的一个指标。往往其存在问题的地方,即理想和现实绩效存在差距的地方,也就是需要培训来加以改善的地方。

2. 预先分析阶段。通常情况下,对问题进行预先分析和直觉判断是很重要的。要做出应用何种方法和应用何种工具收集资料的决定。

3. 需求分析阶段。这一阶段的任务是寻找绩效差距。传统上,分析的重点是工作人员目前的个体绩效同工作要求之间的差距,随着环境变化速度的加快,需求还包括分析未来组织需求和工作说明。因此,工作设计和培训就高度地结合在一起了。

(四)前瞻性培训需求分析模型

当前技术发展非常迅猛,企业要保持技术优势,就必须展望企业的未来,不断领先技术发展,跟踪技术前沿,对于高科技企业尤为如此。这样,对知识型员工的前瞻性培训就非常必要。在很多情况下,即使员工目前的工作绩效是令人满意的,也同样需要培训。同时随着企业经营环境的变化,战略目标的调整,企业生命周期的演进,以及员工在组织中个人成长的需要,针对适应未来变化的培训需求也会产生。

第三节　培训方式及其选择

培训方法有很多种,不同的培训方法特点不同,各有优劣。在实际工作场合,要依据公司的实际培训需求和自身的条件、培训的内容以及培训的对象等方面,合理地选择和使用培训方法。我们根据培训传授方式的不同,将培训分为直接传授式培训法和参与式培训法来介绍。另外,我们还将介绍网络培训等一些新兴的培训方法。

一、直接传授式培训法

直接传授式培训法是指培训者通过讲解、指导等途径直接向培训对象传授知识的方法。这种方法的主要特征就是信息交流的单向性和培训对象的被动性。尽管这种方法比较传统,但其作用还是不容忽视的。

(一)课堂教学法

课堂教学法就是通常所说的讲座和主题演讲,它在传统的教育系统中最为常见。大多数企业也采用这种形式对员工展开培训。比如,国外著名的麦当劳的汉堡大学和摩托罗拉大学等企业大学,配备了专门的教学资源,并且聘请了专职教师任教。大部分企业虽然没有自己的企业大学,但却有自己的培训中心,在这些中心里,内训师或从外部聘请的教师仍大多采用课堂教学这种最基本的培训方式。

课堂教学法的优点:

①传授内容多,有利于大面积培养人才;②传授的知识比较系统、全面;③员工的平均培训费用较低;④对培训环境要求不高;⑤学员之间沟通方便;⑥学员可以很方便地向教师请教疑难问题。

课堂教学法的局限:

①传授内容多,学员吸收消化的压力大;②单向传授不利于教学双方互动;③教师面向所有学员讲课,无法顾及学员的个体差异;④教师水平直接影响培训效果;⑤传授方式较为枯燥、单一。

(二)专题讲座法

专题讲座法在形式上与课堂教学法基本相同,都是培训教师同时向多个培训对象传授信息,但是,二者在内容上有所差异。课堂教学法一般是对系统知识的传授,每节课涉及一个专题,接连多次授课;专题讲座法则是针对某一个专题知识来进行,一般一次专题讲座即为一次培训。

专题讲座法比较适合管理人员或技术人员,用于了解专业技术发展方向或当前热点问题等方面的知识。例如:我们可以针对“人力资源管理发展的新动向”这一问题向企业管理层开办一次培训;准备实行股份制改革的企业为了让员工支持企业改革,可以为全体员工开办一次关于“股份制改革”的讲座。

专题讲座法的优点:①培训形式比较灵活;②可随时满足员工在某一方面的培训需求;③讲授内容集中于某一专题,培训对象易于掌握。

讲座相对于课堂教学来说,也有不可避免的缺陷。由于时间和内容容量的限制,其不利于系统知识的传授。

(三)个别指导法

个别指导法类似于我国传统的“学徒方式”,目前我国仍有很多公司在实行这种帮带式的培训方式。其主要特点是通过资历较深的员工的指导,使新员工能够迅速掌握岗位技能。

个别指导法的优点:①新员工可以在师傅的指导下尽快掌握工作技能;②有利于组织优良工作作风的传递;③有利于新员工尽快融入团队。

个别指导法的缺点:①指导者可能会有意识地保留自己的经验、技术诀窍,从而使指导流于形式;②指导者本身的工作能力和指导方式对新员工的学习效果影响很大;③指导者的不良工作态度和工作习惯可能会影响新员工的工作积极性;④不利于新员工的创新。

(四)影视法

影视法就是运用电影、电视、投影或录像等手段向员工演示一些操作过程,或进行组织成长、重大事件的回顾与宣讲。

影视法的优点在于形象生动,但如果缺乏现场讲解,效果也会受到很大影响,而且这种方法比较单一,不易于员工长时间集中注意力。

一般情况下,只依靠电影等影视设备进行的培训效果并不好。但是,为了增强培训的效果,提高培训的趣味性、生动性,可把这种方式作为其他培训方式的辅助。

二、参与式培训法

参与式培训法是调动培训对象的积极性，让其在与培训对象的互动中学习的方法。

这类方法的主要特征是每个培训对象积极参与培训活动，从亲身参与中获得知识、技能和正确的行为方式。其具体形式包括以下几种。

（一）角色扮演法

角色扮演法就是培训者给一组人员或者某一个人提供一种情境，让参加者身处模拟的日常工作环境之中，并按照其在实际工作中应有的权责来担当与实际工作相类似的角色，模拟性地处理工作事务，从而提高处理各种问题的能力。它常被用于培训销售人员的销售技能以及管理人员的管理技能。

这种方法的精髓在于"以动作和行为的扮演来练习和开发员工的技能"。角色扮演法的优点：①学员的参与性强，与教师之间的互动交流充分，可以提高学员培训的积极性；②特定的模拟环境和主题有利于增强实践效果；③通过观察其他学员的扮演行为，学员之间可以相互学习；④通过模拟后的指导，学员可以及时认识到自身存在的问题并进行改善；⑤能够提高学员的反应能力和心理素质。

角色扮演法的缺点：①控制过程比较困难；②模拟的环境代表不了真实工作环境的多变性。

我们在实施角色扮演法时，要注意一些问题：①培训师要为角色扮演准备好材料以及一些必要的场景工具；②扮演目的要明确；③扮演前的角色描述应该详细；④及时阻止走向错误方向的扮演；⑤扮演结束后要进行必要的讨论和总结。

（二）头脑风暴法

头脑风暴法（brain storm），也称"研讨会法""脑力激荡法"等。它事先规定一个主题，明确需要解决的问题，比如，"如何扭转公司产品受到消费者抵制的不利局面"就是一个非常明确的问题，让参加者聚集在一起无拘无束地提出解决问题的各种建议或方案，组织者和参加者都不能评议他人的建议和方案。事后，再收集参加者的各种意见，交给全体参加者，然后排除重复的、明显不合理的方案，最后由全体参加者对各个可行方案逐一评价，选出最优方案。

头脑风暴法的特点是培训对象在培训活动中相互启迪思想、激发创造性思维，它能最大限度地发挥每个参加者的创造能力，提供更多、更佳的解决问题的方案。要取得良好的效果，关键是要让参加者拓展思路，消除心理压力，各抒己见。

头脑风暴法的优点：①培训过程为企业提供了解决实际问题的方法和策略，大大提高了培训的实际收益；②可以帮助学员解决工作中遇到的实际困难；③培训中学员的参与性强；④小组讨论有利于加深学员对问题理解的程度；⑤集中了集体的智慧，达到了相互启发的目的。

头脑风暴法的缺点：①对培训师的要求比较高，如果不善于引导讨论，可能会使讨论变得漫无边际；②培训师主要扮演引导的角色，讲授的机会比较少；③研究的主题能否得到解决也受培训对象水平的限制；④主题的挑选难度大，不是所有的主题都适合用来讨论。

(三)模拟训练法

模拟训练法与角色扮演法类似,但二者并不完全相同。模拟训练法更侧重于对操作技能和反应敏捷的培训,它把参加者置于模拟的现实工作环境中,让参加者反复操作装置,解决实际工作中可能出现的各种问题,为参加者进入实际工作岗位打下基础。这种方法比较适用于对操作技能要求较高的员工培训,如对飞行员、井台工人的训练。

近年来,计算机辅助系统在模拟训练法中发挥着越来越大的作用,国外已经开发出很多模拟性游戏,这些游戏提供了许多逼真的“工作环境”,以供模拟训练使用。例如,一项市政下水道工程,可能面临土地征收、预算经费、都市未来规划、土质测量、已有的地下水电管路工程设计及环保等问题。在类似的多角色游戏的设计中,将培训对象分为两三组,给每组分配同样的假设资源和任务,让每组人员就他们的规划结果做成本效益分析,看看哪一组最接近原游戏中所设定的结果。

模拟法的优点:①学员的工作技能在培训中将会得到提高;②通过培训有利于加强员工的竞争意识;③可以带动培训中的学习气氛。

模拟法的缺点:①模拟情境的准备时间长,而且对质量要求高;②对组织者要求高,要求其熟悉培训中的各项技能。

三、信息时代的培训方式

在现代社会,技术进步加快、企业产品生命周期缩短以及市场竞争加剧,这一切对员工的学习提出了更高的要求。终身学习是个人发展中不可缺少的学习方式。随着现代社会信息技术的发展,大量的信息技术被引入培训领域。在这种情况下,新兴的培训方式不断涌现,网上培训、虚拟培训等方式正在许多公司受到重视。

(一)网上培训

网上培训(online training),又称为基于网络的培训(web-based training),是指通过公司的内部网(intranet)、外部网(extranet)或因特网(internet)对学员进行培训。在网上培训中,老师将培训课程储存在培训网站上,分布在世界各地的学员利用网络浏览器进入该网站接受培训。

与现实培训相比较,网上培训有以下优越性:

(1)无须将学员从各地召集到一起,大大节省了培训费用。

(2)在网上培训方式下,网络上的内容容易修改,且在修改培训内容时,无须重新准备教材或其他教学工具,费用低,可及时、低成本地更新网上培训内容。

(3)网上培训可充分利用网络上大量的声音、图片和其他多媒体资源。

(4)网络培训可增强课堂教学的趣味性,从而提高学员的学习效率。

(5)网上培训的进度安排比较灵活,学员可以充分安排自己的时间来展开个性化学习。

网上培训的缺点包括:

(1)网上培训要求企业建立良好的网络培训系统,这需要大量的培训资金。中小企业由于受到资金的限制,往往无力购买相关培训设备和技术。

(2)某些培训内容不适用于网上培训方式。

进行网上培训的企业还应该注意以下一些问题:

(1)网上培训内容的设计应简洁、明了,易于学员阅读和查找。

(2)培训信息的呈现方式应该尽量多媒体化,不要使用单纯的文本形式。

(3)要确保网络的通畅。

(4)确保每个学员都掌握了关于网络操作的基本知识。

(5)网上培训不能完全代替课堂培训。

(6)在进行网上培训的同时,不能忽视人际关系的培养。

(二)虚拟培训

虚拟培训是指利用虚拟现实技术(也就是综合高性能的计算机硬件与软件及各类先进的传感器的一种集成技术),生成实时的、具有三维信息的人工虚拟环境。培训学员通过运用某些设备接受和响应该环境的各种感官刺激而进入其中,并可根据需要通过多种交互设备(如头盔、数据手套和刚性外骨架衣服等)来驾驭该环境,从而达到提高培训对象的各种技能或使其学习知识的目的。

虚拟培训特别适用于军事人员、飞行器驾驶员、空中交通管制人员、汽车驾驶员、医务工作人员、运动员等类型人才的培训,他们能从这种培训中获得感性知识和实际经验。

虚拟培训的优点在于它的仿真性、超时空性、自主性和安全性。学员在虚拟培训中操作的设备与真正的设备功能一样,操作方法也一样。理想的虚拟环境甚至可以让学员无法辨出真假。虚拟环境具有超时空的特点,它能够将过去世界、现在世界、未来世界、微观世界等拥有的物体有机地结合到一起;在培训中,学员能够自主地选择或组合虚拟培训场地或设施,而且学员可以在重复中不断增强自己的训练效果;更重要的是,这种虚拟环境使学员避免了真实培训环境中可能存在的风险。

四、培训方法的选择

培训方法的选择是培训目标能否实现的关键。每一种培训方法都有其长处和短处,选择一个好的培训方法的重要原则就是要使其与培训内容的类型和学员的接受能力、学习风格相适应。

从不同的角度可以将培训内容划分为很多类型,不同类型的培训内容适宜不同的方法。从所要达到的学习目标这一角度,可以将培训内容分为三类:

(1)记忆类。记忆类培训更多地关注对信息的获取,知道是什么、现在的情况怎么样。

(2)理解类。理解类培训不仅要知道“是什么”,而且还要知道“为什么”,其更加强调对某一现象或理论存在的原因的探讨,以增强学习者的应变能力和适应能力。

(3)行为类。行为类培训是更高层次的培训,即同时要知道“是什么”“为什么”以及“怎么做”,强调培训对象的实际动手操作能力。

从学习的内容来划分,可以将培训划分为五个层次:

(1)知识层培训。知识层培训要求培训对象学会运用知识进行脑力劳动,如根据市场数据分析企业的营销策略。

(2)技能层培训。技能层培训实际上是锻炼培训对象的体质能力和心理能力,如协调动作技能、驾驶技能、点钞技能,以及沟通和交流技能等。

(3)思维层培训。思维层培训是改变大脑思维习惯的一种培训,强调从新角度分析问题。

(4)观念层培训。观念层培训使培训者持有的与外界不相适应的观念得到改变,使他们能够及时适应社会环境的急剧变化。

(5)心理层培训。心理层培训的目的在于开发人的潜能,强调对培训对象进行心理上的调整。

对于特定的企业来说,在选择培训方法时,既要清楚具体培训内容的类型和特点,同时还要了解对于本企业而言,可行的培训方式有哪些,这些方法各有什么优缺点,即要回答如下三个问题:

(1)员工需要学习哪些知识和技能?

(2)员工对这些知识和技能的学习需要达到何种水平?

(3)就这些知识与技能需求而言,哪些培训方式为最佳?

五、培训的具体实施

培训的具体实施应该按照事先制订的培训计划来执行。一般来说,培训计划通常包括培训目标的确定、培训方式的设计和选择、培训课程和培训师资的确定、培训对象的选择、培训进度的设计和培训经费的预算。好的培训计划可以为员工培训提供明确的方向和操作指南,使培训工作有条不紊地开展。具体说来,培训的具体实施包括以下一些步骤:

(1)确定培训师。组织要培养一位合格的培训师成本很高,而培训师的好坏直接影响到培训的效果。一位优秀的培训师既要有广博的理论知识,又要有丰富的实践经验,同时还要有一定的教学技巧和教学热情。

(2)确定教材和教学大纲。一般由人力资源部和培训师来协商确定教材。当企业外部没有适合的培训教材时,人力资源部可组织内部业务骨干和培训师一起来开发适合本企业的培训材料。教学大纲确定了培训的目标和课程的性质,需要掌握的知识和技能的范围、深度,以及具体的教学进度。

(3)确定培训地点。培训环境的好坏对于培训效果有着较大的影响,具体来说,需要考虑的要素有教室大小、座位安排、模拟环境的配置、光线状况、环境安静程度、交通条件和生活条件等。

(4)准备好培训设备。根据培训的需求预先准备好所需要的设备和器材,如投影仪、幻灯机、白板、录像设备等。如果需要模拟真实环境,那么事先要准备的环境搭建、调试就更为重要了。

(5)选择培训时间。培训时间的选择要结合培训内容的难易程度和实际生产单位所能提供的时间综合考虑。在确定时间长度后,人力资源部门还需要和业务部门沟通,确定具体的培训时点。

(6)及时通知培训对象。人力资源部需要把培训安排及时通知到各个业务部门的主管和具体参加培训的人员,并对参加培训的人员进行培训动员,详细说明培训的各项具体要求。

(7)实施培训。在各项准备活动安排完毕后,培训就可以如期开始实施了。人力资源部要协助培训师对培训的整个过程进行管理,对员工在培训过程中提出的各项困难和意见反馈予以及时记录和解决。在培训结束后,人力资源部要对培训师、参训人员进行及时评估和反馈。

第四节 员工培训项目效果评估

一、培训效果评估的概念与原则

培训效果评估是指对培训进行评价,它是指依据培训目标,对培训对象和培训本身做一个价值判断,从严格意义上讲,并不能把培训效果的评估作为培训的最后一个阶段,因为在有些培训中,评估可能贯穿于培训活动的始终。培训效果的评估既是对整个培训活动实施成效的评价与总结,同时评估的结果又是以后培训活动的重要输入,能够为改善下一个培训活动提供信息和依据,便于企业在选择、调整各种培训活动以及判断其价值时做出更明智的决策。

培训效果的评估需要遵循以下几条原则:

(1)将培训效果的评估贯穿于整个培训过程中。培训效果的评估不仅仅是收集反馈信息、衡量培训结果的好坏,其根本意义在于检验与促进培训目标的达成,从制订培训计划开始,到培训过程结束,贯穿整个培训过程始终的评估,才能起到全面的监督和促进作用。

(2)关注培训效果评估与人力资源其他业务板块的有序联动以及培训效果的实践转化力。依据现阶段的培训战略,确定相应的评估策略重点,指导评估的有序进行。

(3)依据评估目标,选择相应的评估方法。

(4)营造评估文化。培训管理者要对培训评估整个环节负责;学员要对培训取得的成果负责;各级直线管理者要参与培训评估的各个阶段,为培训效果的评估提供支持。

二、培训效果评估的开展

(一)确定评估标准

为评估培训项目,必须明确根据什么标准来判断各项目是否有效。一般来说,评估标准的确定需要考虑以下几个方面:

(1)培训的目标:是否达到了培训的目标以及培训目标完成的程度如何?

(2)成本:培训方案所付出的代价如何,是否值得?

(3)效率:是否以最有效的方法达到了目的(主要是评估所采用的培训方法是否符合最经济的原则)?

(4)资源利用:用于培训的资源是否得到了最佳分配?

(二)确定评估方法

培训效果的评估过程是一个信息收集的过程,如何能够收集到相关的数据,以便为决策者提供所需的事实和判断依据是评估过程中面临的主要问题。培训效果的评估常用到的几种方法有访谈法、问卷调查法、直接观察法、测验和模拟法以及档案记录分析法等,各种方法的过程及优缺点分析如表7-1所示。

表 7-1　培训效果评估方法比较

方法	具体的过程	优点	缺点
访谈法	和一个或多个人进行交谈，以了解他们的信念、观点和观察到的东西	1. 灵活 2. 可以进行解释和澄清 3. 能深入了解某些信息 4. 私人性质的接触	1. 引发的反应在很大程度上是回应性的 2. 成本很高 3. 面对面的交流障碍 4. 需要花费很多人力 5. 需要对观察者进行培训
问卷调查法	用一系列标准化的问题去了解人们的观点和观察到的东西	1. 成本低 2. 匿名的情况下可提高可信度 3. 可以在匿名的情况下完成 4. 填写问卷的人可以自己掌握速度 5. 有多种答案选项	1. 数据的准确性可能不高 2. 如果是在工作中完成问卷填写的，过程可能很难进行控制 3. 不同的人填写问卷的速度不同 4. 无法保证问卷回收率
直接观察法	对一项任务或多项任务的完成过程进行观察和记录	1. 不会给人带来威胁感 2. 是用于测量行为改变的极好途径	1. 可能会打扰当事人 2. 可能会造成回应性的反应 3. 可能不可靠 4. 需要受过训练的观察者
测验和模拟法	在结构化的情境下分析个人的知识水平或完成某项任务的熟练程度	1. 成本低 2. 容易计分 3. 可迅速批改 4. 容易施测 5. 可大面积采样	1. 可能会带来威胁感 2. 也许与工作绩效不相关 3. 对常模的依赖可能会歪曲个人的绩效 4. 可能有文化带来的偏差
档案记录分析法	使用现有的信息，如档案或报告	1. 可靠 2. 客观 3. 与工作绩效关系密切	1. 要花费大量的时间 2. 对现实进行模拟往往很困难 3. 开发成本很高

(三)培训效果的层次分析

关于培训效果的测定问题，不少学者对其进行了研究，美国著名学者柯克帕特里克教授提出的四层次框架体系就是其中一种，该体系认为培训效果的评估可以从以下四个层次来分析：

1. 反应层次

评价受训者对培训计划的反应，主要利用问卷调查法来进行测定。

2. 学习层次

评价受训者与受训前相比，是否学到了预期应学到的知识和技能，是否改善了态度，主要利用书面测试、操作测试、情景模拟等方法来对受训者进行测定。

3. 行为层次

了解受训者接受培训后行为习性是否有所改变,并分析这些改变与培训活动的相关性,可以通过上级、同级、下级、客户等相关人员对受训者的业绩进行评估。

4. 结果层次

评估培训对受训者绩效与组织整体绩效的影响,并分析绩效的变化与企业培训活动之间的相关情况,可以通过考察企业投资回报率、绩效考核结果等进行分析。

【本章小结】

1. 员工培训有利于实现组织的发展目标,在现代科学技术飞速发展、市场竞争空前激烈的情况下,知识技能更新和市场情况变化已是司空见惯的事情,任何组织都必须正视这一事实,运用现代科学技术成果,把握市场机遇,谋求组织的生存和发展;有利于实现员工个人的发展目标,员工个人也有自己的发展目标,如希望掌握新的知识和技能,希望获得较高的报酬和待遇,希望晋升,希望得到符合个人志趣的工作岗位等,这些也同样离不开培训;员工培训是普通学校教育的补充和延续,普通学校对学生的教育,主要是基础教育,包括基础性的专业知识与技能的教育,当学生进入企业,成为工作岗位上的员工,他们必然面临着如何适应新环境、掌握实际工作技能等问题,解决这些问题的途径就是对员工进行有效的培训;完善企业文化,通过员工培训,能够使员工逐步地理解并且接受企业的文化,理解并且能够有效地贯彻组织的战略意图。

2. 员工培训项目效果评估是指依据培训目标,对培训对象和培训本身做一个价值判断,从严格意义上讲,并不能把培训效果的评估作为培训的最后一个阶段,因为在有些培训中,评估可能贯穿于培训活动的始终。培训效果的评估既是对整个培训活动实施成效的评价与总结,同时评估的结果又是以后培训活动的重要输入,能够为改善下一个培训活动提供信息和依据,便于企业在选择、调整各种培训活动以及判断其价值时做出更明智的决策。

3. 培训效果的评估过程是一个信息收集的过程,如何能够收集到相关的数据,以便为决策者提供所需的事实和判断依据是评估过程中面临的主要问题。培训效果的评估常用到的几种方法有访谈法、问卷调查法、直接观察法、测验和模拟法以及档案记录分析法等。

【思考与探讨】

1. 培训的意义与作用有哪些?

2. 比较培训对象在培训方面存在的差异。

3. 为什么许多企业不愿意开展培训活动?

第八章　激　　励

【学习目标】

1. 掌握激励的含义及其作用。
2. 了解激励与绩效的关系。
3. 掌握激励的综合模型。
4. 掌握内激与外激的关系。
5. 熟悉激励理论的应用。

第一节　激励概述

一、激励的基本概念

激励(Motivating)是指为了特定目的而去影响人们的内在需要或动机,从而强化、引导或改变人们行为的反复过程。激励是人力资源管理的重要内容与手段,了解激励的有关内容对于人力资源管理具有非常重要的现实意义。激励的过程如图 8-1 所示。

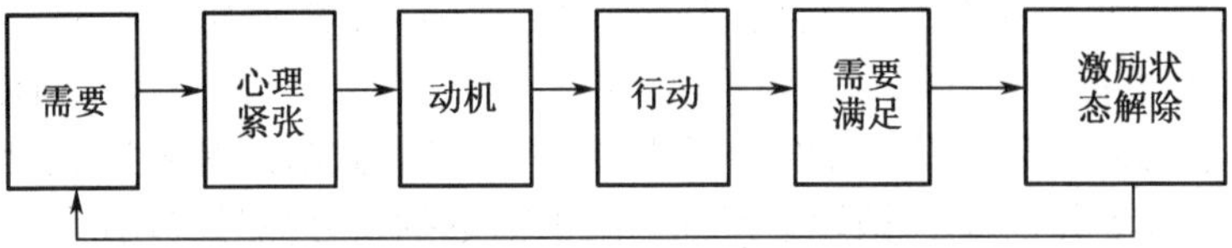

图 8-1　激励状态示意图

这一定义包含以下几方面的内容。

(一)激励是有目的性的

任何激励行为都具有其目的性,这个目的可能是一个结果,也可能是一个过程,但必须是一个现实的、明确的目的。

(二)激励强化、引导或改变行为

人们的行为来自动机,而动机源于需要,激励活动正是对人的需要或动机施加影响,从而强化、引导或改变人们的行动。因此,从本质上说,激励所产生的行为是主动的、自觉的行为,而不是被动的、强迫的行为。

(三)激励是一个持续反复的过程

激励是一个由多种内在、外在因素交织起来的持续作用和施加影响的复杂过程,而不是一个互动式的即时过程。

(四)不同的人生观决定着不同的激励方式

由于人生观的不同,人的动机和需求也不同,所以欲对其进行有效激励必然要采取不同的方式。

二、激励产生的过程与机理

激励的实质就是通过影响人的需求或动机达到引导人的行为的目的,它实际上是一种对人的行为的强化过程。因此研究激励,先要了解人的行为过程。

人的行为的始点是需要。所谓需要就是人们对某种事物或目标的渴求和欲望,包括从基本需要(如各种生理需要)到各种高层次的需要(如社交、自尊、地位、成就、自我实现等)。除最基本的生活需要外,人的其他需要往往不是独立的、内生的,而是受环境影响的。当人的需要未得到满足时,心理上会产生一种不安和紧张状态,这种状态会促成一种导向某种行为的内在驱动力,这就是动机。所谓人的动机,就是诱发、活跃、推动并引导行为指向目标的一种内在状态。当人有了动机之后就会产生一系列寻找、选择、接近和达到目标的行为。如果人的行为达到了目标,就会有心理和生理上的满足。原有的需要满足了,新的需要又会产生,从而又引发人的新的行为,如此周而复始。

第二节 激励的基本理论

一、需要层次理论

需要层次理论是由美国心理学家马斯洛于 1943 年在《人的动机理论》一书中提出的,是提出最早、影响最大的一种激励理论。他认为,人的需要由低到高可以分为五个层次,即生理需要、安全需要、交往需要、尊重需要和自我实现需要,如图 8-2 所示。

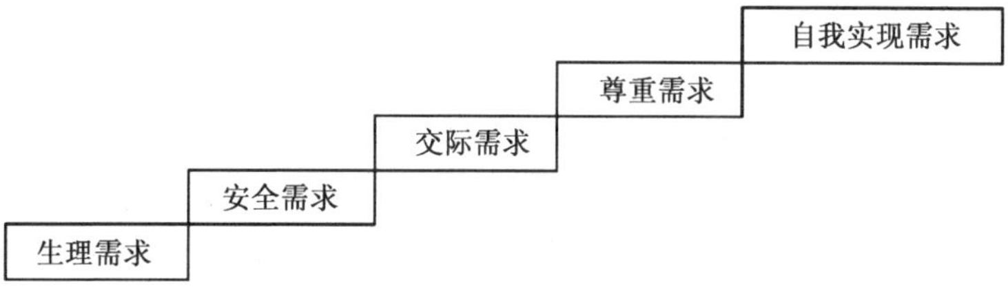

图 8-2 需要层次

(一)生理需要

生理需要是人类生存必需的、最基本的需要。它包括人们对食物、水分、空气、睡眠与休息和性等方面的需要。这些是直接与人类生存相关的需要,是推动人类行为的最初动力。

(二)安全需要

安全需要是指人们寻求保护自己免受生理与心理侵害的一类需要。如人们都希望自己身体健康,喜欢安全的、有秩序的、可以预测的环境,要求有稳定的职业,并有生活保障等。

(三)交往需要

交往需要有时又称友爱或归属需要,包括人们对人际交往、对某集体或家庭的依赖、朋友之间的友谊和异性的爱情等方面的需要。

(四)尊重需要

尊重需要是指人们要求自己得到别人的承认、信赖和尊重,要求得到威望、认可和地位而产生的一种自足、自信、胜任等情感。

(五)自我实现需要

自我实现需要是指人们要求发挥自身的潜能,实现自己的理想和抱负的需要。自我实现需要是一种使自己成为理想的人、完成与自己最大能力相称的工作、成就一番事业的需要。

马斯洛认为,这五种需要之间存在着如下关系。

第一,需要满足的顺序是由低级到高级。当低级需要得到最低限度的满足以后,人就开始追求高一层次的需要。

第二,同一时期内,人可能同时存在几种需要,但总有一种需要占主导的、支配的地位,这种需要称为优势需要。人的行为主要受优势需要的支配。

第三,低层次需要是有限度的,一旦得到满足,便不再具有激励作用。高层次需要的满足却是无限的,对人的行为具有持久的激励作用。

第四,在所有需要中,只有未满足的需要才具有激励作用,已满足的需要只能提供满意感。

在实际管理中,要借鉴马斯洛需要层次理论的积极方面,注意研究和掌握组织成员的需要情况,把握共性与个性,了解成员的需要差异,分析哪些是优势需要,哪些是一般需要。将满足成员需要所设置的目标与组织的目标密切结合起来,同时要坚持物质激励与精神激励相结合,注意培养员工高层次的需要。这样才能把激励工作做到实处,真正起到调动员工积极性的作用。表 8-1 说明了需要层次同管理措施的关系。

表 8-1 需要层次同管理措施的关系

需要层次	追求的目标(诱因)	管理措施
生理需要	薪水、健康的工作环境、各种福利	身体保健(医疗设备)、工作时间(休息)、住宅设施、福利设施
安全需要	职位的保障、意外的防止	雇佣保证、退休金制度、健康保险制度、意外保险制度
交往需要	友谊(良好的人群关系)、团体的接纳、与组织的一致	分配制度、团体活动制度、互助金制度、娱乐制度、教育制度、教育训练制度
尊重需要	地位、名分、权力、责任、与他人薪水的相对高低	人事考核制度、晋升制度、表彰制度、奖金制度、选拔进修制度、委员会参与制度
自我实现需要	能发展个人特长的组织环境、挑战性的工作	决策参与制度、提案制度、研究发展计划、劳资会议

二、双因素理论

双因素理论是美国心理学家赫兹伯格在 1959 年提出来的。他在大量调查研究的基础上发现,在对员工激励的问题上,有直接的因素和非直接的因素,因而他提出了"保健因素-激励因素理论",又叫双因素理论,如表 8-2 所示。

表 8-2 保健因素与激励因素的比较

保健因素(外在因素)	激励因素(内在因素)
公司(企业)的政策与行政管理	工作上的成就感
技术监督系统	工作中得到赞赏和认可
与上级主管之间的人事关系	工作本身的挑战性和兴趣
与同级之间的人事关系	工作职务上的责任感
工作环境与条件	工作的发展前途
薪金	个人成长、晋升的机会
职位、地位	
工作的安全感	

双因素理论认为,激发人们动机的因素有两类:一类为保健因素,一类为激励因素。保健因素是指工作环境和条件因素,如企业的政策和行政管理、基层人员管理的质量、与主管人员的关系、工作的环境与条件、薪酬、与同级的关系、个人生活、与下级的关系和安全等因素。如果缺少保健因素,就会引起员工的不满和消极情绪;如果保健因素得到改进,则能预防和消除员工的不满,但还不能使员工满意,不能直接起激励作用。就像卫生保健对身体健康所起的作用一样,因而称这些因素为保健因素。激励因素则往往与工作本身的特点和工作内容有关,如工作成就、工作成绩得到承认,工作本身具有挑战性、责任感,个人得到成长、发展和提升等因素。这类因素对员工能起到直接的激励效果。激励因素的改善,或者

说员工这类需要的满足，往往能给员工以很大程度的激励，使其产生工作的满意感，有助于充分、有效、持久地调动他们的积极性。双因素理论对管理实践有重要的借鉴意义，具体表现在如下方面：

(1)管理者若想持久而高效地激励员工，就必须改进员工的工作内容，进行工作再设计，从而使员工直接在工作中感到成就、责任和成长。同时管理者还必须经常给予员工表扬和赏识，使他们感到自己受人重视和尊重。

(2)管理者不应忽视保健因素，以消除员工的不满情绪，保持员工的积极性。

(3)具体应用时，不可将激励因素和保健因素做绝对化的理解。激励因素也具有保健的作用，保健因素同样也具有激励的作用。

三、公平理论

公平理论是美国心理学家亚当斯于 1963 年提出的。这是一种侧重于研究利益分配的合理性、公平性对员工的工作积极性和工作态度的影响的一种激励理论。亚当斯认为，员工的工作态度和工作积极性不仅受其所得的绝对报酬(自己的实际收入)的影响，而且还受其所得的相对报酬(自己的收入与自己的劳动的比值)的影响。员工不仅会将自己付出的劳动(或贡献)和所得的报酬的比值与他人的进行横向比较，还会把自己现在付出的劳动(或贡献)和所得的报酬的比值与自己过去的进行纵向比较。比较的结果，若两种比值是相等的，员工就会产生公平感。

四、强化理论

强化理论是美国哈佛大学教授斯金纳提出的。1938 年，斯金纳发表了《有机体的行为》一书，在巴甫洛夫条件反射理论的基础上，提出了一种新的激励理论，即强化理论。强化理论特别重视环境对行为的影响作用，认为行为只是人对外部环境刺激所做的反应，是受外部环境刺激调节和控制的，改变刺激就能改变行为。对于人的行为来说，强化就是通过一种有效的刺激，起到对行为的加强作用。在管理实践中，常用的强化方法有三种类型，即正强化、负强化和消退强化。这些方法可以单独运用，也可以结合运用。

(一)正强化

正强化是指对人的某种行为给予肯定和奖赏，以使其重复这种行为。在管理过程中，凡是直接或间接对组织的发展做出贡献和成绩的人和事，都必须给予肯定和奖励，形式包括表扬、赞赏、晋升、提级、授予名誉、授予责任和权力、增加工资、奖金和奖品等。

(二)负强化

负强化是指对人的某种行为给予否定或惩罚，使之减弱并消退，以防止类似的行为再度发生。在管理过程中，对不符合组织和社会期望的行为进行批评或惩罚，可促使不良行为受到削弱或抑制，也可间接地促进良好行为的形成和巩固。负强化的措施有批评和惩罚两种。

(三)消退强化

消退强化是指管理者对员工的不良行为不予理睬，采取视而不见的态度，让行为者感到自己的行为得不到承认，从而慢慢终止该行为。例如，对于那些喜欢打小报告的人，领导者故意不加理会，久而久之，这类人会因自讨没趣而自动放弃这种不良行为。

强化理论对提高管理水平有着重要的意义。如果说引起行为靠的是对动机的诱发和激励，那么，保持和巩固某种行为或者改造和取消某种行为就要靠强化。对人的某种行为适时给予正强化，可使行为者感到自己的行为被企业和社会所承认，从而受到鼓舞，产生或增强兴趣，自觉、愉快地进入下一个阶段。而对人的某种行为适时给予负强化，可使行为者反省该行为，自觉调整、改正该行为，朝着企业和社会所期望的方向去行动。

在运用强化理论的时候，应该注意以下几点：

(1)针对强化对象的具体情况，实事求是、形式多样地使用强化因素。

(2)坚持奖惩结合，以奖为主、以惩为辅的原则。

(3)做到及时强化，让人们尽快知道其行为结果的好坏或进展情况，并及时给予相应的奖惩。

五、期望理论

期望理论是美国心理学家弗鲁姆在 1964 年出版的《工作与激励》一书中提出的。这是一种通过考察人们的努力行为与其获得的奖酬之间的因果关系来说明激励过程的激励理论。弗鲁姆认为，决定行为动机的因素有两个，即期望与效价。更确切地说，行为动机水平等于期望值和效价的乘积。用 M 表示行为动机水平，E 表示期望值，V 表示效价，则行为动机水平可用公式表示为

$$M=E\times V$$

所谓行为动机水平，即激励程度，是指一个人工作积极性的高低和持久程度，它决定着人们在工作中会付出多大的努力。所谓期望值，也叫期望概率，是指一个人根据过去的经验对自己能达到某种结果(目标)的可能性大小的预先估计。所谓效价，是指一个人对他所从事的工作或要达到的目标的价值进行的评价，也就是达到目标对于满足个人需要的价值。

上述公式说明，如果一个人把目标的价值看得越大，把目标能实现的概率估计得越高，那么，激发的动机就越强烈，积极性也就越高。如果期望值和效价有一项为零，激励作用也将消失。因此，管理者既要考虑目标的效价，又要考虑期望值，而且两者都要高，才能有效地激发员工的积极性。

根据弗鲁姆的期望理论，在管理工作中，若想有效地激励员工，调动其积极性，就必须注意处理好以下两种关系。

第一，努力与工作成绩的关系。如果某人认为通过努力有可能达到目标，他就会有信心、有干劲，就会爆发出强大的力量。如果他认为目标高不可攀，或者目标太低，轻易可以达到，便会失去内在动力，鼓不起干劲。

第二，工作成绩与奖酬的关系。员工总是期望在取得预期的工作成绩后，能得到适当、合理的激励或报酬，以此强化其行为。所以，奖励必须根据个人的工作绩效而定。管理者要做的是：一方面制定出按劳分配的工资和奖励制度，使员工能够多劳多得、优劳优得；另一方面在既定奖酬基础上，设定新的工作绩效目标。

六、竞争激励理论

人力资源管理以知识创新和技术创新为主旨,强调管理过程的竞争性。因为只有竞争才能激发人的进取心、主动性、冒险精神和创造性思维,而这些正是知识创新和技术创新必需的心理特质。所以,人力资源管理把竞争看作提高激励效应的推动力。

七、参与激励理论

参与激励是指管理者通过一定的制度和形式,让员工参与组织的决策、计划的制订、对某些事情的处理和对某些问题的讨论和管理。这是一种重要的激励方式。摩托罗拉公司是成功运用参与激励的公司之一,其员工可以通过参加总经理座谈会、业绩报告会、"大家庭"报、公司互联网页、"畅所欲言"或"我建议"等形式反映个人问题,投诉或提出合理化建议,与管理者进行直接沟通。管理层也可以根据存在的问题及时处理员工事务,不断地协调公司与员工的关系,创造良好的参与氛围。参与的结果:一是强调当家做主精神,提高了员工的主人翁地位;二是做到群策群力,激发每个人的聪明才智,搞好企业的生产经营活动。

第三节　激励体系设计

激励体系的设计是指组织为实现其目标,根据其成员的个人需要,制定适当的行为规范和分配制度,以实现人力资源的最优配置,达到组织利益和个人利益的一致。激励体系的设计要求我们用系统的眼光来看待激励问题。

一、激励体系设计的原则

(一)以企业发展战略为核心

激励体系设计将围绕公司的战略目标进行,提倡员工和各级组织中符合企业战略发展需要的行为和观念,抑制阻碍企业战略目标实现的行为和观念,逐步将员工的行为和观念导向至企业战略目标的轨道上,将企业的战略目标转化为对员工的直接压力和动力,使员工及各级组织的目标始终与企业的战略目标保持一致,帮助企业获得能在市场竞争中立于不败之地的强大合力。

(二)以提升企业效益为根本目标

利润最大化是市场经济条件下每一个企业所追求的目标,激励体系将鼓励真正为公司创造效益的行为和员工,制止和惩戒降低或损害公司效益的行为和员工,以增强员工的责任感和使命感。

(三)符合社会的整体价值观和员工个人发展的需要

如果激励体系不能与社会的整体价值观和员工个人发展的需要相吻合,就得不到社会与员工的真正支持,从而导致激励目标不能实现。

（四）以分配制度为主体

分配制度将诱导因素集合与目标体系连接起来，即达到特定的组织目标将会得到相应的奖励和报酬。

（五）使激励机制的运行富有效率

效率准则要求在费用相同的两个备选方案当中，选择目标实现程度较好的一个方案；在目标实现程度相同的两个方案中，选择费用较低的方案。

二、激励体系的构成要素

激励本身是一种管理思想。激励的实施是依托各种管理制度、管理工具来实现的，它渗透在管理的全过程之中，依赖于全体管理者的共同实施。在激励体系的设计中，应综合运用各种激励理论，以达成强势激励效果。激励体系的设计主要指对激励的内容的设计，是对各种短期激励因素和长期激励因素进行选择、组合及优化的过程。至于激励的过程则要靠管理者在实践中的摸索与把握。可供选用的短期激励因素主要包括工资、奖金、福利、津贴、晋升、培训及精神鼓励等，长期激励因素包括红利、股票期权等。

（一）工资

工资是指员工在从事劳动、履行职责并完成任务后获得的经济上的酬劳或回报，一般包括技能工资、工龄工资和岗位工资。其中，技能工资、工龄工资体现了薪酬的保健作用，具有高刚性特征。在公司内部员工之间，这些工资的差异并不很明显，表现出较强的刚性。岗位工资则具有一定的激励作用，表现在岗位工资与其岗位职责、工作难度、工作环境等相适应时，能消除员工的不公平感。它既具有高差异性，也具有高刚性。

（二）奖金

奖金的激励效应在薪资体系中占有重要的作用，具有高差异性和低刚性特征，它与员工的绩效、员工为企业做出的贡献有关，所以奖金表现出高差异性。而且，它还与公司经济效益有关，表现出低刚性。

（三）福利

福利包括社会强制性福利（如养老保险、医疗保险、失业保险、工伤保险等）和企业特色福利（如人身意外保险、交通补贴、通信补贴、带薪假期、住房补贴等）。福利是人人均可享受的利益，而且不能轻易取消，因而是低差异、高刚性的因素。但我们在管理中可以制定出一定的级差，以形成差异，降低刚性，使之具有更多的激励作用。

（四）培训

培训是企业为员工提供人力资本增值和提升个人竞争能力的有效手段，是企业对员工报酬高层次的支付形式。在现代市场经济中，培训是一种有效的激励手段，良好的培训规划为员工提供了一个广阔的知识和技能的提升空间，有助于吸引和留住优秀人才。

合理选拔和系统规划是决定培训激励机制有效性的重要因素，并且培训必须与员工的晋升、工资、福利、奖金等紧密结合,以保证最佳的激励效果。

培训工作不仅是优化人员素质的手段,而且也是保留人才的重要激励手段。培训的方式和种类有很多种,视具体情况而定。

(五)精神激励

精神激励包括赋予员工理想、信仰、责任感、荣誉等,是满足人们自尊和自我实现需要,激发人们奋力进取的重要手段。

精神激励是物质奖励的必要补充,有助于形成良好的企业文化。现代企业讲求"以人为本",物质激励和精神激励必须合理配置,才能达成良好的激励效果。在一定程度上精神的需要更能激励员工,调动员工的积极性和创造性。

三、激励体系设计的流程

激励体系设计的流程包括:对企业现有各项制度的审视和分类,对现有制度激励效用的分析,找出激励制度的缺损,进行制度的优化和完善设计。新的激励体系开始运行一段时间之后,还应该反馈检查,看其效果是否与企业预期的一致。

四、分层次的员工激励体系

员工激励体系包括对董事会、经理层、中层管理者、科技人员和一般员工的激励。

(一)对董事会、经理层成员的激励

董事会、经理层是企业的高管人员,是企业命脉的控制者,肩负着企业生存和发展的重任,也面临不少的风险和压力。高管人员对企业的影响至关重大,对他们的激励是企业激励体系中需重点关注的问题。高管的需要层次一般较高,激励的方式应当相对多样,力度也要相对更大。另外,为企业的可持续发展,对他们的激励不能忽视长期激励与短期激励相结合。

1. 现金收入

现金激励的作用适用于绝大部分人。但对高管的现金支付应该与其所管理的企业的资产运营、投资决策、管理业绩、资产保值增值情况紧密结合,还可让高管参与利润分享计划,激励高管把企业收益蛋糕做大。

2. 经营者持股

经营者持股,即管理层持有一定数量的本公司股票并进行一定期限的锁定。这些股票的来源有公司无偿赠送给受益人,由公司补贴、受益人购买,公司强行要求受益人自行出资购买等方式。激励对象在拥有公司股票后,成为自身经营企业的股东,与企业共担风险、共享收益。

国内公司实行经营者持股,通常是公司以低价方式补贴受益人购买本公司的股票,或者直接规定经营者自行出资购买。

3. 延迟报酬计划

迟延报酬计划是将企业高层管理者年薪中的部分收入、养老金、股份红利等当前或短期内应当支付的一部分报酬延迟到其退休或若干年后支付,以鼓励高层管理者长期为企业服务。

4. 在职消费

在职消费不同于以前的福利，以前讲的企业福利是一个广泛的概念，涉及企业全体人员。而在职消费主要针对企业一定级别的管理层，特别是针对高层管理者，包括旅游费用报销，通信工具及费用报销，专用汽车，俱乐部会员费，宴请招待费，以折扣价或免费购买、消费公司产品等，这种激励方式虽然不如现金和股票作用大，但也在一定程度上增加了高层管理者对职位的依赖性。

5. 带薪休假

带薪休假可以改变高层管理者的工作生活环境，提高其生活质量；可以带来身心双重的愉悦；可以使人们从高压的工作环境中暂时脱离出来，经过一段时间的休息、恢复后更加精力充沛地投入工作。

6. 培训进修

企业的任何培训进修机会都是企业以另一种方式支付的报酬，也就是说培训进修是企业激励体系中的一种常用的方式。

7. 管理层收购

管理层收购（management buyout，MBO）是指目标公司的管理者或经理层利用借贷所融资本购买本公司的股份，从而改变公司所有者结构、控制权结构和资产结构，进而达到重组本公司，并获取预期收益的一种收购行为。通常，公司管理层和员工共同出资成立职工持股会或公司管理层出资成立新的公司作为收购主体，一次性或多次通过收购目标公司原股东持有的公司股份，从而直接或间接成为公司的控股股东。

MBO 方案的优点在于：

（1）避开了相关法律对诸多问题，特别是股票来源的限制，使持股方案能顺利实施。

（2）管理层和其他员工自己出资认购公司股份，既能保证激励，又能保证约束。

（3）转让的法人股，相对成本较低。

（4）以协议方式进行转让，价格高于公司每股净资产，容易获得国资管理部门的许可。

管理层收购资金是很大的问题。对经理人员来说，一下子很难拿出上千万元甚至上亿元来，非国有银行、信托投资公司及民营资本，将成为 MBO 的主要资金来源。一般的做法是管理层以私人财产作抵押，成功收购后，再改用公司股权作抵押，有时出资方也会成为股东。

（二）对中层管理者的激励

中层管理人员是企业的中流砥柱，他们既是部门的带头人，又是企业的连接枢纽。高层领导的思想、决策需要他们去贯彻分解，并带头实施，下层员工的问题、意见、建议需要他们去解决、甄别、整理，并向高层领导反馈。中层管理人员工作业绩的好坏直接关系到企业的效益，他们承受着双重的压力，对他们的激励方式也必须针对他们的工作特点进行设计。

1. 充分授权

身为中层管理人员，最重视的是他们担负的工作范围内有无足够的自我发挥空间，能否独立地开展工作。如果不能充分授权，上层的规划指示太详尽，则中层管理者在工作中只能按图索骥，成了工作的执行者而不是管理者，就无法发挥主观能动性，创造性更无从谈起，同时，频繁地请示汇报会严重影响部门工作效率。

2. 业绩工资

中层管理者可以有部分固定工资，但不宜在收入中占太大的比例，可以根据企业年初的生产经营目标分解各部门工作。中层管理者业绩突出的，按季兑现业绩工资，业绩工资的数额可根据部门业绩的大小确定，以企业员工平均收入的5~10倍为宜，同时拉开中层管理人员之间的业绩工资差距，进一步激发其工作积极性。

3. 年终奖励

实行对中层管理者年终奖励，一方面可以让"中管们"在关注月度、季度指标的同时更关注年度指标，有通盘考虑问题的思想；另一方面也可以对"中管们"形成再次激励，使他们不会中途离职。此外，还可以使"中管们"与高层管理者的利益相一致，便于两者之间的沟通和团结协作。

4. 教育训练、在职训练和工作轮调

教育训练、在职训练和工作轮调是培养中层管理者最好的方法。这样做一方面可以不断强化"中管"的工作能力和管理技巧，另一方面也可以通过训练解决工作实践中的具体问题。

（三）对科技人员的激励

科技人员具有很强的专业性特点，长于科技研究，多不愿被日常琐事所扰，也不善于人际交往，他们注重的是所在企业对其成果的认可与否和报酬是否合理。企业激励机制合理，他们会努力工作，长期为企业做贡献；激励机制不合理时，他们多会选择跳槽。所以对科技人员的激励比较特殊，主要包括以下几个方面。

1. 环境激励

一个企业的科研工作环境对科技人员影响极大。宽松的政策、先进的设备仪器、浓厚的科研气氛、充足的科研经费、和谐的人际关系以及优秀的管理者都会对科技人员产生巨大的吸引力，并促使其多出成果。

2. 技术入股

具备条件的企业可以实行科技成果和科技专利作价折股，由科技发明者和贡献者持有。这种方式主要用于企业创建时期，科技成果和技术专利由科技人员从外部带来。

3. 科技成果奖

科技人员在实行按岗位、按任务、按业绩确定报酬的前提下，企业对科研项目成果、科技产品按所创造的效益进行奖励，对做出突出贡献的科技人员给予重奖。

4. 科技攻关奖

科技攻关奖是指企业在生产经营过程中遇到了难题，迟迟不能解决，可采取攻关揭榜的方式，事先提出问题，并规定解决日期、奖励办法。这种方式可以激励科技人员勇于攻关，不断战胜困难，解决问题，为企业创造更多的效益。

5. 技术进步奖

技术进步奖是指科技人员在工作实践中对企业现有的技术、工艺、管理方式进行改进、创新，以进一步提高产品质量，降低产品成本，提升工作效率的一种激励方式。奖励的方式可以按成本降低的比例计算，也可以由企业领导人直接奖励。

6. 研究基金

研究基金是指为科技人员提供科研基金，帮助他们大胆假设，小心求证，完成科研成果。

（四）对一般员工的激励

一般员工是企业中所占比例最大的群体，是企业各岗位的具体执行者、操作者，也是比较容易被激励的工作群体，要让他们有企业主人的认同感，在激励中要体现出公开、公平、公正的特点。

1. 参与战略决策

对于企业战略决策，企业的普遍做法是关键决策通常由高层制定，然后不管员工能否参与进来或融入其中，就在企业内部推行，这无疑是企业成功的障碍。要集思广益，收集和听取员工的宝贵意见，增加决策的科学性和民主性。

2. 岗位工资

根据不同工作岗位的性质、技术要求和劳动强度进行科学、合理地划分，确定不同的岗位工资，岗变薪变，同时岗位工资标准随企业经济效益浮动，彻底打破“论资排辈”“一薪终老”的不合理现象。

3. 技能等级补贴

实行岗位工资后，同岗同酬，但不同的工作经验、工作能力会带来不同的工作结果。为了奖励工作质量高的员工，同时激励大家学习、钻研技术、提高技能，企业可以通过技术评级、技能鉴定的方法，在员工中评等、评级，实行技能等级补贴制度，拉开距离，提高高级员工的收入。

4. 员工持股

根据建立现代企业制度的要求，在实行股份制改造或产权管理清晰的竞争性企业中，可以采取员工持股的激励方式。员工持股后，员工不仅是企业的工作者，也是企业的股东，具有了双重身份，其工作成绩和企业效益、自身的收入直接挂钩，员工的工作责任心和工作的努力程度都会得以提高。

5. 在职教育

企业员工的在职教育工作一般由企业人力资源部门统一进行，主要是短期的技能培训。企业应该鼓励员工利用业余时间学习、进修，参加职称资格考试，并提供时间上的便利，有条件的话可以根据员工所学专业情况进行岗位调整，报销部分学费、考试费等。

6. 提供便利的设施和服务

为了方便员工的工作和生活，企业可以设立一些福利性的机构和设施，比如洗衣店、幼儿园、便利店、班车、饮水间、休息室、心理咨询中心等，这样可以提高员工的工作满意度和对企业的归属感。激励并不局限于企业的某一个部门，或者某一个工作环节，而是贯穿于企业每一项管理工作中，存在于企业的各个部门。“人人需激励，事事要激励，处处有激励”。只有这样，才能有效解决企业运作的动力源问题。

【本章小结】

1. 激励是指为了特定目的而去影响人们的内在需要或动机，从而强化、引导或改变人们行为的反复过程。激励是人力资源管理的重要内容与手段,了解激励的有关内容对于人力资源管理具有非常重要的现实意义。这一定义包含以下四方面的内容:(1)激励是有目的性的,任何激励行为都具有其目的性,这个目的可能是一个结果,也可能是一个过程,但必须是一个现实的、明确的目的。(2)激励强化、引导或改变行为。人们的行为来自动机,而动机源于需要,激励活动正是对人的需要或动机施加影响,从而强化、引导或改变人们的行动。因此,从本质上说,激励所产生的行为是主动的、自觉的行为,而不是被动的、强迫的行为。(3)激励是一个持续反复的过程。激励是一个由多种内在、外在因素交织起来的持续作用和施加影响的复杂过程,而不是一个互动式的即时过程。(4)不同的人生观决定着不同的激励方式。由于人生观的不同,人的动机和需求也不同,所以欲对其进行有效激励必然要采取不同的方式。

2. 双因素理论认为,激发人们动机的因素有两类:一类为保健因素,一类为激励因素。保健因素是指工作环境和条件因素,如企业的政策和行政管理、基层人员管理的质量、与主管人员的关系、工作的环境与条件、薪酬、与同级的关系、个人生活、与下级的关系和安全等因素。如果缺少保健因素,就会引起员工的不满和消极情绪;如果保健因素得到改进,则能预防和消除员工的不满,但还不能使员工满意,不能直接起激励作用。就像卫生保健对身体健康所起的作用一样,因而称这些因素为保健因素。激励因素则往往与工作本身的特点和工作内容有关,如工作成就、工作成绩得到承认,工作本身具有挑战性、责任感,个人得到成长、发展和提升等因素。

3. 激励本身是一种管理思想。激励的实施是依托各种管理制度、管理工具来实现的,它渗透在管理的全过程之中,依赖于全体管理者的共同实施。在激励体系的设计中,应综合运用各种激励理论,以达成强势激励效果。激励体系的设计主要指对激励的内容的设计,是对各种短期激励因素和长期激励因素进行选择、组合及优化的过程。至于激励的过程则要靠管理者在实践中的摸索与把握。可供选用的短期激励因素主要包括工资、奖金、福利、津贴、晋升、培训及精神鼓励等,长期激励因素包括红利、股票期权等。

4. 激励体系的设计是指组织为实现其目标,根据其成员的个人需要,制定适当的行为规范和分配制度,以实现人力资源的最优配置,达到组织利益和个人利益的一致。激励体系的设计要求我们用系统的眼光来看待激励问题。激励体系设计有着自己的原则,在设计激励体系时只有遵循原则,激励才能发挥出它的效果。激励体系设计的原则主要有五个:(1)以企业发展战略为核心。激励体系设计将围绕公司的战略目标进行,提倡员工和各级组织中符合企业战略发展需要的行为和观念,抑制阻碍企业战略目标实现的行为和观念,逐步将员工的行为和观念导向至企业战略目标的轨道上,将企业的战略目标转化为对员工的直接压力和动力,使员工及各级组织的目标始终与企业的战略目标保持一致,帮助企业获得能在市场竞争中立于不败之地的强大合力。(2)以提升企业效益为根本目标。利润最大化是市场经济条件下每一个企业所追求的目标,激励体系将鼓励真正为公司创造效益的行为和员工,制止和惩戒降低或损害公司效益的行为和员工,以增强员工的责任感和使命感。(3)符合社会的整体价值观和员工个人发展的需要。如果激励体系不能与社会的整体价值观和员工个人发展的需要相吻合,就得不到社会与员工的真正支持,从而导致激励目标不能实现。(4)以分配制度为主体,分配制度将诱导因素集合与目标体系连接起来,即达到特定的组织目标将会得到相应的奖励和报酬。(5)使激励机制的运行富有效率。效率准则要求在费用相同的两个备选方案当中，选择目标实现程度较好的一个方案；在目标实现程度相同的两个方案中，选择费用较低的方案。

【思考与探讨】

1. 简述激励的含义及其作用。
2. 激励与绩效之间存在怎样的关系？举例说明。
3. 影响激励的因素有哪些？如何使激励最大限度地促进绩效？
4. 分析“内激”与“外激”之间的关系，制订一个激励计划并加以说明。

第九章　薪酬管理

【学习目标】

1. 了解薪酬的含义和职能。
2. 熟悉影响员工薪酬水平的因素。
3. 掌握薪酬管理的模式。
4. 熟悉薪酬管理的流程。
5. 熟悉薪酬制度与薪酬方案设计的步骤。
6. 了解薪酬设计与企业战略。
7. 掌握薪酬方案的实施和调整方法。

第一节　薪酬与薪酬管理概述

一、薪酬的构成与功能

薪酬是工资和薪金的统称，它是指员工从事企业所需要的劳动而得到的以货币形式和非货币形式表现的补偿，是企业支付给员工的劳动报酬。

从其定义中不难看出，薪酬本质上是一种公平的交易或交换关系，它是与商品货币关系相联系的一个范畴。薪酬的构成从广义上讲，大致由经济性报酬和非经济性报酬两类组成，也可以说由外在的报酬和内在的报酬组成。外在的报酬是员工获得的各种形式的收入，包括工资、奖金、福利、津贴、股票期权等，它又能再细分为直接薪酬（主要指以货币或现金形式支付的薪酬）和间接薪酬（主要指不以货币或现金形式支付的各种福利），薪酬的构成如表9-1所示。内在的报酬是指员工由于努力工作而得到的晋升、参与决策、肩负更大责任、获得更多的成长机会、受到重视等，它能产生和强化员工的工作荣誉感、成就感以及责任感等。内在的薪酬包括工作本身、工作环境和组织特征带来的心理效用三个部分。

尽管内在的报酬也是薪酬的重要组成部分，它也是影响人们进行工作选择和职业选择的重要因素，但在研究薪酬与薪酬管理中，从狭义的角度上，仍将主要的注意力集中在外在的报酬方面。

外在的报酬中，薪酬主要有以下几种形式。

（1）基础工资（base pay）。基础工资是企业按照一定的时间周期，定期向员工发放的固定报酬。它主要反映员工所承担的职位的价值或者员工所具备的技能或能力的价值，即分别是以职位为基础（pay for job）的基础工资和以能力为基础（pay for competency）的基础工资。在国外，基础工资往往有小时工资、月薪和年薪等形式，在中国大多数企业中，提供给员工的基础工资是以月薪为主，即每月按时向员工发放固定工资。

表 9-1 薪酬的构成

	外在报酬	内在报酬
经济性报酬	直接报酬:基本工资、加班工资、津贴、补贴、奖金、利润分享、股票认购 间接报酬:健康与安全福利、非工作时间报酬及为员工提供的服务	无
非经济报酬	私人秘书 良好的办公条件 诱人的头衔 友好和睦的同事关系 领导者的个人品质与风格 组织中的知识与信息共享	参与决策 挑战性的工作 感兴趣的工作或任务 上级、同事认可与内部地位 学习与进步的机会 多元化活动

(2)绩效工资(merit pay)。绩效工资来自英文中的 merit pay 的概念,但在中国更为贴切的说法应该是绩效提薪。绩效工资是根据员工的年度绩效评价结果而确定的对基础工资的增加部分,因此它是对员工的优良工作绩效的一种奖励。与奖金的差别在于,奖金并不成为基础工资永久性的增加部分,而只是作为一次性的奖励。

(3)奖金(incentive pay)。资金也称为激励工资或者可变工资,是薪酬中根据员工的工作绩效进行浮动的部分。奖金可以与员工的个人业绩相挂钩,也可以与他所在团队业绩相挂钩,还可以与组织的整体业绩相挂钩,分别称为个体奖金、团队奖励和组织奖励。但需要注意的是,奖金不仅与员工的业绩有关,也与员工在组织中的位置和价值有关,它通常等于两者的乘积。

(4)津贴(allowance)。津贴往往是对员工工作中的不利因素的一种补偿,它与经济学理论中的补偿性工资差别相关。例如,企业对从事夜班工作的人员,往往会给予额外的夜班工作津贴;对出差的人员,也往往会给予一定的出差补助。但津贴往往并不构成薪酬中的核心部分,它在整个薪酬中所占的比例往往较小。

(5)福利(benefit)。福利也是外在的报酬中十分重要的组成部分,而且在现代企业的薪酬设计中占据的位置越来越重要。在中国企业的市场化改革过程中,企业曾经大幅度削减提供给员工的福利,将福利转变为货币报酬,但现在越来越多的企业开始转变观念,认识到福利对于企业吸纳和保留人才的重要性。但现代薪酬设计中的福利项目在很大程度上已经与传统的福利项目不同,带薪休假、健康计划、劳动保险、住房补贴已经成为福利项目中的重要形式,根据员工个人偏好而设计的自助餐式的福利计划正在兴起,并获得了广泛的认可。

(6)股票期权(stock)。股票期权主要包括员工持股计划(ESOP)和股票期权计划(stock option)。员工持股计划主要针对中基层员工,而股票期权计划则主要针对中高层管理人员、核心业务和技术人才。不仅是针对员工设计的一种长期报酬形式,而且是将员工的个人利益与组织的整体利益相连接、优化企业管理结构的重要方式,是现代企业动力系统的重要组成部分。近年来股票期权计划已经越来越多地受到中国企业的青睐。

二、薪酬管理的目的

薪酬管理与企业发展是相辅相成的。一方面,薪酬管理在保障员工基本生活需要的同时,能充分激发员工的能力,增强企业战略发展所需要的核心竞争力;另一方面,企业核心竞争力的增强将促进企业发展,为薪酬管理提供有力的支持。

薪酬管理的目的具体表现在以下四个方面:

(1)能保证薪酬在劳动力市场上具有竞争性,吸引优秀人才。

(2)对员工的贡献给予相应的回报,保留、激励员工。

(3)通过薪酬机制,将短、中、长期经济利益结合,促进公司与员工结成利益共同体关系。

(4)合理控制人工成本,提高企业产品竞争力。

三、薪酬管理的主要内容

(一)工资总额的管理

工资总额管理不仅包括工资总额的计划与控制,还包括工资总额调整的计划与控制。国家统计局对于工资总额的组成有明确的界定,即

工资总额=计时工资+计件工资+奖金+津贴和补贴+加班加点工资+特殊情况下支付的工资

事实上,对于国家来说,工资总额的准确统计是国家从宏观上了解国民收入,衡量国民生活水平,计算离退休金、有关保险金和经济补偿金的重要依据;对于企业来说,工资总额是人工成本的一部分,是企业掌握人工成本的主要信息来源,是企业进行人工成本控制的重要方面。因此,必须充分认识工资总额统计核算的重要性。

(二)各类员工薪酬水平的管理

要明确界定各类员工的薪酬水平,以实现劳动力之间公平的价值交换,这是薪酬管理的重要内容。正确的做法是,对企业贡献大的,员工从薪酬中得到的回报多,对企业贡献小的,从薪酬中得到的回报少,以示公平。

(三)确定企业内部的薪酬制度

企业薪酬制度管理包括工资结构管理,即确定不同员工的薪酬构成项目以及各薪酬项目所占的比例;还包括薪酬支付形式管理,即确定薪酬计算的基础,是按照劳动时间计算还是按照生产额(量)、销售额(量)计算。

(四)日常薪酬管理工作

日常薪酬管理工作具体包括:开展薪酬调查,统计分析调查结果,制订薪酬计划,适时计算、统计员工的薪酬及薪酬调整。

第二节 薪酬制定

一、薪酬制定的影响因素

（一）法律的影响

政府的许多法规政策都会影响企业的薪酬制定，例如：对员工最低工资的规定，对企业或雇主支付员工工资方式的规定，对员工所得税比例的规定，对企业安全卫生的规定，对男女同工同酬的规定，对女职工的特殊保护，员工的退休、养老、医疗保险等。

我国企业确定薪酬率所要考虑的法律、法规有《劳动法》《企业职工奖惩条例》《国营企业内部劳动规则纲要》《企业最低工资规定》《工资支付暂行规定》《关于企业工人、职员停工津贴的暂行规定》《公司法》《破产法》。

美国在这方面最重要的法律、法案有《戴维斯-佩根法案》《沃尔什-希利公共合同法案》《公平劳动标准法案》《公平工资法案》《民权法案》《员工退休收入保障法案》《税制改革法案》。

（二）企业文化的影响

企业的文化与企业的价值观紧密相连，因此它影响薪酬制度。例如，有的企业推崇个人英雄主义，因此报酬差别很大；有些企业提倡集体主义，因此报酬差别较小；有些企业鼓励冒险，因此工资很高，福利较差；有些则比较保守，因此工资较低，福利较好。

（三）公平因素的影响

公平是企业报酬制度的基础。通常，员工认为薪酬制度是公平的时候才会产生满意感，报酬制度才能起到激励作用。因此，公平是决定工资率最重要的因素，这里提出两种类型的公平：外部公平和内部公平。所谓外部公平，就是指企业的薪酬标准或工资水平同其他公司的相比要有竞争力，否则难以吸引和留住人才。所谓内部公平，是指与组织内部其他人员相比，应让每位员工感到自己在付出劳动和获得报酬的关系上是合理的。薪酬政策不仅要考虑到薪酬水平的外部竞争力和薪酬结构的内部一致性，还要研究在一个组织内部承担相同工作或拥有相同水平技能的员工之间的薪酬关系问题。

（四）企业自身薪酬政策影响

薪酬政策包括工资等级和工资幅度、加薪基础、晋升、降级、调职、小时工资率、加班、休假、工作时数、付薪的机密性和工作时间等。不同企业的薪酬政策不同，有效的薪酬体系应具有以下效果：一是能吸引和保留组织需要的优秀人才，二是能激励员工提高工作效率，三是能鼓励员工积极增加和提高工作所需的知识和技能，四是能创造组织所希望的文化氛围。

（五）当地经济发展状况的影响

一般情况下，当地的经济发展处在一个较高水平时，企业员工的薪酬会较高；相反，则员工的薪酬会较低。目前在中国,地区间经济发展不平衡,沿海地区经济发展水平较高,大城市经济发展水平较高,因此,这些地区的企业员工薪酬较高。

(六)工会对薪酬的影响

企业中工会的一项主要工作就是保护工人的权益。因此,工会的强弱也对员工薪酬制定产生影响,因为薪酬是员工的主要利益之一。

即使在西方国家,工人运动的合法地位也受到法律保护,如员工有权自行组织起来进行集体谈判。其他如带薪休假、收入保护(为那些在季节性行业中工作的工人提供)、生活费用调整和各种福利(如保健),也是工会考虑的重要方面。

二、薪酬管理的原则

薪酬管理原则是一个企业给员工传递信息的渠道,也是企业价值观的体现。它告诉员工企业为什么提供薪酬,员工什么样的行为或结果是企业非常关注的,员工的薪酬构成是为了对员工什么样的行为或结果产生影响,员工的哪些方面有提高时才能获得更高的薪酬等。目前普遍认为企业进行有效的薪酬管理应遵循以下基本原则。

(一)对外具有竞争力原则

对外具有竞争力是指企业要支付等于或略高于劳动力市场水平的薪酬,确保企业的薪酬水平与类似行业、类似企业的薪酬水平相一致,虽然不一定完全相同,但是相差不宜太大。因为如果企业薪酬水平太高,会提高企业的人力成本,太低则使企业失去对优秀人才的吸引力。

(二)对内具有公正性原则

对内具有公正性是指企业要支付相当于员工岗位价值的薪酬。在企业内部,不同岗位的薪酬水平应当与这些岗位对企业的贡献相一致,否则会影响员工的工作积极性。薪酬的设定应该对岗位,不对人。无论男女老少在同一岗位上工作都应当享受同等的薪酬政策。它的前提是每个员工都是按照岗位说明书经过严格的筛选后被分配到该岗位的,岗位与员工相匹配。

(三)对员工具有激励性原则

对员工具有激励性是指适当拉开薪酬差距,根据员工的实际贡献付薪,使不同业绩的员工能在心理上觉察到这个差距,并产生激励作用。根据劳动差别来确定报酬差别,这也体现了工资分配的导向作用和多劳多得原则。

(四)薪酬成本控制原则

在考虑前三个原则的前提下,根据企业财力进行人力成本控制。

(五)安定性原则

薪酬要能保障生活,即维持员工自身及家人生活,能养家糊口,要考虑职务、员工资历等多方面因素。

三、薪酬管理的基本程序

企业的薪酬管理与许多因素相关,如前所述,企业的薪酬原则和策略、地区及行业的薪酬水平、企业的竞争力、支付能力等都将对薪酬制度的设计与管理产生重要的影响。因此,企业薪酬管理是依据一系列的科学化原则,按照一定的步骤,分成以下六个基本环节完成的。这六个环节环环相扣,每个环节都将对企业薪酬管理的结果产生直接影响。

(一)明确企业薪酬政策及目标

对企业的薪酬管理来说,首先要明确薪酬政策及目标,提出制定薪酬策略和薪酬制度的基本原则,即应当明确企业是采用高薪资或低薪资政策,还是依照市场上人力资源的平均价位,将本企业员工的薪资控制在一般水平上。企业薪酬政策必须与企业的总体人力资源策略相匹配,保持一致性。

(二)工作岗位分析与评价

工作岗位分析与评价是制定科学合理的薪酬制度的前提和依据。通过对工作岗位的分析与评价,能够明确岗位的工作性质、承担责任的大小、劳动强度的轻重、工作环境的优劣,以及劳动者所应具备的工作经验、专业技能、学识、身体条件等方面的具体要求。同时,根据工作岗位分析所采集的数据和资料,采用系统、科学的方法,对企业内各个层次和职级的工作岗位的相对价值做出客观评价,并依据评价结果,按照重要性由高至低进行排序,以此作为确定企业基本薪酬制度的依据。

(三)不同地区、不同行业和不同类型企业的薪酬调查

通过必要的市场调查,充分掌握企业外部的各种薪酬影响因素,包括劳动力市场上人才竞争与供给状况、各行业的薪资水平以及其他企业设立的薪酬福利保险项目等,以确保企业的薪酬制度对外具有一定的竞争性,对内具有一定的公平性。

实际上影响薪酬的因素很多,其中主要的内在因素有劳动差别因素、工资形式、企业经济效益、报酬政策。主要的外在因素有相关的劳动法规、劳动力市场、物价、工会、社会保障水平和经济发展状况等。对于影响薪酬的外在因素,企业大多表现得无能为力,但是它们对企业薪酬策略实施效果的影响是很大的,尤其是劳动力市场、同行业的薪酬水平、地区物价生活指数等。

(四)企业薪酬制度结构的确定

根据工作岗位分析与评价和薪酬调查的结果,结合企业的实际情况,可以确定本企业各级员工的薪酬结构,规定各个职级的薪酬幅度、起薪点和顶薪点等关键性指标。也就是说,根据工作岗位评价后得到各岗位之间的相对价值,将其转换成具体的薪酬数额,明确各岗位的相对价值与实付薪酬对应的数值关系,通常这种关系用“工资(薪酬)结构线”来表示。

(五)设定薪酬等级与薪酬标准

设定薪酬等级是指将众多类型的岗位工资归并组合成若干等级,形成一个薪酬等级系

列，确定企业内各岗位的具体薪酬范围。各薪酬等级的薪酬范围，变化幅度不一定相同，属于不同薪酬等级的岗位的实付薪酬可能相同，属于同一薪酬等级的岗位的实付薪酬可能不同。

（六）薪酬制度的贯彻实施

在企业薪酬制度确定以后，应当完成以下工作，才能保证其得以贯彻实施。

（1）依据工作岗位分析和过去的原始记录，制定工作标准，明确具体的工作流程和程序以及作业的数量与质量要求，并且这些标准和要求应当是公平合理的。同时，必须向员工解释、说明薪酬的具体计算方法和结算方式。

（2）建立员工绩效管理体系，对全员进行工作业绩的动态考评。

（3）通过有效的激励机制和薪酬福利计划，对表现突出的优秀员工进行必要的表彰和物质鼓励，以鞭策其对企业做出更多、更大的贡献。

第三节　职位评价的方法

职位评价的方法一般有四种，分别是排序法、归类法、要素比较法和要素计点法。这四种方法各有特点，但在实践中最常用的还是要素计点法，如表 9-2 所示。

表 9-2　工作评价的方法

比较项目	方法的性质	
评价时的参照系	非量化方法	量化方法
其他的职位	排序法	要素比较法
既定的尺度	归类法	要素计点法

一、排序法

排序法，即按照各个职位的价值大小进行排序，是最简单的一种职位评价方法。由于没有客观的评价尺度，所以评价的主观性较大，且各职位之间的确切差距也不清楚。

二、归类法

归类法是指按照一定的标准将职位归入事先确定的等级中的评价方法。在使用该方法时，薪酬管理人员首先要确定职位等级的数量。组织内的职位数量越多、种类越复杂，职位等级也就越多。然后再确定薪酬要素，并根据报酬要素确定各个职位等级的定义。薪酬要素一般包括工作责任、工作技能、努力程度和工作条件四个方面。工作责任是完成该项工作必须承担的责任，如战略实现责任、风险控制责任、指导监督责任等；工作技能是指完成工作所需具备的知识、技能和经验等；努力程度是指完成工作任务必须付出的体力和脑力要求；工作条件是指从事工作的物理条件和危险程度。完成上述两个步骤后，根据每个职位的职位说明书，并对照职位等级定义，将职位归入与等级定义相同或最为类似的等级中去。

归类法也是一种比较简便的方法，尤其是当职位数量较多时，它比排序法更节省时间。但这种方法的缺点是当职位类型差别较大时，很难建立通用的职位等级，另外，同排序法一样，无法准确衡量各职位之间的价值差距。

三、要素计点法

要素计点法是实践中最常采用的一种工作评价方法，它主要是根据各个职位在薪酬要素上的得分来确定它们的相对价值，具体包括以下步骤。

（一）确定薪酬要素并划分等级

同归类法一样，要素计点法中的薪酬要素仍然可以确定为工作责任、工作技能、努力程度和工作条件四个类别，每一要素类别内可以设置多个要素指标。薪酬管理人员也可以根据实际情况增加或减少薪酬要素类别及要素指标。在确定了薪酬要素之后，可以再根据重要程度将每个要素指标划分为若干等级。等级的划分取决于组织内部各职位在该要素指标方面的差异程度，差异程度越大，划分的等级就越多。另外需要注意的是，薪酬管理人员一定要对薪酬要素以及各要素相应等级的含义做出明确的界定。

表 9-3 为指导监督责任的等级划分及含义界定。

要素编号：A03

要素名称：指导监督责任

要素类别：工作责任

要素定义：指任职者在正常的权力范围内所承担的正式指导、监督、评价等方面的责任。责任的大小根据任职者直接指导和监督的人数及层次来划分

表 9-3　薪酬划分与等级

等级	等级说明
1	不监督任何人，只对自己的工作负责
2	指导、监督 4 名以下第一级别人员（含 2 名）
3	指导、监督 5~10 名第一级别人员，或 1~3 名第二级别人员
4	指导、监督 4~6 名第二级别人员，或 1~3 名第三级别人员
5	指导、监督 4~6 名第三级别人员，或 1~3 名第四级别人员

（二）确定每个薪酬要素及其等级的点值

在这一步骤中，首先应当确定总的评价点数。总点数的大小以能够清楚反应各职位之间差异为宜。一般来说企业内的职位种类越多、种类之间的差异度越大，总点数也就越大。然后将总点数依次分配到各个薪酬要素大类、薪酬要素指标以及要素指标的各个等级中，分配依据是要素大类、要素指标以及各个等级的权重。权重可以通过经验方法或统计方法得出。

表 9-4 是一个点数分配的例子。假定总点数为 800 分，四个大类平均分配，因而分配给工作职责大类的点数就是 200 分。然后依据工作责任各要素指标以及各个等级的权重，

再将点数总分分配到各个薪酬指标及等级上去。

表 9-4　工作责任要素指标及其等级的评价点数

编号	要素名称	要素类别	权重	最高点数	等级划分	等级点数
A01	战略实现责任	工作责任	30%	60	1 2 3 4 5	12 24 36 48 60
A02	风险控制责任	工作责任	25%	50	1 2 3 4 5	10 20 30 40 50
A03	监督指导责任	工作责任	25%	50	1 2 3 4 5	10 20 30 40 50
A04	沟通责任	工作责任	20%	40	1 2 3 4 5	10 20 30 40 50
	合计		100%	200		

(三)确定组织内每个职位的点值

前述步骤为职位评级确定了基本标准,接下来就是按照这套标准体系来对组织内各个职位进行具体的评价,并计算出每个职位相应的点数。具体的方法是,对照工作说明书,确定被评价职位所包含的薪酬要素指标以及所处的等级,从而确定各薪酬要素指标的实际评价点数,然后将全部薪酬要素指标的实际评价点数加总,就得到了该职位的最终评价点数。比较各职位的最终评价点数,就可以确定它们之间相对价值的大小。表 9-5 是对某职位评价的举例。我们选择组织中的两个职位——职位 A 和职位 B 进行评价。同时为简便起见,我们仅对工作责任这个大类的薪酬指标和等级进行较详细的评价,其他大类可以用类似方法进行评价。

表 9-5 组织内各职位评价结果

薪酬要素			职位名称及点值			
			职位 A		职位 B	
要素编号	要素名称	要素大类	所处等级	对应点数	所处等级	对应点数
A01	战略实现责任	工作责任	5	60	3	48
A02	风险控制责任	工作责任	4	40	3	30
A03	监督指导责任	工作责任	3	30	3	30
A04	沟通责任	工作责任	4	40	4	40
工作责任点数合计				170		148
工作技能点数合计				180		130
努力程度点数合计				180		160
工作条件点数合计				120		150
点数总计				650		588

从理论上讲,只有应用要素计点法对组织内所有职位进行评价,职位之间的相对价值才是可信的。但是这样做的成本会比较高。在实践中,通常是选择各类职位中的典型职位进行评价,然后再通过与其他职位比较来确定所有职位的相对价值。与前两种方法相比,要素计点法是一种量化方法,它可以准确衡量出各职位之间的价值差距。其缺点是操作起来比较麻烦,此外,这种方法也不可能绝对杜绝主观因素的影响,例如要素指标选择、权重和点数分配都会受到主观判断的影响。

四、要素比较法

要素比较法是排序法的延伸,不过排序的标准和方法更为复杂。它是根据不同的薪酬要素对典型职位进行多次排序,以确定典型职位之间的相对价值,然后再通过比较与其他职位的差异,来确定所有职位的相对价值。而且在职位排序的时候,要素比较法已不再是单纯地比较职位之间的相对价值,而是把薪酬的因素也考虑进来。因此尽管要素比较法客观明确,但是操作起来却非常复杂。

第四节 薪酬管理的发展

传统薪酬管理思想关注的基本点是一般员工的工作效率,支付薪酬是为了降低员工的“偷懒”程度。到了 20 世纪 70 年代,美国员工持股运动持续了将近 10 年时间,“员工可以拥有公司所有权”的思想逐步为许多企业所接受。特别在委托代理理论提出后,经济学和管理学界将这种思路用于解决管理者报酬问题,提出把经理人报酬与企业业绩捆绑在一起,使经理分担部分经营风险,并努力提高企业的经营业绩,从而使委托人(企业所有者)和代理人(企业经理)的目标趋于一致。这样,经理人报酬中与股票价值相联系的长期报酬比重越来越高。20 世纪 90 年代以后,管理界开始关心薪酬如何与新出现的管理变革,如柔性化、团队管理、流程再造等情况相适应,使得股票期权和员工持股制度推广得更为普遍。除此之外,还从广义的薪酬含义出发,提出相对柔性的新型薪酬制度。

现代薪酬管理强调的是激励员工主动性、协作性和创新性的发挥，而不是传统地对“偷懒”行为的约束。一般认为，薪酬并不是简单的对员工贡献的承认和回报，而更应该成为公司战略目标和价值观转化的具体行动方案，以及支持员工实施这些行动的管理流程。大量案例表明，企业开始尝试可变薪酬制度，开始倾向于按业绩和竞争优势付酬，薪酬的概念已经突破“金钱”与物质的范畴，间接收入（福利）和一些非经济性报酬（心理收入）在薪酬设计中的地位越来越重要。之所以出现这种情况，主要是因为企业对员工的需求又有了新的认识。许多员工既重视工资和收益，又在意工作环境和发展机会，无论任职的形式如何，都倾向于认为自己是在为自己工作。因此，除了出现各种形式的收益分享计划外，薪酬制度又有了一些新的变化。

一、宽带薪酬体系

宽带薪酬体系将原来报酬各不相同的多个职位进行了大致归类，每类的报酬相同，使享受同一水平工资的人员类别增加，在这种体系下，一些下属甚至可以享受与主管一样的工资待遇，薪酬浮动幅度加大，激励作用加强。一些学者认为，这种薪酬模式突破了行政职务与薪酬的联系，有利于职业发展管理的改善，建立了一种集体凝聚力，适应组织扁平化造成晋升机会减少的客观现实。当然，由于操作性问题，这种薪酬体系还在继续接受实践的检验。

二、以技能和业绩为基础的薪酬体系

20 世纪 90 年代以来，西方企业的技能工资体系和收益分享体系发展迅速。正如美国学者莱芭·尼尔斯于 1998 年在一篇论文中指出的那样，面对技术人才的独立性，美国各公司的对策就是制订有竞争力的薪酬计划来同其他公司竞争，吸引更多人才。为了适应新的环境，一些企业开始改变传统的以职务或工作价值确定报酬的做法，采用以“投入”（包括知识、技能和能力）为衡量依据的薪酬制度，鼓励员工自觉掌握新的工作技能和知识。这种做法适应了知识经济的本质与特征。同时，为了更好地激励员工，很多企业也采用了以业绩为基础的收益分享薪酬体系。据调查，美国有 70% 的大型企业采用了这种制度，英国的不少企业也正在尝试与业绩挂钩的薪酬制度，为高级主管提供奖金和股票期权。这种政策的出发点不仅仅是为了降低成本，更多是为了强化员工的归属感和团队意识。

第五节　福　　利

福利是薪酬体系的一个重要组成部分，它是企业为员工生活提供方便与保障，提高员工工作、生活质量，增加员工归属感与企业凝聚力的重要手段。员工福利可分为社会福利（法定福利）和企业福利两部分。

一、福利的特点

员工福利具有补偿性、均等性、补充性、集体性等特点。

（一）补偿性

员工福利是对劳动者所提供劳动的一种物质补偿，享受员工福利需以履行劳动义务为

前提。

(二)均等性

员工福利在员工之间的分配和享受,具有一定程度的机会均等和利益均沾的特点,每个职工都有享受本单位员工福利的权利,都能享受本单位提供的福利补贴和各种福利措施。

(三)补充性

员工福利是对按劳分配的补充,可以在一定程度上缓解按劳分配带来的生活富裕程度差别,它不是个人消费品分配的主要形式,而仅仅是工资的必要补充。

(四)集体性

福利的主要形式是开展集体福利,员工通过集体消费或共同使用公共设施的方式分享员工福利。虽然某些职工福利项目要分配给个人,但这不是员工福利的主要部分。

二、福利的重要性

为什么组织愿意花费这么多金钱来支持福利项目?原因是福利对组织的发展有许多重要意义。

(一)吸引优秀人才

优秀人才是组织发展的顶梁柱。以前一直认为,组织主要靠高工资来吸引优秀人才,现在许多企业家认识到,良好的福利有时比高工资更能吸引优秀人才。

(二)提高员工士气

良好的福利使员工无后顾之忧,使员工有与组织共荣辱之感,士气必然会高涨。

(三)降低员工流动率

员工流动率过高必然会使组织的工作受到一定影响,而良好的福利会使许多可能流动的员工打消流动的念头。

(四)激励员工

良好的福利会使员工产生由衷的工作满意感,进而激励员工自觉为实现组织目标而奋斗。

(五)凝聚员工

组织的凝聚力由许多因素组成,但良好的福利无疑是一个重要的因素,它体现了组织管理者“以人为本”的经营思想。

(六)提高企业经济效益

良好的福利一方面可以使员工得到更多的实惠,另一方面用在员工身上的投资会产生更多的回报。

三、影响福利的因素

影响组织中员工福利的因素很多，主要有以下几种。

（一）高层管理者的经营理念

有的管理者认为员工福利能省就省，有的管理者认为福利只要合法就行，有的管理者认为员工福利应该尽可能好，这都反映了他们的经营理念。

（二）政府的政策法规

许多国家和地区的政府都明文规定，组织员工应该享受哪些福利。一旦组织不为员工提供相应的福利就违反了法律。

（三）工资的控制

由于所得税等原因，一般组织为了控制成本，不能提供很高的工资，但可以提供良好的福利，这也是政府提倡的措施。

（四）医疗费的急剧增加

由于种种原因，近年来世界各地的医疗费都大幅增加。员工一旦没有相应的福利支持，如果患病，尤其是危重病人，往往就会造成生活困难。

（五）竞争性

由于同行业的类似企业都提供了某种福利，迫于竞争的压力，企业不得不为员工提供该种福利，否则会影响员工的积极性。

（六）工会的压力

工会经常会为员工福利问题与企业谈判，有时企业为了缓解与员工的冲突，不得不提供某些福利。

四、福利的类型

（一）社会福利

社会福利是为了保障员工的合法权利，政府通过立法要求企业提供的福利，它主要包括基本养老保险、基本医疗保险、失业保险和工伤保险等。

（二）企业福利

企业福利是指企业为了吸引人才或稳定员工而自行为员工提供的福利措施。企业福利根据享受的范围不同，可分为全员性福利或特殊群体福利两类。全员性福利是全体员工都可以享受的福利，如工作餐、节日礼物、健康体检、带薪年假等；特殊群体福利是指提供给特殊群体享用的福利，这些特殊群体往往是对企业做出特殊贡献的企业核心人员。特殊群体的福利包括住房、汽车、职务消费、会员卡等项目。

根据福利本身是否涉及金钱和实物,企业福利又可简单地分为经济性福利和非经济性福利,它们各自包含着丰富的内容。

1. 经济性福利

经济性福利包括以下内容:

(1)住房性福利。以成本价向员工出售住房、房租补贴等。

(2)交通性福利。为员工免费购买电、汽车月票或地铁月票,用班车接送员工上下班。

(3)饮食性福利。免费供应午餐、慰问性的水果等。

(4)教育培训性福利。员工的脱产进修、短期培训等。

(5)医疗保险性福利。免费为员工进行例行体检,或者打预防针等。

(6)有薪假日。节日、假日以及事假、探亲假、带薪休假等。

(7)文化旅游性福利。为员工过生日而办的活动、集体旅游、体育设施的购置等。

(8)金融性福利。为员工购买住房提供的低息贷款。

(9)其他生活性福利。直接提供的工作服等。

(10)津贴和补贴。津贴是为了补偿员工特殊或额外的劳动消耗和其他特殊原因支付给员工的报酬。补贴是为保证员工工资水平不受物价上涨或变动影响而支付的各种补贴,如副食品价格补贴,粮、油、蔬菜等价格补贴,煤价补贴,水电贴,房改补贴等。

(11)企业补充保险与商业保险。补充保险包括补充养老保险、补充医疗保险等。商业保险包括安全与健康保险、养老保险金计划和家庭财产保险等。

2. 非经济性福利

企业提供非经济性福利,基本目的在于全面改善员工的“工作生活质量”。这类福利形式包括:咨询性服务,例如免费提供法律咨询和员工心理健康咨询等;保护性服务,如平等就业权力保护(反性别、年龄歧视等)、隐私权保护等;工作环境保护,如实行弹性工作时间、缩短工作时间、员工参与民主化管理等。

五、福利设计的原则

进行福利设计时,要遵循以下原则:

(1)严格控制福利开支,提高福利服务效率,减少浪费。

(2)根据员工的需要和企业特点提供多样化的福利项目。

(3)由于福利有平均主义的倾向,所以,可以选择一些福利项目,将它们与员工的业绩紧密联系,以提高福利分配的激励作用。

(4)选择的福利项目应对员工的行为有一定的影响,如在职培训等项目可提高员工人力资本投资。

【本章小结】

1. 薪酬是工资和薪金的统称,它是指员工从事企业所需要的劳动而得到的以货币形式和非货币形式表现的补偿,是企业支付给员工的劳动报酬。薪酬可分为内在报酬和外在报酬。尽管内在的报酬也是薪酬的重要组成部分,也是影响人们进行工作选择和职业选择的重要因素,但在研究薪酬与薪酬管理中,从狭义的角度上,仍将主要的注意力集中在外在的报酬方面。外在的报酬中,薪酬主要有以下几种形式:基础工资、绩效工资、奖金、津贴、福利、股票期权。

2. 薪酬管理与企业发展是相辅相成的。一方面,薪酬管理在保障员工基本生活需要的同时,能充分激发员工的能力,增强企业战略发展所需要的核心竞争力;另一方面,企业核心竞争力的增强将促进企业发展,为薪酬管理提供有力的支持。

3. 薪酬管理的主要内容包括工资总额的管理、各类员工薪酬水平的管理、确定企业内部的薪酬制度、日常薪酬管理工作。薪酬制定的影响因素包括法律、企业文化、公平因素、企业自身薪酬政策、当地经济发展状况、工会等。

4. 福利是薪酬体系的一个重要组成部分,它是企业为员工生活提供方便与保障,提高员工工作、生活质量,增加员工归属感与企业凝聚力的重要手段。员工福利可分为社会福利(法定福利)和企业福利两部分。

【思考与探讨】

1. 为了确立薪酬管理的原则,应该了解企业战略的哪些内容?
2. 企业薪酬管理的目的有哪些?
3. 影响员工薪酬水平的主要因素有哪些?
4. 企业起草单项薪酬制度的工作程序有哪些步骤?
5. 如何利用要素计点法进行岗位评价?
6. 各项福利总额预算计划的制订程序和内容有哪些?

第十章　绩效管理

绩效管理是人力资源管理与开发的重要一环,只有通过科学的绩效管理,确认员工的工作成就,奖优罚劣,才能整体提高工作效率和效益,进而实现组织的目标。

【学习目标】

1. 了解绩效管理的含义与特点。
2. 熟悉绩效管理的标准、内容与方法。
3. 掌握绩效管理的实施过程。
4. 了解绩效管理反馈的基本过程。

第一节　绩效管理概述

一、绩效的含义

人们对绩效有多种理解。有人认为,绩效应当着眼于工作结果,它是个体或群体劳动的最终成绩或贡献;也有人认为,绩效的定义既应当考虑员工的工作业绩,又应当考虑员工的工作过程和行为方式,即绩效是员工与客观环境之间有效互动的结果。一种被普遍接受的观点认为,绩效是个体或群体工作表现、直接成绩和最终效益的统一体。

绩效受多种因素的影响,它是员工个人素质和工作环境共同作用的结果,这些因素包括技能、激励、环境和机会。可以用以下函数来反映这种关系,即

$$P=f(S,M,O,E)$$

式中,P(performance)为绩效;S(skill)为技能;O(occasion)为机会;M(motivation)为激励,E(environment)为环境。

二、绩效管理的含义

员工绩效管理是指对员工现任职务职责的履行程度,以及担任更高一级职务的潜力,进行有组织的,并且是尽可能客观的考核和评价的过程的管理。绩效管理本身不是目的,而是一种管理手段。

它的内涵和外延随经营管理的需要而变化。从内涵上来说,有两层含义:一是考核员工在现任职位上的业绩;二是考核员工的素质和能力,即员工在组织中的相对价值或贡献程度。从外延上说,就是有目的、有组织地对员工的日常工作进行观察、记录、分析,作为以事实为基础的客观评价的依据。

员工的绩效考核有正式和非正式两种。正式考评有明确的目的和周密的计划,有一套完整的体系和程序;非正式考评则事先无系统计划,只是上级对下级员工口头式的赞扬与鼓励。作为人力资源开发与管理重要组成部分的员工绩效考核,是指正式的绩效考核。

三、绩效和绩效管理的特点

(一)绩效的特点

1. 多因性

所谓多因性是指员工绩效的高低是由多方面因素决定的。现代科学技术与心理学的研究表明,影响员工绩效的因素主要包括四个方面,即技能、激励、机会和环境。其中技能是指职工工作技巧与能力水平,它取决于个人天赋、智力、经历、教育与培训等个人特点;激励是指职工的工作积极性,它本身取决于职工个人的需要结构、个性、感知、学习过程与价值观等个人特点;机会指某员工得到某一工作岗位的机会或承担某一工作任务的机会,对员工来讲,机会是偶然性的,是不可控的因素,在组织管理中,机会的公平性是影响员工组织公平感与工作满意度的重要因素;环境因素包括企业内部的客观条件,如劳动场所的布局与物理条件、任务的性质等,也包括企业之外的客观环境,如政治、经济状况,市场竞争强度等。

2. 多维性

绩效的多维性是指需要从多个方面或维度对员工的绩效进行分析与评价。比如对一名生产线上的工人绩效进行评价时,既要看其产量指标完成情况,还要综合考虑其产品的质量、原材料消耗、能源消耗、设备保养状况等,通过综合评价,得出最终的评价结果。

3. 动态性

由于影响员工绩效的因素是多方面的,而每一因素又处于不断变化之中,因此,员工的绩效也会随着时间的推移而发生动态变化。原来绩效较差的,可能由于能力的提高、工作条件的改善或积极性的发挥而变好,而原来绩效较好的由于种种原因也可能变差。因此,在进行绩效评价时不能以一成不变的思维来对待。

(二)绩效管理的特点

绩效管理主要有以下四方面特点:

1. 绩效管理是综合管理组织、团队和员工绩效的过程

通过绩效管理过程,可以把员工的工作目标与组织目标进行有效整合,防止组织战略稀释现象的发生。绩效管理特别强调管理者与员工之间双向、持续的沟通。不论是绩效目标的制定还是绩效评价结果的确定与绩效改进计划的制订,都需要管理者与被管理者双方进行持续开放的双向沟通,并将其贯穿绩效管理的全过程。

2. 绩效管理是提高工作绩效的有力工具

提高工作绩效是绩效管理的核心目的之一。绩效管理的各个环节都是围绕这个目的服务的。绩效管理的目的并不是要把员工的绩效分出高低,或仅仅为奖惩措施寻找依据,而是针对员工实际工作中存在的问题,采取恰当的措施,提高员工的绩效,从而保证组织目标的实现。

3. 绩效管理是促进员工能力开发的重要手段

通过完善的绩效管理促进人力资源开发职能的实现,已成为人力资源管理的核心任务之一。通过绩效沟通与绩效考核,不仅可以发现员工工作过程中存在的问题,通过有针对性的培训措施及时弥补,更为重要的是,通过绩效管理还可以了解员工的潜力,从而为人事

调整及员工的职业发展规划提供依据,以达到人岗匹配的目的。

4. 绩效管理是一个完整的系统

与绩效管理相比,人们可能更熟悉绩效评价的概念。绩效评价是评价员工工作绩效的过程和方法,而绩效管理不仅要对员工的工作绩效做出评估,更为重要的是,通过绩效管理能促进员工能力的提高与绩效的改进。绩效评价只是绩效管理系统中的一个环节或子系统,而绩效管理包括绩效计划、绩效的辅导与实施、绩效评价和绩效反馈。

四、绩效考核的原则

根据国内外企业管理实践的经验,在绩效考核中应注意把握以下原则。

(一)公开原则

1. 公开原则的要求

(1)公开考评目标、标准和方法。人力资源部门在绩效考核之初就要把这些信息公开地、毫无保留地传递给每一位被考评对象。

(2)考评的过程要公开。绩效考核的每一环节都应让人力资源部门以外人员参与和监督,防止出现暗箱操作。

(3)考评结果要公开。在绩效考核结束之后,人力资源部门应把考评的结果通知给每一位考评对象,使他们了解自己和其他人的业绩信息。

2. 公开原则的优点

(1)由于公开,所以消除了考评对象对绩效考核工作的疑虑,增加了绩效考核结果的可信度。

(2)公开绩效考核的标准、过程和结果,有利于考评对象看清问题和差距,找到努力的目标和方向,激发其进一步改进工作、提高素质的积极性。

(3)公开原则增加了绩效考核工作的透明度和公开性,也增强了人力资源部门的责任感,促使他们不断改进和提高工作质量。

(二)客观、公正原则

在制定绩效考核标准时,应从客观、公正的角度出发,坚持定量与定性相结合的方法,建立科学适用的绩效指标评价体系。这就要求制定绩效考核标准时多采用可以量化的客观尺度,尽量减少个人主观因素的影响,用事实说话,切忌主观武断或长官意志。这样做,至少有两方面的好处:

(1)比较公平。对每个考评对象都以同样的、较为客观的考评标准来衡量,可以较为真实地反映其工作状况,考评结果客观、公正,有较强的说服力。

(2)减少矛盾,维护企业内部团结。如果绩效考核标准不够客观、公正,则会引发考评对象对考评结果的怀疑,进而引起员工之间、员工与人力资源部门之间的矛盾,最终影响到企业的士气和凝聚力。

(三)多层次、多渠道、全方位评价原则

要做到科学评价员工绩效是很困难的,因为员工在不同时间、不同场合往往有不同的行为表现。为此,人力资源部门在进行绩效考核时,应多方收集信息,建立多层次、多渠道、

全方位的考评体系。这一考评体系应包括上级考核、同级评定、下级评议、专家鉴定、员工自评等几个方面。

(四)绩效考核经常化、制度化原则

企业的生产经营活动是连续的,员工的工作也是持续不断的行为,因此,要把企业绩效考核工作作为一项长期化、制度化的工作来抓,这样才能最大限度地发挥出绩效考核的各项功能。此外,经常化、制度化的考评工作有利于调动、保持员工的工作积极性,有利于激发员工改进工作、提高工作质量的强烈愿望。

五、绩效考核的作用

绩效考核可以使管理者了解和掌握员工的工作情况,有助于对企业人力资源进行有效的控制和使用。并且,绩效考核的结果往往与员工的报酬、晋升挂钩,因此会直接影响员工的工作态度和工作方式,对调动员工积极性、提高员工工作效率具有特别明显的作用。客观、公正、合理的绩效考核,对于一个企业是十分关键的。具体地说,绩效考核的作用主要表现在以下几个方面。

(一)确定员工的薪酬

现代企业管理要求薪酬分配遵循公平与效率两大原则。因此,必然要对每一个员工的劳动成果进行评定和计量,按劳付酬。绩效考核的结果是决定员工薪酬的重要依据。合理的薪酬不仅是对员工劳动成果的认可,而且可以产生激励作用,在企业内部形成进取与公平的氛围。

(二)决定员工的升降调配

每一项职务都要求特定的知识和技能,每一个员工又都有自己的优点和不足,用人要扬长避短。对于职务的客观要求,可以通过工作分析来衡量。对于人的特点,则有两种测量方法:一是人员测评,侧重对员工的素质和能力进行考察;二是绩效考核,侧重对员工的工作成果及工作过程进行考察。通过绩效考核,可以提供有关员工的工作信息,如工作成就、工作态度、知识和技能的运用程度等。根据这些信息,可以进行人员的晋升、降职、轮换、调动等人力资源管理工作。比如一个员工绩效优秀,而且大有潜力,则可以给予晋升,既发挥其才能,又增强企业竞争力;一个员工绩效不良,可能是因为他的素质和能力同现在的职务不匹配,为了扬长避短,可以进行合理的调动和轮换。

(三)服务于员工的培训工作

在企业竞争与发展中使人力资源增值,从长远来说是一项战略任务。培训是人力资源投资的重要方式。培训必须有的放矢,才能收到事半功倍的效果。绩效考核可以考查出员工在知识、技能、素质等方面的不足,使培训工作有针对性地进行。同时,通过持续的绩效管理,还可以促进培训工作的深入开展。

(四)促使企业与员工建立共同目标

现代考评工作,要求上下级之间对考评标准、考评方式以及考评结果进行充分的沟通,因此,绩效考核有助于企业员工之间信息的传递和感情的融合。通过沟通,可以促进员工相互之间的了解和协作,有助于使员工的个人目标与企业目标一致,建立共同远景目标,增强企业竞争力。

六、绩效管理的类型

(一)效果主导型

效果主导型考评的内容是以考评结果为主,着眼于"干出了什么",重点在结果而不是行为。由于它考评的是工作业绩而不是工作效率,所以考评标准容易制定,且容易操作。目标管理考评办法就是该类考评。它具有短期性和表现性的缺点,对从事具体生产操作的员工较适合,但对事务性人员不适合。

(二)品质主导型

品质主导型考评的内容是以考评员工在工作中表现出来的品质为主,着眼于"他怎么干"。由于此种考评需要考察忠诚、可靠、主动、创新、自信、协助精神等,所以很难具体掌握,操作性与效率较差,只适合于对员工工作潜力、工作精神及沟通能力的考评。

(三)行为主导型

行为主导型考评的内容是以考评员工的工作行为为主,着眼于"如何干""干什么",重在工作过程。考评的标准容易确定,操作性强,适合于对管理性、事务性工作的考评。

第二节 绩效考核的标准、内容与方法

一、绩效考核的标准

绩效考核必须有标准,作为分析和考察的尺度。这些标准一般可分为绝对标准、相对标准和客观标准三类。

绝对标准是指建立员工工作的行为特征标准,再将这些标准与员工的工作成绩进行比较,如出勤率、废品率等绝对标准是以客观现实为依据,而不是以考核者或被考核者的个人意志为转移的。绝对标准的考核重点在于用固定的标准衡量员工,而不是与其他员工的工作成绩进行比较。

相对标准是指将员工和员工之间的工作绩效相互比较,彼此互为参照。如在评选先进时,规定100%的员工可选为各级先进,于是就要采取相互比较的方法,每个人既是被比较的对象,又是比较的尺度,因而标准在不同群体中往往就有差别,而且不能对每一个员工单独做出"行"与"不行"的评价。

客观标准是指考评者在判断员工所具有的特征和执行工作的绩效时,对每项特质或绩效在评定量表的每一点的相对基准上予以定位,从而对员工绩效进行评价。

一般而言,评估标准采用绝对标准。绝对标准又可分为业绩标准、行为标准和任职资格标准三大类。

二、绩效考核的内容

由于绩效考核的对象、目的和范围复杂多样，因此绩效考核的内容也比较复杂。从基本方面来说，主要包括德、能、勤、绩、个性等方面的内容。这种方法在一些大学的年终考核中使用得较为普遍。

（一）德

“德”是指包括思想政治、工作作风、社会道德及职业道德水平等方面。思想政治主要是指员工的政治倾向、理想、价值取向；工作作风是员工办事时的风格，如是否雷厉风行、是否尊重别人、是否实行民主、是否尊重科学以及是否知错必改等；社会道德是指员工在处理个人与社会关系方面的倾向，如是否遵纪守法、维护社会公共利益等。

（二）能

“能”是指员工从事工作的能力，包括体能、学识、智能、技能等内容。体能取决于年龄、性别和健康状况等因素，学识包括文化水平、专业知识水平、工作经验等项目，智能包括记忆、分析、综合、判断、创新等能力，技能包括操作、表达、组织、协调、指挥、控制等能力。体能、学识、智能和技能是四个相互联系而又有区别的能力因素。体能和学识是基础，一个人若没有足够的精力和体力，就难以承担重任；学识为智能和技能的运用奠定坚实的基础；智能和技能则是把体能、学识转化为现实生产力的关键。能力是绩效考核的重点和难点。

（三）勤

“勤”是指员工的积极性和在工作中的表现，包括出勤、纪律性、干劲、责任心、主动性等。积极性决定着能力的发挥程度。只有将积极性和能力结合起来考评，才能发挥员工的潜力。

（四）绩

“绩”是指员工的工作效率及结果，包括员工完成工作的数量、质量、成本费用，以及为企业做出的其他贡献，如改善了企业的形象等。业绩是企业和员工的最终期望，当然也是考评的基本内容。

（五）个性

“个性”是指员工的性格、兴趣、嗜好等。为合理配置人力资源，有时必须考虑员工的性格、兴趣、习惯和嗜好对其从事的工作是否有利。一个人的个性虽不能决定一个人能干什么、不能干什么，但它能决定一个人比较容易胜任什么、难于胜任什么。个体在心理特征上表现出来的差异性，往往会导致不同的工作效果。因此，个性也是绩效考核的一个必不可少的内容。

三、绩效考核的方法

(一)排序比较法

排序比较法是对同一部门内的员工绩效进行排序,这是一种古老而简单的绩效评价方法,也是最常用的方法。排序比较法分为简单排序法和交替排序法两种。简单排序法要求管理者将本部门所有员工按照绩效成绩从高到低(从最好者到最差者)进行排序。交替排序法是根据某些工作绩效评价指标将员工根据绩效最好和绩效最差分别进行排序。由于从员工中挑选出最好的和最差的比将全体员工排序要容易,所以,交替排序法是一种应用非常普遍的工作绩效评价方法。

交替排序法用于绩效评价时的具体步骤为:

(1)将需要进行评价的所有员工名单列举出来,然后将不是很熟悉而无法对其进行评价的人的名字划去。

(2)根据被评价要素寻找表现最好和表现最差的员工。

(3)然后在剩下的员工中挑出最好的和最差的。依此类推,直到所有必须被评价的员工都被排列到表格中为止。

排序法最大的优点是简单实用,评价结果也一目了然。缺点就是不适合被评价人数较多的时候,另外这种方法容易给员工造成心理压力。

(二)配对比较法

配对比较法会使排序型的工作绩效评价法变得更加有效。其基本做法是将每一位员工按照所有的评价要素(工作质量、工作数量等)与所有其他员工进行比较,根据配对比较的结果,排列出他们的绩效名次,而不是把被评价者笼统排队。

配对比较法的优点是直观明确、使用方便。缺点是一旦参加评价的人数过多(大于5人),这种方法就会显得复杂、麻烦、浪费时间,所以配对比较法一般用于不超过10人的绩效评价。而且这种方法只能评比出名次,不能反映出被评价员工之间的差距大小,也不能反映出他们工作能力和品质的特点。

(三)强制分布法

强制分布法需评价者将被评价者按照绩效评价结果分配到一种类似于正态分布的标准中去。

(四)图尺度法

图尺度法又称图解式评价法,多以主观描述或者数字等级作为评价尺度,是最简单和运用最普遍的工作绩效评价方法之一。图尺度法简单,易于使用,而且开发成本小,但是它的有效性不断受到质疑。

(五)行为锚定等级评价法

行为锚定等级评价法是传统的业绩评定法与关键事件法的结合。行为锚定等级评价法明确定义每一个评价项目,同时使用关键事件法对不同水平的工作要求进行描述。因此可以为评价者提供明确而客观的评价标准。

开发一项行为锚定等级评价量表的过程很复杂杂法，主要有以下六个步骤。

(1)用工作分析的关键事件法得到一系列工作行为。

(2)工作分析者将这些行为分类为个人行为大致能表征的工作维度或工作者特征，然后将这些特征归类和定义。

(3)在不知道所分配的维度的情况下，与主题相关的专家们开始评论行为清单。如果大多数专家(通常80%或更多)分配给某个行为的维度与工作分析者分配给它的维度相同，该行为就被保留下来。

(4)被保留下来的行为由第二组与主题有关的专家再次进行评审。这些人依照一项工作绩效去评定每种行为的有效性。例如，如果使用一个7级量表，“7”将标志着该行为代表一个最优的绩效水平，“1”则标志着最差的绩效水平。

(5)分析者们计算出每一行为的有效性评分的标准偏差。如果该标准偏差反映评分有较大的可变性(专家们在该行为多么有效上的意见不一)，那么该行为就被舍弃，然后，为剩下的每一行为重新计算评定的平均有效性。

(6)建立最终的行为锚定绩效评价体系。分析者为每个特征构建一个评定量表，量表中列出该特征的名称和定义。对行为的描述被放置在量表上一个与它们的平均有效性评分相对应的位置上。

行为锚定等级评价法的优点是使有关工作绩效的计量更精确，评价标准更明确，具有良好的反馈功能，各种评价要素之间有较强的相互独立性，连贯性较好。其最大的优点在于它的指导和监控行为的能力。其主要缺点是行为锚定量表的设计和实施成本高，不仅需要多次测试和修改，还需要花费时间和资金。

(六)关键事件法

关键事件法是指利用一些从直线管理者或员工那里收集到的有关工作表现的特别事例对员工绩效进行评价。在这种方法里，几个直线管理者和员工汇集了一系列与特别好或特别差的员工表现有关的实际工作经验，一般或平常的工作表现不在考虑范围之内。特别好或特别差的工作表现可以把最好或最差的员工从一般员工中挑选出来。因此，关键事件法强调的是代表最好或者最差表现的关键事例活动。一旦评价的关键事件选定了，所用的方法也就确定下来了。年度报告法、关键事件清单法、行为定位评级法等都属于关键事件法。

关键事件法在认定员工特殊的优劣表现等方面十分有效，而且对于制订改善不良绩效的计划也十分方便。但是就其本身而言，对员工进行比较或者做出与之相关的薪酬提升计划、培训计划时，作用可能也不大。

(七)目标管理法

目标管理法是指让组织的管理者和员工共同参与计划目标的制定，在工作中实行自我控制，并努力完成目标的一种管理方法。它强调为每位员工制定一套便于衡量的工作目标，并定期与员工讨论目标完成情况。其实施步骤可分为目标设定、绩效计划、工作绩效评价和反馈等。目标管理法的优点非常明显，首先，它能保证计划的有效性，让员工有了期望，从而努力投入，有了目标约束；其次，它具有公平性，因为绩效目标是管理者和员工在双方达成共识的基础上、根据组织目标共同制定的;再次,它成本低,员工能从中得到更多的切身利益。其缺点包括:目标管理只确定了目标,没有实现步骤;制定的目标多是短期目标,而且目标因人而异,无相互比较基础。目标管理不仅用于绩效评价,还被用在许多方面,是一种非常重要的管理方法。

在实际运用中,绩效评价方法在整个绩效评价中只是一个基本条件,而相关各方在评价中的相互信任程度、管理者和员工的态度、评价目的、频率、信息来源及人员培训等各种因素对于整个绩效评价的成败都是非常关键的。每种绩效评价方法都有着各自的优缺点和适用范围,放之四海而皆准的绩效评价方法是没有的。应根据各自的特点来选择适当的绩效评价方法,以保证绩效管理实施的正确性和有效性。

近年来涌现的关键绩效指标法、平衡计分卡和六西格玛等绩效评价方法,一般用来评价组织或者部门绩效,因此,本节中没有涉及这些内容。

第三节 绩效考核的实施过程

一、绩效考核的影响因素

在绩效考核过程中,由于评价对象经常以定性形式出现,业绩成果受工作条件、活动场所等外界因素的影响,考核者和考核方法也具有一定的不稳定性,所以评估结果往往会出现偏差。影响考评的因素主要有以下两方面。

(一)客观影响因素

客观影响因素包括以下内容。

(1)考评者能力、水平、经验的差异会使考评产生偏差。考评者的素质、对评价对象的熟悉程度以及所处地位均会影响评价结果的有效性。

(2)考评方法本身会产生偏差。考核方法应和评价指标的内容相适应,哪些可以定量、哪些只能定性考核、采用什么作为考核的标准、这个标准是否真正体现被评价对象的价值等问题都影响着评价结果的准确性。

(3)信息收集渠道及可靠度差异会产生偏差。考评结果是来源于相应的信息数据,错误的数据无论怎么处理都会是错误的结果。所以,对数据处理过程需要严格把关。

(二)主观影响因素

考评时还会出现一些主观误差,即评估人对被评估人工作的评估与被评估人的工作实绩之间有差距。造成评估误差的原因很多,主要有以下几种。

1. 晕轮效应误差

晕轮效应是指评估者对某一方面绩效的评价影响了他对被评估者其他方面绩效的评价。特别是当评估者特别欣赏或厌恶被评价者时,往往会不自觉地对被评估者其他的绩效方面做出过高或过低的评价。晕轮效应一旦产生,就很难消除。

2. 近因误差

一般来说,人们对近期发生的事情的印象会比较深刻,而对远期发生的事情印象会比较模糊。在工作实绩评估时往往会出现这样的情况:评估人在对被评估者某一时期内的工作实绩进行评估时，只看其近期的表现和成绩，以近期的记忆或印象来代替被评估人在整个被评估期的工作表现情况，因而造成评估误差，这就是近因误差。

3. 感情效应误差

评估人可能随着他(她)对被评估人的感情好坏程度而自觉或不自觉地对被评估人的工作实绩评估偏高或偏低。

4. 暗示效应误差

评估人在领导者或权威人士的暗示下，很容易接受他们的看法，而改变自己原来的看法，这样就可能造成评估误差。在评估中，暗示效应引起的误差是难免的。

5. 偏见误差

由于评估人员对被评估者的某种偏见而影响对被评估者工作实绩的评估而造成的误差被称为偏见误差。

6. 趋中倾向

趋中倾向是指评估者可能对全部下属做出既不太好也不太坏的评价。他们为了避免出现极高和极低的两个极端，而不自觉地将所有评定向中间等级靠拢。这样做的结果是使评定结果失去了价值，因为这种绩效评定不能将员工加以区别，既不能为管理决策的制定提供帮助，也不能为人员培训提供有针对性的建议。

7. 对比效应

对比效应是指在绩效评定中，他人的绩效影响了对某人的绩效评定。对比效应很可能发生在评定者无意中将被评者新近的绩效与过去的绩效进行对比的时候。一些以前绩效很差而近来有所改进的人可能被评为"较好"，即使这种改进事实上仅使其绩效勉强达到一般水平。

为了防止或减少在工作实绩评估中的误差，提高工作实绩评估的信度和效度，必须严格地挑选和培训评估人员。首先，要挑选政策性强、坚持原则、办事公道的人来担任评估工作；其次，要对评估人员进行有关评估政策、原则和纪律的教育；再次，要对评估人员进行有关评估标准、评估程序和评估方法的培训。

二、实施考评的组织工作

(一)确定考评人员

通常，企业执行绩效考核的有五类人员，即直接上级、同级同事、被考评者自身、所管理的下级以及外界的绩效考核专家或顾问。并非任何时候的绩效考核工作都需要这些人员同时参加，而要根据考评的要求、范围来选定绩效考核的执行者。

(二)设定绩效考核周期

设定绩效考核的周期对评估操作过程来说，是必不可少的一环。由于绩效考核需要耗费一定的人力、物力，考试周期过短，会增加企业管理成本的开支；考核周期过长，又会降低绩效考核的准确性，不利于员工工作绩效的改进，从而影响绩效管理的效果。

不同岗位的工作内容是不同的，其绩效考核的周期也应当不同。

(1)对管理类岗位的绩效考核，高层领导的考核周期可以是一年，中层管理者可以半年。

(2)对销售人员的绩效考核,一般以自然月为周期进行,B2B的商业模式销售周期长,考核的周期也可以相应延长。

(3)对研发人员的绩效考核,可以按照项目型或固定周期进行考核。如果大型项目制的业务模式,而且项目周期比较长,可以按照时间节点和交付成果标准进行考核,某一阶段的考核周期不一定能按照自然月或季进行设置,只有等出了符合标准的成果才能算一个考核周期。

(4)对职能类员工的考核,一般宜采用月度或季度的考核方式。

(5)对生产操作类员工而言,产品生产周期一般都比较短,一个批次的产品也许只有几天,最长一周,就可以完成。

三、目前绩效管理中存在的误区

绩效管理作为企业一项长期的实施战略,其有效推进必然对提高企业经济效益和管理效率、激发员工积极性、提高企业综合竞争力等方面有着极其重要的作用和深远的影响。同时,绩效管理作为一种先进的管理理念和管理工具,在具体的实施当中也起着良好的调节、激励等正面作用,于是许多企业引进了绩效管理理念,并极力推崇。然而在具体的操作中,往往出现绩效管理误区,致使绩效管理制度执行不下去,或者流于形式,或者效果不明显,或者起了负面作用等,于是就有可能对绩效管理产生怀疑,对绩效管理给予否定。常见的绩效管理误区包括:

(一)绩效考核等同于绩效管理

有人认为绩效考核就是绩效管理,绩效管理也就是绩效考核,于是许多企业仅仅是制定绩效考核制度,而那些制度又常常是照搬照抄,“盗版”制度较多,“表格”制度较多,甚至有的企业所谓的考核制度只是考核表而已。

其实绩效考核只是绩效管理的一个重要环节,绩效管理是企业一项长期战略,也是一项系统管理工程,会涉及企业的方方面面。作为一项战略,执行绩效管理时必须全面启动和变革各项制度,调动各方力量,从战略高度来部署整体工作,从企业的战略目标、市场经营体制、人力资源管理体系、流程重组、员工职业生涯规划、薪酬岗位动态管理机制等方面来各项突破,全面推进,综合管理。

(二)重考核、轻管理

在企业实施绩效管理的过程中,都比较重视绩效考核而轻视绩效管理,以考定薪,以考了事,以考代评,而对绩效管理中的动态管理做得不到位。绩效管理是一个动态管理的过程,比如考核目标的调整、员工岗位的变动、员工薪酬的升降、考核结果的运用等,都是一个动态管理的过程,在这当中必须跟踪、调整、变化、反馈,把绩效管理的各个子系统完善起来,整个体系健全起来,使各个机制运作起来,使企业、部门和员工的绩效目标协调提升。

(三)流于形式、忽视沟通

绩效管理在推行一段时间后,往往出现执行难的情况:领导推进难,管理者执行难,员工抵触难。于是绩效管理逐步流于形式,走过场,领导疲于应付,管理者象征性考核,员工马虎应对。绩效考核成了填表式考核、鉴定式考核,绩效管理实施不下去。

另外，企业的领导和管理者在绩效管理中必须要注重沟通，如将结果反馈给员工，与员工谈心，指出偏差等，而不是一锤定音，一考了事。当然这个沟通是双向、有效的沟通，缺少沟通就会使员工产生误会和隔阂，使绩效管理实施难以继续。绩效管理的初衷和灵魂是"以人为本"，围绕人来做工作，要把绩效管理的导向指南和激励标杆作用发挥出来，必须在沟通上下些工夫。

（四）看结果、略运用

绩效考核的结果在一定程度上反映了员工在一定时期内的工作业绩，而这些结果在许多企业仅仅是起了分配工资和对员工全面评价的作用，考核结果的综合运用尚未开展起来，也就是说考核结果仅作为奖惩手段或鉴定性档案。

企业不要只盯住考核结果，应该把考核结果更好地运用到企业整体绩效和员工个人绩效的提升上来，把考核结果运用在员工能上能下、岗位能升能降、薪酬能高能低以及员工职业培训、福利、晋升上，使员工通过绩效考核结果，正确认识到自己的差距和不足，更加努力工作和提高自我，从而获得更多的发展机会和更好的业绩。在考核结果上还要避免一叶障目的现象，要多维度、综合、全面、客观地评价员工。

（五）关键指标成了普通指标

绩效管理的关键一环是关键业绩指标（KPI）考核，因此提炼、取舍、量化关键指标成了KPI 考核的重点和关键。而企业在 KPI 指标的提取、量化上，都不同程度地存在难以实施的现象，或无法确定指标，或指标过多过泛，或确定指标后又无法制定相应的考核记分标准，造成了一些关键业绩指标成了普通业绩指标，普通业绩指标反而成了关键业绩指标。这些都因为制定者考虑指标的设定时过细，把全盘工作的业绩指标都综合考虑进去，KPI 的设定只能取重点业绩指标，应大胆舍弃其他一些不重要的指标。

（六）行政管理代替绩效管理

在许多企业推进绩效管理过程中，存在严重的行政管理倾向，比如在工作任务的分解、考核结果的定夺、绩效工资的再分配、员工薪酬的确定、考核操作上的执行等方面，往往是通过开会决定，集体讨论，领导定音，而不是通过公正、公开的考核管理途径来实施和操作的。

行政干涉的结果是行政管理代替绩效管理，缺乏一整套的阳光操作的管理规则和双向交流的执行制度，绩效管理不公开，无形中成了纸上制度和墙上制度，这是绩效管理的致命硬伤。

第四节　绩效考核反馈

绩效考核的反馈是考绩中最关键的一环，它是绩效持续改进的重要动力。本节主要从绩效考核反馈的形式（考绩面谈）、反馈的内容（绩效改进计划）、考核结果的应用以及绩效考核的评价等几个方面来讨论绩效考核反馈。

一、考绩面谈

考绩面谈既是绩效考核实施过程中的重要方法，又是绩效考核结果反馈的重要形式。

（一）如何准备考绩面谈

要准备好考绩面谈，首先必须清楚考绩面谈的目的，对考绩的成功抱有十足的信心。

1. 考绩面谈的目的

考绩面谈的目的包括：对被考核者的工作表现双方达成一致的看法；指出被考核者优点；指出被考核者待改进的缺点；双方对某项缺点制订统一的改进计划；协商下一个考核阶段主管希望员工做的事，即确定工作要项及绩效的标准。

2. 考核者的准备

在将进行考绩面谈时，考核者需做以下准备：

（1）确定面谈时间。时间一定要恰当，最好是与被考核者协商确定。

（2）决定最佳场所。对被考核者绩效考核的面谈最好成为考核者与被考核者两人之间的事。安静、舒适、能够产生交流气氛的场所最为合适。

（3）集中资料。将所有的原始资料、表格归纳整理后，放入文件夹，以便面谈时随手可得。

（4）计划开场白。万事开头难，特别是对一位有“备”而来的被考核者来说，让他（她）的注意力从他（她）所认为的不公平之处转移过来，形成最佳面谈气氛，就更难了。开场白要用一种最恰当的方式。

（5）计划采取的方式。面谈将是一次有所成效、讲求效率的与被考核者的会面，必须采取有效的方式。例如，可以先谈优点，然后再谈需要改进的地方；或者先由被考核者发表对考核的意见与看法，然后由考核者向被考核者解释疑点，但注意要与被考核者保持共识；或直接由考核者引出评价结果，征求被考核者的意见，但注意一定要悉心倾听，并与被考核者一道商讨改进措施；或抛开评价，针对问题与被考核者展开讨论，然后顺势转回对被考核者的评价，以求获得改进上的共识。

（6）计划面谈收场。在面谈达成了满意的结果时，就可以适时地收场了。注意在收场之前一定要将改进计划与具体行动在已达成共识的基础上，向被考核者清楚地重述。最后，制定具体行动安排，一式两份，与被考核者共同关注绩效的提高。

3. 被考核者的准备

在面谈之前应至少提前一周通知被考核者，让其及早为面谈做好准备。

（1）收集与先前绩效有关的资料。对于某些未完成的做得不正确的工作也应该说明理由。

（2）如主管要求做自我评估，应先备好一份。

（3）预先把不在办公室时的工作安排好。

（4）面谈前，把通信设备，如手机暂时关掉。

（二）如何进行考绩面谈

作为考核者，要时刻谨记考绩面谈的目的在于讨论工作绩效，而不是讨论涉及人格的问题；是关注未来要做的，而不是既往已做的。在考核面谈时，必须注意以下原则：建立并维护彼此的信赖，即营造一种适合面谈的气氛，清楚地说明面谈的目的；鼓励员工说话，倾听而不要打岔；避免对立与冲突；集中在绩效，而不在个性性格；集中于未来而非以往；优点与缺点并重；该结束时立刻停止；以积极方式结束面谈。

（三）如何针对不同的被考核者进行面谈

对不同的被考核者要采用不同的方式面谈。

1. 优秀的被考核者

这种情况下，面谈进行得最顺利，但考核者要注意两点：一是要鼓励被考核者上进，为其制订好个人发展计划；二是不要急着许愿，如许诺提拔或给特殊物质奖励之类。

2. 与前几次相比没有明显进步的被考核者

对无明显进步的被考核者，考评者应开诚布公，与其讨论是不是现任职位不太适合他（她），要不要换个岗位的问题，要让他（她）意识到自己有哪些不足。

3. 绩效差的被考核者

造成绩效差的原因可能有多种，如工作态度不良、积极性不足、缺乏培训、工作条件恶劣等。对这种被考核者必须做具体分析，找出其真正病因并采取相应措施。

4. 年龄大的、工龄长的被考核者

对这种被考核者一定要特别慎重。他们看到比自己年轻而资历浅的人后来居上，自尊心会受到伤害，或者是对他们未来的出路和退休感到焦虑。因此，对他们要尊重，要肯定他们过去的贡献，要耐心而关切地为他们出主意。

5. 过分雄心勃勃的被考核者

有雄心是优良品质，但过分了则不好。这样的被考核者会急于被提升和奖励，尽管他们此时还没有进展到这种程度。因此，对他们要耐心开导，说明政策是论功行赏，用事实说明他们还有一定的差距。但不能只泼冷水，可以跟他们讨论未来进展的可能性与计划。要注意的是，不要让他们产生错觉，以为达到某一目标就一定马上能获奖或晋升，要说明努力进步，待机会到来，自会水到渠成。

6. 沉默内向的被考核者

沉默内向的人就是不爱开口，对他们只有耐心启发，用提出非训导性的问题或征询其意见的方式，促使其做出反应。

7. 发火的被考核者

发火的被考核者，首先要耐心听他（她）讲完，尽量不要马上跟他（她）争辩或与其进行反驳。从他（她）发泄出的话可以听出他气愤的原因，然后与其共同分析，冷静地、建设性地找出解决问题的办法。

二、绩效改进计划的制订

在进行考绩面谈时，下属工作中需改进的地方就应指出来。然后，选取一项先开始进行。选择的这项工作应由主管与下属合作得出。

有效的计划应满足下列四点要求。

（1）实际。计划内容应与待改进的绩效相关。

（2）时间性。计划必须有截止日期。

（3）具体。应做的事必须阐述清楚。

(4)计划要获得认同。主管与部属双方都应该接受这个计划并努力实行。

绩效改进计划的制定包括以下步骤。

(一)分析工作绩效差距

在对员工绩效进行考评时,不但要对员工绩效计划的实施情况进行评价,分析其工作行为、工作结果以及计划目标实现的程度,还要找出其工作绩效的差距和不足。具体有以下三种方法。

1. 目标比较法

目标比较法是将考评期内员工的实际工作表现与绩效计划的目标进行对比,以寻求工作绩效差距和不足的方法。

2. 水平比较法

水平比较法是将考评期内员工的实际业绩与其上一期(或去年同期)的工作业绩进行比较,以衡量和比较其进步或差距的方法。

3. 横向比较法

为了查找工作绩效上的差距和不足,除了可以采用上述的目标比较法和水平比较法之外,还可以在各个部门或单位之间、各个下属员工之间进行横向对比,以发现员工工作绩效中存在的差距和不足。

(二)查明产生差距的原因

在找出员工工作绩效的差距之后,各级主管还应会同被考核者,一起查找和分析产生这些绩效差距和工作不足的真正原因。影响和制约工作绩效的因素是多方面的:既有员工主观的因素,也有企业客观的因素;既有物质的影响因素,也有精神的影响因素;特别是员工的工作行为和工作表现,会受到多种因素的影响。

(三)制定改进工作绩效的策略

在查明绩效存在的差距以及产生的原因之后,在新一轮绩效管理期内,可从企业的实际情况出发,制定以下策略,促进工作绩效的改进与提高。

1. 预防性策略与制止性策略

预防性策略是在员工进行作业之前,由上级制定出详细的绩效考核标准,明确什么是正确的、有效的行为,什么是错误的、无效的行为,并通过专门的系统性的培养和训练,使员工掌握具体的作业步骤和操作方法,从而有效地减少或杜绝员工在工作中出现的重复性差错和失误。

制止性策略是对员工的工作、劳动过程进行全面的跟踪、检查和监测,及时发现问题并予以纠正,通过各个管理层管理人员实施全面、全员、全过程的监督和引导,使员工克服缺点,发挥优势,不断提高工作绩效。

2. 正向激励策略与负向激励策略

正向激励策略是指通过制定一系列行为标准以及与之配套的人事激励政策,如奖励、晋级、升职、提拔等,鼓励员工更积极主动地工作的策略。对达到和实现目标的员工所给予的正向激励,可以是物质性的,也可以是精神性的、荣誉性的;可以采用货币的形式,也可以采用非货币的形式。

负向激励策略，也称为反向激励策略，是指对下属员工采取惩罚的手段，以防止和克服他们绩效低下。惩罚的手段主要有扣发工资、扣发奖金、降薪、调任、免职、解雇、开除等。对于下属员工轻微的过错，可采用劝解或告诫的方式，以口头责备或非语言暗示，如皱眉头、耸肩膀等肢体语言给他们以警告。

3. 组织变革策略与人事调整策略

大量的事实证明，有时员工的绩效低下并不是其主观因素造成的，也有可能是由于组织制度不合理、运行机制不健全等原因造成的。这时需要采取组织变革策略，通过系统地组织诊断，找出存在的问题，有针对性地进行组织的整顿和调整，从而为员工工作绩效的提高，创造良好的环境和组织上的保障。

有时在绩效管理发展到一定阶段时，可能会出现员工绩效停滞不前或各种措施失效的特殊情况。这时，人力资源部门或上级主管人员应冷静面对，采取应急性人事调整策略，进行劳动组织的调整、岗位人员的调动以及一些非常措施，如解雇、除名、开除等。

【本章小结】

1. 绩效是个体或群体工作表现、直接成绩和最终效益的统一体。员工绩效管理是指对员工现任职务职责的履行程度，以及担任更高一级职务的潜力，进行有组织的，并且是尽可能客观的考核和评价的过程的管理。绩效管理本身不是目的，而是一种管理手段。绩效管理是综合管理组织、团队和员工绩效的过程，是提高工作绩效的有力工具，是促进员工能力开发的重要手段，是一个完整的系统。绩效考核要遵循公开原则，客观、公正原则，多层次、多渠道、全方位评价原则，经常化、制度化原则。绩效考核的作用：确定员工的薪酬、决定员工的升降调配、服务于员工的培训工作、促使企业与员工建立共同目标。绩效管理可分为效果主导型、品质主导型、行为主导型。

2. 绩效考核必须有标准，作为分析和考察的尺度。这些标准一般可分为绝对标准、相对标准和客观标准三类。绩效考核的内容主要包括德、能、勤、绩、个性等方面的内容。绩效考核方法主要有排序比较法、配对比较法、强制分布法、图尺度法、行为锚定等级评价法、关键事件法、目标管理法、关键绩效指标法、平衡计分卡和六西格玛等。

3. 绩效考核的影响因素包括客观影响因素和主观影响因素。要重视和注意绩效反馈过程，促进绩效改进。

【思考与探讨】

1. 什么是绩效管理？绩效管理的要求有哪些？
2. 试述绩效考核与绩效管理的主要差异。
3. 绩效管理的重要作用表现在哪些方面。
4. 简单描述绩效管理与组织战略的关系。
5. 简单描述绩效管理在整个人力资源管理体系中的定位。

第十一章　跨文化人力资源管理

国际化和信息化时代，国际间交流越来越密切，跨文化管理的问题日益引起人们的关注，跨文化管理也逐渐发展成一门新兴的边缘学科，跨文化人力资源管理逐渐成为跨文化管理的一个分支。

【学习目标】

1. 了解文化及跨文化人力资源管理。
2. 熟悉文化差异。
3. 掌握跨文化人力资源管理对策。

第一节　文化差异及其冲突的处理模式

一、文化与文化差异

(一)文化与跨文化的概念

文化是人类在社会历史发展过程中所创造的物质财富和精神财富的总和。“文化”这一术语起源于人类社会学，是指知识、信仰、艺术、道德、法律、风土人情、价值观以及人体内在精神因素和后天获取的所有能力的总和，它反映了人们的精神风貌、心理状态、思维方式和价值取向等方面内容。

跨文化是跨越了不同国家与民族界线的文化，是不同民族、国家及群体之间的文化差异。当一种文化跨越了在价值观、宗教信仰、思维方式、语言、风俗习惯以及心理状态等方面与之不同的另一种文化，即不同文化背景(不同地域、民族、政体、国体)的群体之间交互作用和影响时，就形成了跨文化，也叫交叉文化。

(二)文化差异及文化差异的主要体现

管理专家戴维·利克斯说：“凡是跨国公司大的失败，几乎都是因为忽视了文化差异所招致的结果。”文化差异同样会影响人力资源在跨国企业中的产出效率，而人力资源的产出效率已成为当今社会组织竞争力的核心。文化差异对人力资源效用的影响可以是正面的，也可以是负面的。跨国企业要保持竞争优势，就必须认识到文化差异的存在，并对文化差异进行控制和管理，使之促进人力资源的效率和效益的提高。

以美国为代表的西方文化和以儒家思想为代表的东方文化属于两种不同的文化体系，虽然这两种文化随着国际交流的增多和范围的扩大都在相互吸收和融合，但他们仍存在着鲜明的差异。我们可以以欧美独资企业里中方和外方员工的观念差异为例：

1. 自我观念差异

外方人员往往能够真抓实干、敢于冒险、锐意进取、不断变革。而中方人员大多以“从众"为判断标准,克制自己的个性表现,从管理角度上看,表现为不愿冒险、小心谨慎、循规蹈矩、踏实肯干。

2. 行为观念差异

外方人员提倡言行直截了当,不要有任何的隐瞒。而中方人员由于注重面子,言行习惯于含蓄和暗示。所以当外方上司当众对中方下属指出错误并提出批评时,往往使下属难以接受,甚至会产生一些过激的行为,由此容易引发管理和经营过程中的冲突。

3. 年龄观念差异

中方人员视长者为知识、经验、能力和权威的代表,在企业中,职务的提拔或职称的晋升以资历和年龄为依据,强调"长者治理"。而外方人员则认为年老者不能享有特权,主张"能者为师"。

4. 时间观念差异

外方人员讲究工作效率,遇到问题要求立刻解决,对自己和公司的事务有较强的计划性,习惯按时间表来检查和评定员工的工作进度和工作表现。而中方员工的时间观念相对比较薄弱,存在着迟到、失约、做事拖沓等现象。

5. 思维方式差异

外方人员习惯于逻辑思维,管理方法主张数量化、程序化、制度化。而中方人员习惯于形象思维,习惯于用直觉和经验的方法进行管理。

(三)文化差异的三个层次

1. 文化背景差异

这是文化差异的宏观层面。此层面的研究通常是以国家或地区为单位,因而具有典型性和鲜明性。这一层次的文化差异还包括母地区、母城市的文化背景差异。

2. 企业文化差异

这是文化差异的中观层面。跨文化企业是各种企业文化的聚集。例如,通过收购与合并,企业发展出很多的海外子公司,尽管企业总部的运作对其子公司的企业文化会产生较大影响,但是海外的子公司也会向总部输入文化,也影响着总部的企业文化。

3. 个体文化差异

这是文化差异的微观层面。由于年龄、性别、工作态度、教育背景、宗教信仰、工作方法、技巧和经验的不同,任何两个不同的个体身上都可能存在文化差异,如年长者和年轻者、男性和女性、上级和下级、不同部门的员工之间等。

二、文化差异的分维诊断

著名的荷兰跨文化研究专家海尔特·霍夫斯泰德(Geert Hofstede),基于工作目的上存在的价值观和信念差异,通过对美国 IBM 公司的综合性问卷调查,总结出了不同的国家或民族文化中差别最大的五个维度。

(一)权力距离(大/小)

权力距离是指人们对权力在社会或组织中不平等分配的接受程度。研究表明,美国、澳大利亚是低权力距离的国家,员工能够比较平等地参与对上级和同事的绩效评价,而不会受到权力和权威的干扰;而中国文化具有高权力距离的特征,员工对上级和权威的尊敬甚至带有畏惧感。

(二)不确定性回避(强/弱)

不确定性回避是指人们对所生存的环境受到无把握的、不确定的或模糊的情景威胁时,试图以技术的、法律的、宗教的方式来避免不确定局面的发生。每个民族对不确定性的回避程度有着明显的强弱差异。美国、加拿大等是不确定性回避较低的国家,表现为敢冒风险、鼓励创新;而中国则是不确定性回避高的国家,表现为因循守旧、惧怕竞争。

(三)个人导向性(个人/集体)

个人导向性主要是指人们对待集体和个人关系的倾向性,即重视集体还是个人。与欧美文化的个人主义特征相对应的是,欧美企业不大赞成在工作单位结成人与人之间的亲密关系;而中国文化强调群体至上,重视"人和",注重人与人之间的关系。

(四)刚柔性(刚/柔)

阳刚性表明一个国家或民族在自信、工作、绩效、成就、竞争、金钱、物质等方面占优势的价值观;阴柔性则是指在生活质量、保持良好的人际关系、服务、施善和团结等方面占优势的价值观。

(五)利益导向性(长期/短期)

利益导向性是指一个国家或民族持有的对待长期利益或短期利益的价值观。具有长期利益导向的国家或民族较注重对未来的考虑,以动态的观点来观察事物,注重节俭和储备,做任何事都留有余地;而短期利益导向的国家或民族着重眼前利益,注重对传统的尊重和对社会责任的承担。

文化分维系统作为跨文化企业管理的重要工具,可以为企业提供分析不同文化背景员工、客户和其他与企业有关的个人或群体文化取向的方法,使企业能够掌握不同文化群体的文化特点,从而在企业管理中尽量避免文化冲突和矛盾。

第二节 跨国企业的跨文化管理

跨国企业又称跨国公司,是在多个国家或地区有业务,通常规模很大的公司。这些公司在不同的国家或地区设有办事处、工厂或分公司,通常还有一个总部用来协调全球的管理工作。在跨文化人力资源管理中,由于企业或公司是由两国或多国企业合伙在东道国组成的跨地域、跨民族、跨政体、跨国体的跨文化经营管理的经济实体,所以文化因素对跨国企业的影响是全方位、全系统、全过程的。

一、跨国企业跨文化冲突的表现

(一)民族性格、思维模式不同导致文化冲突

传统文化是民族文化的深层积淀,它融于民族性格之中,使各民族表现出不同的个性。

共同心理特征、个性与人性的差异，往往造成跨文化沟通的困难。思维模式是民族文化的具体表征。例如，西方人实证主义的思维模式与东方人演绎式的思维模式，常常是跨文化企业中造成冲突的主要原因。

（二）行为模式不同导致文化冲突

行为模式是民族文化的外显形式，它以固定的结构，在相同或相似的场合为人们所采用，成为群体表达认同的直接沟通方式。不同的民族文化造成不同的行为模式。在共同的环境中，不同的行为模式会导致冲突。例如一个中美合资企业，中方母企业专门针对合资企业建立了一个开发公司，下设几家具有独立法人地位的子公司，为合资企业进行配套服务。尽管合资企业在选择配套服务的操作上，采取公开招标的形式，但中方经理常常优先考虑开发公司。外方经理对中方经理这种"肥水不流外人田"的做法十分不满，坚决主张择优中标，中外方经理矛盾越来越大。中方经理"肥水不流外人田"的行为模式，正是造成这种跨文化冲突的原因。

（三）对文化意义符号的不同理解导致文化冲突

不同的文化采用不同的符号表达不同的意义；或者符号虽然相同，表达的意义却迥然不同。例如美国的一家企业在英国大力推出一种药品，但在英国几乎无人问津。这种药品的包装盒上注有"打开盖后，请按下底部"的字样，对英国人来说，俗话中的盖子指上半身，底部指屁股，所以，此话的含义颇为色情和滑稽，因而该药品在英国无人问津。

（四）语境障碍导致文化冲突

语境，即文化意义符号得以理解的环境。语境是意义符号所包含的信息的一部分，它使意义符号完整地表达不同的意义。在相同意义符号中，人们的文化背景不同，会对意义符号赋予不同的语境而加以理解。

（五）政治体系不同导致文化冲突

不同国家的政治体系有其特殊性质，信奉特殊的价值观。企业产品有时会无意中冒犯某种政治价值观而受到抨击和抵制。例如，欧洲的某个软饮料企业，商标是六角星图案，与以色列的国旗图案相似，这就大大激怒了一部分阿拉伯消费者。虽然企业解释说，这些六角星不过是一种简单的装饰，但这些阿拉伯人却认为，它反映了这家企业具有支持以色列的情感，最后这家企业不得不收回所有产品，重新制造包装。

（六）宗教信仰不同导致文化冲突

最著名的例子莫过于18世纪时，东印度公司把涂有猪油蜡的子弹发给印度士兵，而发射这些子弹前必须先咬掉子弹上的蜡。印度士兵大多数是印度教徒和伊斯兰教徒，他们认为英国政府发这种子弹给他们，是对他们宗教的严重侮辱，因而奋起反抗，掀起了印度独立斗争的序幕。而东印度公司也因为这个小小的失误，失去了在印度实行垄断贸易的权力。

二、跨国企业人力资源协调的复杂性

(一)员工的类型多,文化层次复杂

跨国企业员工往往来自不同的国家。员工中有来源于子、分公司(工厂、销售机构等)所在国的东道国公民;有来自母国的公民;有既不来自东道国也不来自母国的第三国公民。通常,母国和第三国员工属于管理人员和专业人员,而非普通劳动力。

(二)人力资源协调方式必须是立体的

一个有效的国际人力资源管理体系既包括公司范围内的人力资源管理政策与程序,也包括适应不同国家与地区的人力资源管理政策和程序。对跨国公司而言,甚至需要调整公司的人力资源管理方式,以适应东道国的传统、文化和社会制度。当涉及非管理职位的人员时,调整人力资源管理政策更是具有特殊的必要性。这些员工一般是东道国公民,他们期望跨国企业的人力资源管理方式符合当地的传统。如果将不恰当的人力资源管理方式强加给东道国公民,就可能带来触犯当地文化标准和价值观念的风险,甚至可能导致违法的行为。

(三)人力资源协调过程会遇到“暗礁”和“地雷”

各国员工都习惯于自己国家的文化和人力资源法律,有时一句简短的问话可能就犯了“禁”。在人力资源的协调过程中,西方的人力资源法律处处有“暗礁”,东方的文化习俗处处有“地雷”,如果处理不当,不是触礁,就是踩地雷。

(四)母国员工会比他国员工更具优越感

优越感产生于这些员工与高层管理人员来自同一国家,同时,公司的主体文化和管理方式也是他们所熟悉的。这种自然滋生的优越感使人力资源的协调工作更具复杂性。

三、协调跨文化冲突的重要性

(一)文化冲突产生非理性反应

文化冲突影响了跨国管理者与当地员工之间的和谐关系,这使得管理者可能按照呆板的规章制度来控制企业的运行而对员工更加疏远。与此同时,员工则会对工作变得更加不思进取,管理者的行动计划实施起来也会更加艰难,结果是双方都不可能有所作为,他们之间的距离也会进一步加大。当这个距离大到一定的程度,自上而下的沟通就会中断。结果是管理者无法了解真实的下情,企业的管理将变得更加困难,双方的误会也会越来越深。管理者如果不能正确理解文化差异的存在,就可能会对来自不同的文化背景的员工采取情绪化或非理性的态度。这种非理性的态度很容易招致员工的非理性报复,结果是误会越来越多,矛盾也越来越深,对立与冲突更趋剧烈。

(二)文化冲突导致工作低效和市场机会损失

随着跨国企业经营区位和员工国籍的多元化,日益增多的文化冲突会影响企业的内部管理和外部经营。在内部管理上,来自不同国度的员工有着不同的价值观、不同的生活目

标和行为规范，这必然会导致管理费用的增大，增加组织协调的难度，甚至造成组织机构低效率运转；在外部经营中，由于文化冲突的存在，使跨国企业不能以积极和高效的组织形象去迎接市场竞争，往往在竞争中处于被动地位，甚至丧失许多市场机会。

（三）文化冲突可能导致全球战略的实施陷入困境

从一般的市场战略、资源战略向全球战略的转变，是跨国企业在世界范围内提高经济效益、增强全球竞争力的重要步骤。全球战略是国际企业发展到高级阶段的产物，它对跨国企业的经营管理提出了更高的要求。为保证全球战略的实施，跨国企业必须具有相当的规模，以全球性的组织机构和科学的管理体系作为载体。但是，目前大多数跨国企业普遍采取矩阵式的组织机构，由于文化冲突和缺乏集体意识，导致一系列问题，如组织程序混乱、信息阻塞、各部门职责不分、相互争夺地盘、海外子企业与母企业的离心力加大等，使得母企业对子企业的控制难上加难，从而造成跨国企业结构复杂、运转不灵、反应迟钝，不利于全球战略的实施。

四、价值观的协调

（一）价值观对人力资源管理的影响

价值观是人们日常生活的知识和经验在头脑中积淀并形成的有关事物重要性、有用性的总评价和总看法。在人们面向现实和未来的价值生活中，价值观承担着评价的标准体系的功能。任何一种价值观都是社会某一群体或某一层面所共有的。因此，价值观作为人们关于人生、工作的目标和信仰的观念，使得人们的行为或思想带有一致的倾向性，渗透到整个社会的生产活动中，形成相应的行为模式。

价值观既然表现为人们追求的目标，因此，在组织中必然反映到人际关系和工作关系上，同时影响和制约着这些关系。对于一个组织的管理者，尤其是人力资源管理者，其管理的思想和方法必须与当时、当地的价值观相兼容，必须吸纳人们价值观的精华，排斥价值观中的糟粕。东西方国家价值观之间最根本的差异在于“集团主义”和“个人至上”的差别。因此，在西方国家，“能力主义”和“个人至上”造成的劳资对立状况，用情感管理的方法就难以见效，在企业中人员流动较为频繁；相反，在东方国家，人们讲求“和谐”“秩序”和“集团主义”，企业中往往遵循各种无形的秩序，人员稳定。可以说，价值观贯穿于人力资源管理的全过程，它对人们的职业选择过程、企业的招聘活动、薪酬给付的方式、培训和考核的方法，以及劳资关系等方面都产生很大的影响。

（二）不同价值观及其影响的比较分析

1. 中、美价值观的比较

中国以历史悠久和文明而著称，价值观源远流长，自成体系。中国儒家思想的“仁、义、礼、智、信”被日本推崇为“世界至高无上的精神财富”。而美国与中国相反，是一个十分年轻的国家，但却在短短的一个世纪中，创下了为世界各国所瞩目的业绩，其价值观也已自成体系，受到人们的赞扬。中、美价值观比较如表 11-1 所示。

表 11-1 中、美价值观比较

项目	中国	美国
对待个性	强调服从,提倡先有整体,才有个体	个人主义,崇尚能力,提倡先有个体,然后才有整体
对待竞争	追求安定和稳定,尊重秩序	竞争意识强,讲求效率
人际关系	和谐,注重人与人之间关系的微妙性,“和为贵”思想起主导地位,其顺序为情、理、法	对立,人情关系淡薄,强调法制,顺序是法、理、情
对待忠诚	以感情为基础,全身心地忠诚于某一群体	以自我为中心,没有稳定的忠诚团体
对待工作	提倡勤奋,“业精于勤”,但分工不够明确	分工明确,对个人范围内的工作极为认真,富有成就感
对待利益	义重于利,强调地位和等级,提倡“舍身而取义”	以金钱作为一切衡量的标准,追求社会地位
门第观念	门第观念强	不看重门第
实用性方面	强调声誉、面子	实用主义
对待教育	和功名相联系,“书中自有黄金屋,书中自有颜如玉”	追求实用性、可操作性,喜爱能立见功效的教育
管理方法	较多采用层级管理	较多采用个性管理

2. 中、日价值观的比较

中国和日本两国的价值观大体同属一种价值观体系,均深受儒家文化的影响。但由于地缘文化、人种文化、制度文化和宗教文化的差异,也表现出不同的特点。中、日价值观的比较如表 11-2 所示。

表 11-2 中、日价值观的比较

项目	中国	日本
关于忠诚	偏重于“仁”“孝”,家庭的特点更明显,家族和家庭是第一位	对于所属的大大小小团体,均强调“忠”,并且神圣化,小团体服从大集团
关于人际关系	更强调“情”和各种私人关系	更强调“理”,公应大于私
关于失败	“胜者为王,败者为寇”,“阿 Q 精神”起主导作用	决不容许失败,并集体负责,“不成功便成仁”思想突出
关于决策	“不在其位,不谋其政”	集体决策,集体行动,集体负责
关于历史	更重历史,喜爱缅怀过去	更愿意讨论未来
关于服从	服从的是个人	服从的是集体
关于等级	等级代表着权力	等级代表着整体

(三)各国价值观在人力资源管理中的具体体现

1. 美国

美国的价值体系的核心是“个人本位”,具有强烈的功利主义色彩,金钱是衡量一切的标准,人与人之间强调理性,“唯我独尊”“能力主义”和“现实主义”贯穿于人力资源管理的全过程。

(1)较频繁的人员流动。在美国的公司里,人们往往把工作视为取得工资的手段,只要能够得到与自己能力和实际成绩相适应的工资,就继续留下来,否则,一旦自己没有得到重用,或遇到其他更有利的机会,就立即“跳”到其他企业,因此,辞职和被解雇是经常发生的。

(2)职位分工明确。美国式的合作,不是整体人格上、感情上全体人员统一的整体合作,而要把个人和整体严格区分,在各自的范围内有效地贡献自己的能力和知识。人力资源考核追求精确化和定量化,要求公平和效率。

(3)快速的晋升机制。人们相信能力,推崇能力,强调竞争。美国式的逻辑是“大家在起跑线上排成一列,枪声一响,同时起跑,此后,是因为能力上的差别,有人跑在前面,有人落在后面。”只要有实力,即使年轻,也能得到晋升,绝大多数管理者是以其能力和才能被推选出来的。因此,人们择业时,希望从事能充分发挥自己才能的工作,得到认可和赏识,并进一步晋升到更高的职位。也正因为如此,等级似乎代表着能力。

(4)资方和工会之间互相采取“你失我得,你得我失”的态度。这是因为二元论的观察事物方式和个人主义导致了对立文化和利己主义。工资水平的确定、劳动时间的约束、招聘和解雇等问题都通过集体谈判达成协议,劳动争议往往成为法律纠纷。人们习惯于以法律来解决所有的争端,而不是通过人际协调来处理。这样,人力资源工作的很多政策都非常小心地遵循着法律条款,许多事务性工作为法律纠纷所困扰。

2. 日本

日本的价值观以和谐、安定为首,强调“忠”,重视“人与人关系的微妙性”,提倡“人生价值在于工作”,因此,在特定的历史条件下,形成了人力资源管理的三大“神器”,即终身雇佣制、年资序列制和福利型管理。

(1)强烈的集团主义,习惯于团体工作,分工不明确。日本人表现的首要道德是“忠”,对他们而言最感罪恶的是背叛自己所属的集团。这样,对待企业问题他们崇尚集团主义,并要求人们把自己从属的企业集团神圣化,视其为唯一真实的存在,否定自我的独立存在,重视企业团体的统一与和谐,尊崇企业共同体的价值。当个人利益与企业集团利益发生矛盾时,要对自己的私欲进行高度的自我控制,按企业集团的意志行动。

(2)工资报酬,职位晋升方面采取年资序列制。在工资报酬上,工资与本人的生产率没有太大的关系,而是根据年功序列,随工作年限的增加而提高。如果年轻有为,可以被委以负责的职务,但工资依然主要由工龄决定,人们对此没有怨言。

(3)温情式的福利型管理,讲究人际关系的微妙技术。认为“恢复人们相互信任的关系,人都会以相应的做法回报对方”。所以,在整体上不是追求公平,而是追求安定。这样,作为企业经营者也就非常尊重公司内部人际关系的“和”,重视日本式的福利管理。此外,在日本公司中,实行自下而上传达意见的“禀议制”,重视反馈横向的精神沟通,在会议上,大家在取得一致意见之前,可以长时间地激烈争论,付诸实施后人人有责。在人力资源考核上,日本表现出很强的平均主义,并多以集体为单位进行考核;重视公司的或集体的业绩，否定或低估个人的成绩，并且把态度作为考核的重要内容。

3. 中国

我国是儒家思想的发源地，和日本一样，同样是强调和谐、秩序和纪律。在经济的现代化进程中，价值观念也相应得到更新和调整，并在改革开放过程中发挥了重要的作用。可以说，我国已经在过去的三十几年中，创造了"东方的奇迹"。但是，许多陈腐观念的残迹依旧严重影响着我国的社会主义建设。

(1)在高度集中的计划经济体制下，实行"统包统配"和子女"顶班"的就业制度来解决全面就业问题，以促进社会安定。在我国，家庭在人们的心目中非常重要，为了调动企业职工的积极性，减轻职工的后顾之忧，增进企业和个人之间的和谐关系，"企业办社会"曾一度得到广泛发展，企业要负责职工子女的教育和就业，提供无租金或低租金的住房，承担养老金、医疗费和一些娱乐设施等福利事业，以此取得职工"家"的感情和"主人翁"的意识。

(2)在报酬分配上采取平均主义和"大锅饭"。"不患寡而患不均"的思想曾经非常严重。业绩考核和工资并无密切的联系，往往流于形式。因此，人们一般不强调个人表现，而是习惯于在特定的整体中确定个体的相对价值。人们在择业时，更多地考虑所要加入的企业组织的运行和自己融于整体的情况。

(3)易形成各种非正式组织，冲突的解决通过协调和让步来进行。在我国，由于把家庭的伦理推广到社会所有层面，这样，往往把各种关系归结为私人关系加以处理。在人员招聘和晋升时，容易造成比西方国家更严重的"裙带关系"；另一方面，由于这些关系的存在，在解决冲突时不会产生尖锐的矛盾，可以通过协调和妥协，做出互惠的让步来调和。

(四)价值观转变与人力资源管理对策

价值观对经济活动的影响，已经引起社会各方的注意，东西方的文化或价值观的融合已成为趋势。随着日本经济的发展和"四小龙"的腾飞，西方国家看到东方文化及价值观中"和"的力量，并尝试从这方面着手改善企业内部紧张的劳资关系。比如，美国 IBM 公司实行员工终身雇佣制，还有许多企业引进了"参与管理"等措施。而在日本，随着价值观的变化，许多年轻人越来越不满于压抑能力和个性的做法，日本也逐渐引进西方国家的能力主义，某些大型公司甚至对经营者实行年薪制，在考核制度上也进一步加以完善。在我国，随着改革开放的进程和经济的发展，原来传统的价值观不断受到冲击，价值观处于多样化和非权威性的状态，有对权的追求，也有对金钱的崇拜，还有社会主义的奉献精神，对个人全面发展的需要和自我实现的需要混为一体。在这个时期，我国实行劳动制度、工资制度和社会保障制度三项改革，同时也通过思想道德教育，提高全体国民的素质，端正价值观导向。

针对价值观的转变，人力资源管理应采取相应的对策：

(1)创造一种良好的人际关系和激励环境，发扬我国"和谐"的传统。追求整体的效率，减少内耗，建立、健全各种沟通渠道，调动员工的积极性，实现系统最优化。

(2)将"情、理、法"有机结合，应用于人力资源管理过程中。首先动之以情，用感情和行动打动对方；然后晓之以理，以理服人；最后依法、依章办事。

(3)提倡自我管理。以新的能动的人性观点看待组织成员，促进员工的全面发展，并采取参与管理等方式，提倡主人翁精神，挖掘人的各方面潜能。

(4)在纷杂的价值观中，帮助员工树立正确的价值观，追求奉献、自由、幸福和全面发展。

五、跨文化冲突的处理模式

解决跨文化所带来的冲突和矛盾，一般有以下四种模式可供选择。

1. 凌越模式

凌越模式是指组织内一种文化凌驾于其他文化之上而扮演着统治者的角色，组织内的决策及行为均受这种文化支配，而其他文化则被压制。该种方式的好处是能够在短时期内形成一种“统一”的组织文化，但其缺点是不利于博采众长，而且其他文化因遭到压抑极易使其成员产生反感，加剧冲突。

2. 折中模式

折中模式是指不同文化间采取妥协与退让的方式，有意忽略、回避文化差异，从而做到求同存异，以实现组织内的和谐与稳定。但这种和谐与稳定的背后往往潜伏着危机，只有当彼此之间文化差异很小时，才适应采用此法。

3. 融合模式

融合模式是指不同文化在承认、重视彼此间差异的基础上，相互尊重、相互学习、相互协调，将各自先进、优秀的文化融入吸收进来，从而形成一种合一的、全新的文化。这种合一、全新的文化不仅具有较强的稳定性，而且极具“杂交”优势。

4. 移植模式

移植模式是指简单的文化移植，“土地”不同了，但文化的“树”仍在。这种移植容易产生“水土不服”和文化的排斥。

六、跨国企业的文化适应和变革

跨国企业的经营者不仅要对东道国的文化学习和适应，还应提高对不同文化的鉴别和驾驭能力。因为文化的某些方面是可以变化的，跨国企业在很多情况下，不得不对东道国文化的某些方面加以变革。例如，在民族感极强的日本，青年一代嚼着麦当劳、听着摇滚音乐成长起来，文化观已经悄悄地发生了变化。因此，海外企业的经营者必须面对如下难题：企业应该更多地适应还是变革当地的文化？适应或变革到什么程度？

第一，面对多元文化并存的情况，经营者首先应该考虑的是如何适应当地的文化。这是双方能够顺利合作的前提。通过文化差异的识别和跨文化培训，企业提高了对文化的鉴别和适应能力。在文化共性认识的基础上，根据环境要求和公司战略需求建立起以共同价值观为核心的企业文化，使得每个员工能够把自己的思想与行为同公司的经营业务和宗旨结合起来。

第二，要考虑到东道国人员对文化变革的容忍程度或抗拒程度。每种文化都或多或少地存在排外情绪。经营者对于不同文化的介入，必须采取一种谨慎的态度。对可能产生较大抵触情绪的一些东道国文化，如语言、风俗习惯、重要集团的利益等，应采取学习和适应的态度；而对可能产生较小抵触情绪的东道国文化，如消费者购买方式和员工工作方式等，应通过渗透和引导，逐步使之朝有利于本企业的方向发展。如肯德基、麦当劳在全球卖出食品的同时，也输出了母国的文化，或多或少地影响了东道国的饮食习惯。

第三，适当考虑推进本土化战略。本土化的实质是跨国企业将生产、营销、管理等经营诸方面全方位融入东道国经济中的过程，也是着实承担在东道国公民责任，并将企业文化融入和植根于当地文化模式的过程。本土化战略有利于跨国企业降低海外派遣人员和跨国经营的高昂费用,有利于与当地文化融合,减少当地社会对外来资本的排斥情绪。

第四,应对东道国文化变化的方向、过程与速度有清晰、明智的认识。只有这样,才能更适应东道国的文化,减少文化差异对企业经营的影响,进而有的放矢地对东道国的文化施加影响。

第三节　我国企业跨文化人力资源管理模式选择

在经济全球化日益加快,各国文化大碰撞、大融合的背景下,如何发挥中西方文化各自的优势,选择符合我国国情和时代发展的管理模式,充分发挥人力资本的效能,形成企业核心动力,已成为我国企业跨文化人力资源管理的一个现实课题。

(一)以中国传统文化为根基,合理吸收西方文化科学的管理思想模式的精髓

我国一些企业管理者并不真正了解中国传统文化和西方文化的真谛,全盘否定中国传统文化,全盘照搬西方尤其是美国的管理模式。实践证明,全盘照搬西方模式,或许能产生短期的企业效率和经济效益,但是会失去企业的文化根基,失去企业持续发展的精神动力。

虽然中国传统文化存在一些管理上的不足,但是它在强调人文素质和文化管理的现代企业管理中显示出越来越重要的作用,在全世界影响越来越大。中国传统文化强调和谐、共存是取得利益的最好方法,在21世纪,人类和谐发展成为重要课题,国家之间、企业之间、人与人之间的尊重理解、交流沟通显示出越来越重要的作用。

西方文化将重心放在对物的管理和对组织的研究上,对人的研究也是偏重对人的行为的研究,强调人的理性思维行为方式。中国传统文化重视人在管理中的地位,管理要"以人为本",重视对人性的研究和道德信仰作用的发挥。中国传统文化认为,人是属于社会的,人在许多时候和许多方面是根据道德和伦理观念行事的,人的道德信仰对人的思想、态度和行为起着极其重要的作用。在当今世界,频频发生的矛盾冲突和威胁人类生存发展的种种问题,光靠理性思维和科学技术是难以解释和解决的,建立全球共同遵守的道德标准和价值观乃是人类共同的目标。

西方管理思想强调严格的规章制度的建立和对员工的刚性管理,这在机器工业时代是非常有效的,但是在知识经济时代,知识型企业和知识型员工比重越来越大,员工需要严格的制度和管理,更需要企业关注其心理的内在需要,更加强调人与人之间的交往与合作,更加注重"义"的作用。中国传统文化提倡在激烈残酷的竞争中,在企业内部形成人与人之间的新的信任和融合的关系,这种关系的建立是简单的工作关系和无情的竞争关系之上的一个飞跃。

我国企业跨文化人力资源管理首先要打牢中国传统文化的根基,坚定"以人为本""和谐发展"的指导思想,改变企业员工道德信仰缺失的现状,建立大家共同遵守的道德规范和行为价值观。在这个基础上学习和吸收西方文化中强调法制,强调严格的制度,强调理性思维,强调个人价值,鼓励竞争,追求利益最大化的科学成分,构建以中国传统文化为根基,融合西方文化科学精神和现代方法的跨文化人力资源管理模式。

(二)相对稳定的核心团队与专业服务外包相结合的人员聘用模式

现代企业生产经营的科技含量越来越高,工艺越来越复杂,需要员工在较长时间的工作实践中学习和积累经验,企业内部的合作关系也需要长时间的磨合才能达到默契。企业为培养员工掌握专业技能,为形成内部成熟的合作关系花费了大量成本,相对稳定的聘用关系有利于企业不断提高科技水平,积累管理经验,保持长期的发展后劲和稳定的经济效益。

提高社会就业率,保障员工的就业权利,构建和谐社会,是企业义不容辞的社会责任。我国目前社会保障体系和社会福利制度还不完善,人员自由流动的社会条件还不健全,因此目前不宜照搬西方国家尤其是美国的短期聘用制。企业首先要建设一支长期稳定的核心员工队伍,他们是企业文化的缔造者和坚定的执行者,他们与企业是共存共赢、共同发展的关系。建设具有高度凝聚力的核心员工团队是一项战略工程,是企业的无形资产,核心员工不可轻易解聘或使之流失。

建设相对稳定的核心团队还要与企业专业服务外包相结合。企业要形成一个灵活的外围人才服务网络,将原来属于企业内部的职能外包给社会独立经营的服务组织,企业一些临时性、专业性的工作可以聘用社会各类专业人才提供专业化服务。这样做一方面避免企业规模过大,工作过杂,机构臃肿,被迫解聘富余员工问题出现,另一方面也能得到比企业自身更专业、更有效率的服务。

企业相对稳定的核心团队与企业外部灵活的人才服务网络共同形成企业人员聘用体系,为企业专心致志地提高自身专业化程度和自身核心竞争力提供了可靠保证,同时也有利于企业不断适应复杂的竞争环境和多边的经济形势,在不扩大人员编制的前提下灵活机动地借用社会各类人才和资源为其服务。

(三)文化内控制与指标外控制相结合的员工控制模式

西方文化强调对员工的刚性管理和指标控制。这种模式对员工的控制是明确的和形式化的。上级给部属下达可以衡量的工作指标,只有完成这些指标的员工才是称职的。西方企业实行的目标管理法、方案计划估值法和成本利润分析法等都是以下达定量硬指标的方法控制员工行为的。这种方法从外部严格规范员工行为,提高员工工作效率,是适应机器工业生产要求的刚性管理和指标控制方法。中国传统文化更加重视对人的柔性管理和文化控制,从人的内在思想观念、道德标准和情感角度来进行人的自我控制和自我激励。这种控制是以微妙、含蓄和内在的方式进行的。微妙、含蓄和内在的控制是一种彻底的、长久的,并有严格要求的控制。这种控制是以向员工提出以下要求来实现的:理解企业和社会的关系;理解企业的社会责任;理解企业的宗旨、信念和价值观;认识个人在社会中的角色和在企业中的作用,通过学习与修炼确立行为规范和道德标准。这是一种具有浓厚文化色彩的内在控制方法。

人的行为选择和积极性的发挥需要有内在动力、外在压力和目标吸引力,这三种力量只有共同发挥作用,才能对人的行为产生持久的影响力。在知识经济时代,员工的自我意识和企业的工作方式发生重大变化。统一的刚性制度和具体的指标控制方法在大量的知识型企业中并不那么灵验,它的局限性越来越显现出来。从目前我国众多员工心理状况来看,员工的工作压力、心理压力比较重,而内在精神动力和价值实现的目标吸引力相对缺乏。

现代企业跨文化人力资源管理要将中西方文化加以融合,在重视企业制度建设和指标管理的同时,更要重视企业的文化建设和内在激励控制。在企业重大决策落实、战略目标实现和摆脱困境等方面主要以文化控制、内在控制来实现;在具体项目的技术标准、工作进度与质量、成本与效率等方面以刚性的外在指标来控制。文化内控制的作用是激发员工的精神动力,提高目标吸引力,促进企业社会价值的实现;指标外控制的作用是规范员工的行为,促进企业工作效率的提高。企业跨文化人力资源管理要将这两种控制方法有机结合,形成既有员工内在精神动力、目标吸引力,又有企业外在制度约束力的刚柔相济的员工控制模式。

(四)集体决策与个人负责相结合的责任制模式

中国传统文化有浓厚的集权主义观念,在决策上主张管理者个人说了算,同时又提倡集体负责的团队理念。这种传统观念对中国企业权利与责任的管理一直有着长久的影响。西方文化强调个人权利和个人责任感,决策往往是由管理者个人做出,同时每一个员工都有专门的责任,对企业工作由个人负责。中国企业的个人决策而集体负责的责任制模式很容易造成个别管理者独揽大权、主观决策,一旦失误推卸责任的弊端。由于是集体负责,人人有份,管理者就会将个人应负的责任推卸给集体,既损害了企业利益,也侵犯了广大员工的权益。现代企业,尤其是大中型企业在进行全局性、战略性决策时,应该坚持集体决策的方法,其必要性和现实意义有以下几点:

1. 现代大中型企业决策要解决多方面的复杂问题,企业领导者个人素质和能力很难胜任这样艰巨的任务,只有通过集体决策过程,才能广泛吸取各方面的信息,发挥各方面专业人才的特长,集思广益,借助创造性思维,做出正确的决策。

2. 现代企业员工普遍具有现代科学文化知识和科学思维能力,完全有能力参与企业决策。同时,吸收员工参与决策使员工民主意识和主人翁精神得到尊重和满足。

3. 决策的过程比决策的结果更为重要。集体决策的过程实质上是企业全体成员重要的学习过程、思想沟通过程、企业共同的价值观和凝聚力形成的过程。

4. 集体决策是保证个人负责落实的前提条件。通过集体决策,各级员工有机会站在全局的高度了解企业的情况和发展方向,深入思考和理解企业决策的根据和意义,决策也融入了员工的意愿和智慧。每一位员工都非常清楚自己在落实企业决策过程中扮演的角色和应承担的职责,个人负责才会有清晰的目标。集体负责的实现途径是建立个人负责制。

(1)个人负责才能保证集体决策落到实处。个人负责不是毫无关联的,而是在集体决策的宗旨和原则指导下形成一个合力,共同为实现企业的战略目标发挥作用。

(2)企业人力资源管理要做到公平与效率的统一,合作与竞争的统一,权利与义务的统一。集体决策更多体现的是企业参与管理的公平性、企业实现目标的合作性、企业对员工民主权利的尊重;个人负责更多体现的是落实决策的效率性、体现员工个人价值的竞争性、企业对员工个人应尽义务的纪律约束性。

将集体决策与个人负责有机结合,是将东西方文化各自的优势相融合,是将构建企业共同价值观和发展目标与实施高效率的科学管理相结合,是人文精神与科学精神相统一的人力资源责任制管理模式。

(五)“工作—生活平衡”的企业员工关系模式

在西方国家里,企业与员工的关系是单一的工作关系,企业与员工之间的相互了解仅限于工作范围内,决不关心和探问员工的家庭生活问题。中国传统文化非常重视人的内心情感世界和人的全面和谐发展,非常关注家庭关系对人思想情绪的重要作用。在中国现实社会中,人们的生活质量观念越来越呈现多样化,员工已经不再满足于干活挣钱、养家糊口,他们对个人和家庭生活质量的追求越来越高。他们越来越希望达到工作、生活的高度平衡,对个人时间的支配愿望也越来越强烈。

我国目前社会保障体系和社会福利事业还不完善,员工在很大程度上需要依靠企业关心和承担一部分生活保障及社会福利问题。企业应该与员工建立整体关系:不仅限于工作关系,还要建立友谊关系、互助关系、亲情关系。在这种整体关系中,企业不仅关心员工的工作质量,还关心员工工作时间之外的生活质量,将提高员工的生活质量看作企业应承担的责任。企业可以给员工更多的工作时间控制权力,如实行弹性工作制、家庭办公等;企业对待员工的婚姻、生育、医疗、赡养老人、教育孩子等生活问题要给予人性化的关怀,只有员工的工作和生活达到合理平衡,员工才能保持身心健康,以愉快的心情和更大的干劲投入到工作中去。他们才会发自内心地热爱企业,才会把个人价值实现与企业团队目标实现紧密结合起来,激发最大的潜能。在这种关系中,企业与员工就不仅仅是简单的雇佣关系,而是充满人性关怀的共同发展关系。

第四节　中小企业跨文化人力资源管理的对策

面临着跨文化人力资源管理所产生的种种问题,我们不能视若无睹,要积极地制定出有效的应对策略,主要包括以下四个方面的内容:

(一)宽容地对待文化冲突

跨文化人力资源管理最令人头痛的是文化冲突。文化冲突是指不同形态的文化相互碰撞、相互排斥的过程。如果跨文化公司处理不好文化冲突的问题,则会导致严重的后果。一份对来自不同文化背景的员工的调查显示:如果对不同文化背景的员工管理不力,会导致企业严重的内耗,决策不当,效率降低,从而对企业的日常基本运作产生影响。要处理好跨文化企业的文化冲突问题,只有找到不同文化的结合点,实施平衡的管理模式,文化冲突才能迎刃而解。

为此,我们应寻找并建立跨文化企业共同的观念,以此作为企业的核心价值观,这种价值观具有开放性、兼容性、持久性的特点,可以约束员工的语言和行为。同时进行跨文化培训,跨文化培训是防治和解决文化冲突的最有效途径。它包括双方文化的了解、双方语言的沟通、双方管理方式的融合、跨文化的沟通技巧和跨文化冲突的解决办法等。通过采取这种方式能大大促进双方的沟通和理解,改善员工关系,提高团队合作精神,推动企业的持续发展。

(二)转变观念,打破常规的思维方式

以人为本,因人而治。李开复先生说过,“要以你想被管的方式来管理别人”,我们要以

人为本，适当地进行换位思考，使来自不同国家的员工对企业有较强归属感，企业的效益也会无形中增加。

（三）管理人员本土化

由于本土的管理者对本土文化有深刻的了解，容易为员工所接受，同时为本土员工的晋升提供了明显的渠道，具有很强的激励作用。因此使用本土化管理者进行管理成为跨文化人力资源管理中的明显特征。

（四）实施文化融合的策略，实现文化合金

文化融合是进行跨文化人力资源管理中消除文化冲突要达到的初级目标，要实现这一目标需要一个过程。因为文化融合是一个系统工程，要有计划、有步骤地分阶段实施，才能实现员工文化、管理者文化和企业整体的制度文化三个层次的融合。必须强调企业的制度文化最终要由全体员工去贯彻。所以在人力资源跨文化管理过程中，管理者要时刻关注文化的变化，并积极主动地推动文化的变革和融合，以使企业真正成为兼收并蓄、集各种文化之所长的文化合金。

随着经济全球化，我国企业的国际化商务活动和跨国经营活动不断增加。不同民族、不同文化背景的交叉情况使跨文化人力资源管理的进程变得曲折，跨文化的管理者一定要客观地认识和理解文化差异的存在，深入、系统、全面地研究企业中的多元文化对人力资源管理的影响，擅于在不同文化的结合点上创造出新的管理模式，以求实的态度、超前的意识和创新的思路不断开拓人力资源管理的新局面，使跨国经营更加顺利，人与人之间、人与企业之间、企业与企业之间将更加和谐。

【本章小结】

1. 文化是人类在社会历史发展过程中所创造的物质财富和精神财富的总和，它反映了人们的精神风貌、心理状态、思维方式和价值取向等方面内容。跨文化是跨越了不同国家与民族界线的文化，是不同民族、国家及群体之间的文化差异。当一种文化跨越了在价值观、宗教信仰、思维方式、语言、风俗习惯以及心理状态等方面与之不同的另一种文化，即不同文化背景（不同地域、民族、政体、国体）的群体之间交互作用和影响时，就形成了跨文化，也叫交叉文化。

2. 文化差异会影响人力资源在跨国企业中的产出效率，而人力资源的产出效率已成为当今社会组织竞争力的核心。文化差异对人力资源效用的影响可以是正面的，也可以是负面的。跨国企业要保持竞争优势，就必须认识到文化差异的存在，并对文化差异进行控制和管理，使之促进人力资源的效率和效益的提高。文化差异分为文化背景差异、企业文化差异、个体文化差异三个层次。

3. 文化冲突产生非理性反应，导致工作低效和市场机会损失，可能导致全球战略的实施陷入困境。

4. 中国以历史悠久和文明而著称，价值观源远流长，自成体系，是儒家思想的发源地，强调和谐、秩序和纪律。美国的价值体系的核心是“个人本位”，具有强烈的功利主义色彩，金钱是衡量一切的标准，人与人之间强调理性，“唯我独尊”“能力主义”和“现实主义”贯穿于人力资源管理的全过程。

5. 创造一种良好的人际关系和激励环境，发扬我国“和谐”的传统。追求整体的效率，减少内耗，建立、健全各种沟通渠道，调动员工的积极性，实现系统最优化。将“情、理、法”有机结合，应用于人力资源管理过程中。提倡自我管理，树立正确的价值观，追求奉献、自由、幸福和全面发展。

6. 解决跨文化所带来的冲突和矛盾，一般有以下 4 种模式可供选择：凌越模式、折中模式、融合模式、移植模式。

【思考与探讨】

1. 跨文化的冲突有哪些，如何处理跨文化冲突？

2. 跨国经营企业人力资源协调过程中可能会遇到哪些问题？

3. 跨文化冲突的主要表现形式有哪些，其中容易致使冲突恶化并转化为法律手段处理的有哪些？

4. 中国企业的跨文化管理为什么较其他国家复杂？面对这些复杂状况，我们应如何应对？

5. 跨国企业“本土化”人力资源战略有何优缺点，如何推进本土化？

第十二章　劳动关系管理

人是生产力中最重要的因素，而劳动关系是生产关系的重要因素之一，也是市场经济体制下十分重要的一个问题。从微观的角度来看，一个企业内部的劳动关系是否融洽，直接关系到该企业人力资源潜力的发挥，影响着企业竞争力；从宏观的角度来看，营造一种健康、和谐的劳动关系，会给企业、劳动者乃至整个社会带来巨大的效益。因此，如何正确认识和维护劳动关系，是人力资源开发与管理的重要职责。

【学习目标】

1. 了解劳动关系的含义和内容。
2. 熟悉劳动关系的主体。
3. 熟悉劳动合同的形式和内容。
4. 了解劳动争议的处理过程。

第一节　劳动关系

一、劳动关系概述

1. 劳动关系的含义

劳动关系是指劳动者与劳动力的使用者（雇主）在实现劳动过程中建立的一种社会经济利益关系。这一定义可以从两个层面去认识。

第一，劳动关系是一种劳动管理关系。在一个就业组织内部，劳动者提供劳动力，参加生产活动，服从雇主的组织和管理；雇主作为生产资料的占有者，组织、控制、支配整个劳动生产过程。劳动关系作为一种劳动管理关系，强调了雇主在生产组织内部的特权和权威，有利于维护工作和生产秩序。

第二，劳动关系是一种权利义务关系。在一个就业组织内部，劳动者向雇主提供职业上的劳动，雇主必须按照劳动者的劳动数量或质量给付报酬，提供工作条件，并不断改进劳动者的物质文化生活。双方通过劳动过程满足彼此的经济利益要求。劳资双方各自享有的权利以及对对方承担的义务构成了劳动关系的重要内容。因此，经济利益的需求和满足实质上是劳动关系的核心，它贯穿于整个劳动过程，并产生了相应的权利义务关系。

2. 劳动关系的内容

劳动关系的基本内容包括：劳动者与雇主（用人单位）在工作时间、休息时间、劳动报酬、劳动安全与卫生、劳动纪律与奖惩、劳动保险、职业培训等方面形成的关系。此外，与劳动关系密不可分的还包括劳动行政部门与雇主（用人单位）、劳动者在劳动就业、劳动争议和社会保险等方面形成的关系，工会与雇主（用人单位）、职工因履行工会职责和职权、代表和维护职工合法权益而发生的关系等。

二、劳动关系的主体

劳动关系的主体是指劳动关系的参与者。从狭义上讲,劳动关系的主体包括两个方面:一方是员工或劳动者以及工会组织,另一方是雇主方或管理者。从广义上讲,政府干预、调控劳动关系,是广义的劳动关系的主体。这些主体在社会经济活动中的相互影响、相互作用,构成了各种劳动关系行为的主体。

(一)员工

员工,也称为雇员、雇工、受雇人、劳工,是指在就业组织中,本身不具有基本经营决策权力并从属于这种权力的工作者。

(二)工会

工会是劳动者(雇员)组成的旨在维护和改善其就业条件、工作条件、工资福利待遇以及社会地位等权益的组织,工会主要通过集体谈判方式来代表劳动者(雇员)在就业组织和整个社会中的权益。工会在当代企业和社会中是一支重要的影响力量,劳动关系的调整和管理离不开工会的作用。

工会的职权主要包括:通过职工大会、职工代表大会等形式,参与民主管理或与用人单位进行平等协商;代表职工与企业谈判和签订集体合同;对劳动合同的签订和履行进行监督;对企业遵守劳动法律、法规情况进行监督;参与劳动争议的调解和仲裁。由于我国经济成分的多元化,在三资企业中,工会成为代表和维护劳动者权益的主要组织,成为维护劳动法和其他社会主义法律、法规的一支重要的积极力量。

(三)雇主

雇主,也称雇佣者,是指在一个组织中,使用雇员进行有组织、有目的的活动,并向雇员支付工资报酬的法人或自然人。从管理方的角度看,雇主应该是指在管理方中拥有决策权,处在整个组织权力结构的最高层,代表组织进行决策的人员。在我国,雇主是一个新的概念,在现行的劳动立法中没有使用这一概念,而是普遍使用"用人单位"。这主要是由于我国长期以来一直实行高度集中的计划经济体制,政企不分,企业作为政府的附属物没有自主用工的权力,没有自主决定工资水平的权力。因此,在计划经济时期企业和员工之间不存在雇佣关系,也就不会产生雇主和雇员的概念。

在我国劳动关系的理论和实践中,一直回避使用"雇主"的概念。随着我国社会主义市场经济体制的建立和发展,尤其是我国加入 WTO 之后,企业逐渐成为完全独立的市场主体,享有独立的法人地位和财产权。很多国有企业也享有了自主用工的权力,并通过集体合同、劳动合同来规范企业和员工之间的权力义务关系。

(四)政府

在现代社会中,政府的行为已经渗透到社会经济、政治生活的各个方面,政府作为劳动关系的主体一方,在劳动关系的运作过程中扮演着重要的角色,具体体现在以下三方面:

1. 作为雇主的政府

在现代社会,随着政府公共服务职能的加强,各种公共部门不断发展,其中包括市政服务、教育、公共安全、消防等部门。公共部门雇佣劳动力的比例相当大,政府作为公共部门的雇主,也应该向雇员提供合法、合理的雇佣条件,否则也会引发劳资之间的矛盾和冲突。因此,政府在这些部门的行为对整个劳动关系具有重大的影响。

2. 作为调解者、立法者的政府

政府要维持本国产业制度中的产业和谐,鼓励劳资双方尽可能利用调解和仲裁程序解决劳资纠纷,避免产业剧变。政府支持本国劳动关系的调解和仲裁程序。政府在协调整个劳动关系的过程中,一项重要的职能是立法。政府通过出台法律、法规建立了影响劳动关系的外部法律制度环境,这种环境机制具有相对的稳定性,成为影响劳动关系运作、发展的重要因素。

3. 三方机制中的政府

现代劳动关系制度的一个重要特点是强调三方性原则。所谓三方性原则,是强调法律不仅要规定当事人双方的权利、义务,而且要同时规定作为第三方的政府的权利和义务。三方性原则表明了劳动关系制度对公共权力的承认。根据国际劳工组织 1976 年 144 号《三方协商促进国际劳工标准公约》规定,三方机制是指政府(通常以劳动部门为代表)、雇主和员工之间,就制定和实施经济与社会政策而进行的所有交往和活动,即由政府、雇主组织和工会通过一定的组织机构和运作机制共同处理所有涉及劳动立法、经济与社会政策的制定、就业与劳动条件、工资水平、劳动标准、职业培训、社会保障的劳动关系问题。

在三方机制中,政府、雇主组织和工会处于平等的地位,在相互理解、相互合作的基础上,从各自代表主体的利益出发,进行对话、协商和谈判,其协商的过程实际上是不同利益主体之间的协调平衡过程,最终达到协调劳动关系,保障雇主和劳动者的合法权益,发展社会经济的作用。

在三方机制中,政府兼有谈判者、协调者、立法者三种角色。首先,政府作为谈判主体,具有独立的发言权和表决权;其次,政府在提出自己利益主张的同时,要协调三方的利益;最后通过出台涉及劳动关系的法律、法规、政策、协议来使各方的利益得到最大限度的满足。我国积极建立符合本国国情的政府、工会和企业三方协调机制。2001 年 8 月,中国劳动和社会保障部同中华全国总工会、中国企业联合会建立了国家协调劳动关系三方会议制度,并召开了第一次国家级协调劳动关系三方会议,使中国的劳动关系协调工作有了一个较为规范和稳定的工作机制。

第二节　劳动合同

一、劳动合同的性质

劳动合同,也称劳动契约或劳动协议,国外还称雇佣合同或雇佣契约。劳动合同是雇主和雇员之间的协议,它产生于劳动关系领域,使用在公共劳动力市场和企业内部劳动力市场。它的主体一方是各种类型的用人组织,另一方是具有就业愿望和能力的劳动者。在市场经济条件下,企业的产权是非常清晰的,组织统称为雇主,包括国家(国家是公共部门的雇主)、股份公司、私营公司和个体经营户。劳动者是依法具有劳动能力和行为能力的公民。劳动合同是劳动关系的法定形式，它以一种制度化、规范化的方式来调整劳动关系。我国《劳动法》第16,17条规定："劳动合同是劳动者与用人单位确定劳动关系、明确双方权利与义务的协议。""劳动合同依法订立即具有法律约束力，当事人必须履行劳动合同规定的义务。"劳动合同所具有的法律强制力，使劳资双方必须遵守，否则将承担违约的成本。

二、劳动合同的内容与形式

劳动合同的内容是指劳动者与组织之间设定劳动权利和义务的具体规定。根据我国《劳动法》第19条规定，劳动合同应当以书面形式订立，并包括法定条款和协定条款。

法定条款也称必备条款，包括：合同期限、工作内容、劳动报酬、劳动保护和条件、劳动纪律、劳动合同终止条件、违反劳动合同的责任。法定条款是劳动合同必须具备的内容，欠缺了法定条款，劳动合同就不能成立。

协定条款并不是每一个劳动合同所必备的，它是劳资双方经过协商在劳动合同中约定的条款。没有协定条款，劳动合同仍然可以成立，但是协定条款对于明确当事人的权利、义务和责任，同法定条款一样具有重要意义，同时也不能违反法律的相关规定。

协定条款一般包括：试用期条款、保密条款和禁止同业竞争条款、违约金条款。

我国《劳动法》第20条规定："劳动合同的期限分为有固定期限、无固定期限和以完成一定的工作为期限。"另外，第21条规定："劳动合同可以约定试用期。试用期最长不得超过6个月。"

与其他合同相比较，劳动合同具有较多的协商内容，如职业培训后的服务期、集体福利待遇等。劳动合同还具有较多的附件，如企业规章制度、安全卫生规则和国家标准等。

三、劳动合同的订立与变更

(一)劳动合同订立与变更的原则

劳动合同的订立，是指劳动者与组织经过平等协商，就劳动合同条款达成协议，确立劳动关系的法律行为。劳动合同的变更，是指劳动合同在履行过程中，由于法定原因或约定条件发生变化，对已生效的劳动合同条款进行修改或补充。根据《劳动法》第17条规定："订立和变更劳动合同，应遵循平等自愿原则，不得违反法律、行政法的规定"，明确了劳动者和组织签订和变更劳动合同必须遵循的三项根本原则。

1. 合法原则

订立与变更劳动合同必须符合有关劳动法律、法规的要求，这是劳动合同有效，并受到法律保护的前提。

2. 平等自愿原则

平等自愿原则是指签订与变更劳动合同的双方在法律地位上是平等的，并能自由表达在主张自己权益方面的意愿。

3. 协商一致原则

协商一致原则是指劳动合同的内容、条款，在法律、法规允许的范围内，由双方当事人共同讨论、协商，取得完全一致的意见后确定。

(二)劳动合同的无效

无效劳动合同是指劳动合同违反国家法律、法规或违反社会公共利益，不能发生当事

人预期的法律后果。根据《劳动法》第 18 条,规定下列劳动合同无效:

1. 违反法律、法规的劳动合同

这主要是指:合同主体不合法,订立劳动合同的当事人必须符合法律规定的资格,雇主要有用人资格和用人能力,劳动者必须有劳动能力和行为能力;合同内容不合法,劳动合同的内容要符合国家关于最低工资、最长工作时间、工作地安全与卫生等方面的法律规定。

2. 采用欺诈、威胁手段订立的劳动合同

这主要是指:合同当事人一方故意捏造、歪曲或隐瞒事实,使对方在误解或没有完全了解事实的情况下违背自己真实意志而签订的劳动合同,如应聘人员伪造的学历证书;合同当事人一方以给对方造成人身伤害或财产损失进行逼迫,致使对方屈从其压力,签订违背自己意志的合同,如企业以保证金或要求赔偿为要挟等。

无效合同从订立时就没有法律效力。

四、劳动合同的终止与解除

(一)劳动合同的终止

劳动合同终止是指劳动合同确立的当事人双方之间权利义务关系的结束。劳动合同终止后,其法律效力自然消失。

根据世界各国劳动立法关于劳动合同终止的规定,结合我国劳动立法,能够引起劳动合同终止的事由主要包括:

(1)合同期限届满。

(2)约定终止的条件成立。

(3)由于不可抗力使劳动合同无法履行,如合同主体死亡、法人破产。

(4)员工退休,凡与雇主签订无限期劳动合同的员工,根据法律规定达到退休年龄时,其劳动合同即告终止。

(5)为完成某一具体工作而签订的劳动合同,工作任务完成时劳动合同自行终止。

(6)无效合同。

(二)劳动合同的解除

劳动合同的解除,即提前终止,是指劳动合同在期限未满之前,由于合同双方或单方的法律行为或事件的发生,而引起的提前终止。

根据我国《劳动法》规定,在下列情况下,企业有权解除劳动合同。

(1)在试用期间,发现员工不符合录用条件。

(2)经上级批准关停或因不可抗拒原因而使生产、经营无法维持的。

(3)员工因病或非工伤,医疗期满后不能从事原工作的。

(4)依据《国务院关于国营企业辞退违纪职工暂行规定》,属于违纪的。

(5)员工违反国家法规,被逮捕或取消公民权的。

员工有权解除劳动合同的条件包括:经国家有关部门确认,劳动安全、卫生条件恶劣,严重危害工人身体健康的;企业不能按劳动合同规定支付劳动报酬的;经企业同意,考取中专以上正规学校学习的;企业不履行劳动合同,或者违反国家政策、法规,侵害员工合法权益的;其他被确认具有正当理由的。

《劳动法》规定，企业在下列情况下，不得提出解除劳动合同：合同期未满，又不具备正当理由的；员工伤残、因病或非工伤在规定的医疗期限内的；女工在怀孕、生育和哺乳期内的；员工家庭遇到严重的自然灾害和严重的意外灾害的。

五、违反劳动合同的责任

违反劳动合同的责任，即当事人由于过错造成劳动合同不履行和不适当履行时应承担的法律责任。根据我国《劳动法》和相关法律的规定，违反劳动合同的责任包括经济责任、行政责任和刑事责任。

第三节　劳动争议及处理

一、劳动争议

（一）劳动争议的含义

劳动争议，又称劳动纠纷，在国外称劳资纠纷或劳资争议，是指劳动关系双方当事人之间因实现劳动权利、履行劳动义务所发生的纠纷。劳动争议具有两层含义：一是劳动争议的主体必须是劳动关系的当事人，即雇主和雇员，如果不是二者之间发生的争议，即使发生劳动关系方面的争议，也不是劳动争议；二是劳动争议的内容，涉及劳动权利和劳动义务，即劳动争议以劳动权利与劳动义务为标的。劳动权利和劳动义务是依据《劳动法》、集体合同和劳动合同具体规定的，因而劳动争议是因遵守《劳动法》和订立、履行、变更或终止劳动合同或集体合同所发生的争议。

劳动争议是劳动关系冲突的一种表现形式。只要有劳动，形成劳动关系，就会产生劳动争议。如果争议不能以妥善的方式解决，将会使劳资双方矛盾激化，甚至引发产业行动，导致广泛的社会和经济影响。因此建立一个良好的劳动争议解决机制对于协调劳动关系是相当重要的。

（二）劳动争议的种类

首先，按照参与劳动争议的人数和合同种类，可以分为个人争议和集体争议。

个人争议，也称个别劳动争议，即个体雇员与其雇主之间基于他们的劳动合同发生的纠纷，主要是工资、辞退争议。在我国，雇员当事人仅限于1人或2人时，争议处理活动必须由本人参加，而不得由他人代表。集体争议，即集体雇员（工会）与他们的雇主或雇主协会围绕集体协议的订立或履行发生的纠纷，这类纠纷常常卷入集体工业行为，其主要方式之一是罢工。在我国，集体劳动争议是指参与劳动争议的劳动者人数在3人以上，并且有共同理由的劳动争议。此外，我国还有一种特殊的集体劳动争议，即集体合同争议，它是指工会代表职工与本单位行政领导部门签订集体合同时发生的争议或在集体履行合同过程中发生的争议。根据我国《劳动法》的规定，由劳动争议协调处理机构协调处理因签订集体合同发生的争议。

其次，按照引起劳动争议的不同原因，可以把劳动争议划分为以下几种：终止劳动关系的劳动争议，执行劳动法规的劳动争议，履行劳动合同的劳动争议，法律、法规规定的其他争议。

(三)劳动争议的处理机构

我国《劳动法》第77条规定:“用人单位与劳动者发生劳动争议,当事人可以依法申请调解、仲裁、提起诉讼,也可以协商解决。”这表明,我国把劳动争议的处理程序分为调解、仲裁和诉讼三个阶段。与此相适应的机构是用人单位设立的劳动争议调解委员会、劳动争议仲裁委员会以及人民法院。

二、劳动争议的处理

(一)劳动争议处理的原则

根据我国《劳动法》及《中华人民共和国企业劳动争议处理条例》的规定,处理劳动争议时应遵循以下原则。

1. 合法原则

劳动争议处理机构在劳动争议的处理过程中,必须坚持以事实为依据、以法律为准绳,在查清事实、明辨是非的基础上,依据劳动法规、规章和政策做出公正处理。

2. 平等公正原则

这一原则包含两层含义:一是劳动争议双方在法律上地位平等,平等地享有权利和履行义务;二是劳动争议处理机构应当公正执法,保障双方当事人的权利,对当事人在法律适用、程序和结果上一律平等,不得偏袒或歧视任何一方。为贯彻公正原则,在处理劳动争议时,应当实行回避制度。

3. 调解原则

在劳动争议发生后,当事人可以依法申请调解、仲裁、提起诉讼,也可以协商解决。调解原则适用于仲裁和诉讼程序,是我国处理劳动争议所遵循的重要原则。

4. 及时处理原则

及时处理原则包括三层含义:一是劳动争议发生后,当事人双方应及时协商,协商不成的应及时向劳动争议处理机构申请处理;二是劳动争议处理机构,应遵循及时处理的原则,提高办事效率,防止久拖不决;三是当事人若服从处理决定,就应及时执行,若不服从处理决定,应按照法律规定及时申诉。

(二)劳动争议处理的途径

世界各国劳动立法中,劳动争议的解决方式一般有和解、调解、调停和裁判四种。

我国《劳动法》第77条规定:“用人单位与劳动者发生劳动争议,当事人可以依法申请调解、仲裁、提起诉讼,也可以协商解决。”根据上述规定,我国解决劳动争议的途径有四种:当事人协商解决,用人单位劳动争议协调委员会调解,劳动争议仲裁委员会仲裁,人民法院审判。

(三)劳动争议处理的方法

1. 劳动争议调解

劳动争议调解,即企业劳动争议调解委员会处理劳动争议的制度。劳动争议调解的广义概念也包括仲裁机构和人民法院实施的先行调解。

根据《劳动法》第 80 条的规定,劳动争议调解委员会设立在用人单位内部,由员工代表、用人单位代表和工会代表组成,是依法调解本单位内部劳动争议、预防劳动争议发生的群众性组织。在没有成立工会的用人单位,则由职工代表与用人单位代表协商决定。调解委员会在用人单位中具有相对独立的地位,它不隶属于任何一个机构或组织,尤其是独立于单位行政组织和劳动者之外。调解委员会的主任由工会代表担任,工作上接受上级工会和地方劳动争议仲裁委员会的指导。用人单位应当支持调解委员会的工作,并承担活动经费和给予其他物质帮助。调解委员会独立行使调解工作的权力,不受任何个人、用人单位和其他机关的干涉。经调解委员会达成的协议,当事人应当履行,但不具有法律效力。

劳动调解委员会主要调解本单位发生的下列劳动争议:因员工辞职、自动离职发生的劳动争议,因履行劳动合同发生的争议,因工作时间和休息休假、工资、劳动安全卫生、女工和未成年工特殊保护、职业培训、社会保险和福利发生的争议,法律法规规定应予以调解的其他劳动争议。调解委员会一般不受理开除、除名、辞退争议。

调解劳动争议应遵循的原则:当事人自愿申请,依据事实及时调解;当事人在适用法律上一律平等;当事人民主协商;尊重当事人申请仲裁和诉讼的权利。

劳动争议调解一般经过申请和受理、调查与调解、协议执行等程序。劳动争议调解委员会受理劳动争议后,在 30 日内结案,到期限未调解结束的,视为调解不成。

2. 劳动争议仲裁

劳动争议仲裁是劳动争议仲裁委员会对用人单位与劳动者之间发生的争议,在查明事实、分清责任的基础上,依法做出裁决的活动。我国劳动争议仲裁具有强制性,即劳动争议仲裁是解决劳动争议的必经途径,只有经过仲裁,才可以向法院起诉。我国劳动争议处理体制中,劳动争议仲裁是解决劳动争议的一种主要方式。

3. 劳动争议诉讼

劳动争议诉讼是指劳动争议当事人不服劳动争议仲裁委员会的裁决,在规定期限内向人民法院起诉,人民法院受理后,对劳动争议案件进行审理的活动。劳动争议诉讼是用人单位和劳动者解决劳动争议的一种重要手段,具有最终的法律效力。实行劳动争议诉讼制度,从根本上将劳动争议处理纳入了法制化轨道,从而保证了劳动争议的彻底解决。

在我国,由于没有建立社会法院,劳动争议当事人向人民法院提出的诉讼请求由民事法庭依据民事诉讼进行审理,实行二审终审制。诉讼程序包括起诉、受理、调查取证、审判和执行。举证责任与劳动争议仲裁的举证责任相同。劳动争议诉讼与劳动争议调解、劳动争议仲裁与当事人协商共同构成了我国现行的劳动争议解决机制,在劳动关系实践中发挥着重要的作用。

【本章小结】

1. 劳动关系是指劳动者与劳动力的使用者(雇主)在实现劳动过程中建立的一种社会经济利益关系。劳动关系的内容包括:劳动者与雇主(用人单位)在工作时间、休息时间、劳动报酬、劳动安全与卫生、劳动纪律与奖惩、劳动保险、职业培训等方面形成的关系。此外,与劳动关系密不可分的还包括劳动行政部门与雇主(用人单位)、劳动者在劳动就业、劳动争议和社会保险等方面形成的关系,工会与雇主(用人单位)、职工因履行工会职责和职权、代表和维护职工合法权益而发生的关系等。

2. 劳动关系的主体是指劳动关系的参与者。从狭义上讲,劳动关系的主体包括两个方面:一方是员工或劳动者以及工会组织,另一方是雇主方或管理者。从广义上讲,政府干预、调控劳动关系,是广义的劳动关系的主体。这些主体在社会经济活动中的相互影响、相互作用,构成了各种劳动关系行为的主体。

3. 劳动合同,也称劳动契约或劳动协议,国外还称雇佣合同、雇佣契约。劳动合同是雇主和雇员之间的协议,它产生于劳动关系领域,使用在公共劳动力市场和企业内部劳动力市场。劳动合同所具有的法律强制力,使劳资双方必须遵守,否则将承担违约的成本。劳动合同的内容是指劳动者与组织之间设定劳动权利和义务的具体规定。根据我国《劳动法》第 19 条规定,劳动合同应当以书面形式订立,并包括法定条款和协定条款。劳动合同的订立是指劳动者与组织经过平等协商,就劳动合同条款达成协议,确立劳动关系的法律行为。劳动合同的变更是指劳动合同在履行过程中,由于法定原因或约定条件发生变化,对已生效的劳动合同条款进行修改或补充。劳动者和组织签订和变更劳动合同必须遵循合法原则、平等自愿原则、协商一致原则。违反法律、法规的劳动合同,采用欺诈、威胁手段订立的劳动合同属于无效合同,没有法律效力。

4. 劳动合同终止是指劳动合同确立的当事人双方之间权利义务关系的结束,劳动合同终止后,其法律效力自然消失。

5. 劳动争议,又称劳动纠纷,是指劳动关系双方当事人之间因实现劳动权利、履行劳动义务所发生的纠纷。劳动争议具有两层含义:一是劳动争议的主体必须是劳动关系的当事人,即雇主和雇员,如果不是二者之间发生的争议,即使发生劳动关系方面的争议,也不是劳动争议;二是劳动争议的内容,涉及劳动权利和劳动义务,即劳动争议以劳动权利与劳动义务为标的。劳动争议处理的方法有劳动争议调解、劳动争议仲裁、劳动争议诉讼。在我国,由于没有建立社会法院,劳动争议当事人向人民法院提出的诉讼请求由民事法庭依据民事诉讼进行审理,实行二审终审制。

【思考与探讨】

1. 劳动关系和劳动合同的基本内容有哪些?
2. 企业与员工建立劳动关系过程中应该注意些什么问题?
3. 劳动关系的实质以及产生冲突与合作的根源是什么?
4. 当代劳动关系的新变化有哪些?
5. 处理劳动争议的方法有哪些?

附录　考试大纲

第一部分　课程性质与目标

一、课程性质与特点

课程性质：中小企业人力资源组织与管理是为培养自学应考者的人力资源组织与管理的基本理论和应用能力而设置的一门实用性很强的课程。

课程特点：中小企业人力资源组织与管理是管理理论的重要组成部分，它是一门广泛吸收多学科知识的边缘科学，具有很强的实践性和应用性。设置中小企业人力资源组织与管理课程能够使学生系统掌握中小企业人力资源管理的基本理论与知识，并能结合案例和中小企业的实际情况灵活运用。

二、课程目标与基本要求

课程目标：使考生掌握中小企业人力资源组织与管理的基本理论和专业知识，能够紧密联系实际，学会分析案例，解决实际问题，把学科理论的学习融入对生产、生活和工作实践的研究和认识之中，切实提高分析问题、解决问题的能力。

基本要求：通过学习本课程，考生可以正确理解企业人力资源管理概论、人力资源战略规划、人力资源招聘与素质测评、工作分析和工作设计、组织管理、企业的人员培训和开发、企业激励、企业绩效管理、企业薪酬管理、企业劳动关系、跨文化人力资源管理等内容。

第二部分　考核内容与考核目标

第一章　导　　论

考核知识点

人力资源的基本概念与特征；人力资源管理与开发的主要内容及相互关系；人力资源管理与开发的基本原理；人力资源的基本理论及历史演化过程；人力资源管理与人事管理的区别。

第二章　对员工的认知

考核知识点

四种人性假设的基本观点；马克思主义人性观的理论来源和形成过程；马克思主义人性观的内容和特点；马斯洛需要层次论；能力的测量方法；性格差异的管理应用。

第三章　人力资源战略规划

考核知识点

企业战略与企业战略管理的含义与特征；人力资源战略的三种类型；人力资源战略规划内容；影响人力资源战略规划的内外部环境；人力资源战略制定和实施流程；人力资源需求、供给的预测方法。

第四章　工作分析、工作设计和工作评价

考核知识点

工作分析的含义、作用与意义；工作分析的方法及特点；工作设计的含义与作用；工作分析的流程；工作分析的原则；工作分析信息收集方法；工作设计方法的模式与要点；工作评价的方法。

第五章　员工招聘与素质测评

考核知识点

员工招聘的含义、目的、意义与原则；员工招聘的流程；内外部招聘的优缺点；内外部招聘的方法及各个方法的优缺点；人力资源素质测评的方法。

第六章　组 织 管 理

考核知识点

企业组织设计的原则与程序；企业组织结构的主要类型；组织结构的选择；人力资源管理制度设置的原则；人力资源管理制度设计的一般方法；人力资源任用的原则；人力资源任用的方式；人力资源任用管理的内容与方法。

第七章　培训与开发

考核知识点

人力资源开发的基本含义；培训的含义与作用；人力资源培训分析的方式与意义；人力资源培训的基本程序与要点；人力资源培训评估的不同方法及特点；培训评估的意义与做法。

第八章　员 工 激 励

考核知识点

激励的含义及其作用；激励与绩效的关系；激励的综合模型；内激与外激的关系；激励理论的应用。

第九章　薪 酬 管 理

考核知识点

薪酬的含义和职能;影响员工薪酬水平的因素;薪酬管理的模式;薪酬管理的流程;薪酬制度与薪酬方案设计的步骤;薪酬设计与企业战略;薪酬方案的实施和调整。

第十章　绩 效 管 理

考核知识点

绩效管理的含义与特点;绩效管理的标准、内容与方法;绩效管理的实施过程;绩效管理反馈的基本过程。

第十一章　跨文化人力资源管理

考核知识点

文化及跨文化人力资源管理;跨文化的文化差异;跨文化人力资源管理对策。

第十二章　劳动关系管理

考核知识点

劳动关系的含义和内容;劳动关系的主体;劳动合同的形式和内容;劳动争议的处理过程。

第三部分　有关说明与实施要求

指定教材

《中小企业人力资源组织与管理》,姜咏梅、杨迦主编,哈尔滨工程大学出版社,2022 年 5 月出版。

自学方法指导

1. 在开始阅读指定教材某一章之前,先翻阅大纲中有关这一章的考核知识点及对知识点的能力层次要求和考核目标,以便在阅读教材时做到心中有数,有的放矢。

2. 阅读教材时,要逐段细读,逐句推敲,集中精力,吃透每一个知识点,对基本概念必须深刻理解,对基本理论必须彻底弄清,对基本方法必须牢固掌握。

3. 在自学过程中,既要思考问题,也要做好阅读笔记,把教材中的基本概念、原理、方法等加以整理,这可从中加深对问题的认知、理解和记忆,以利于抓住重点,并不断提高自学能力。

4. 认真领会每部分的本章小结以及课后习题,巩固本章内容。适当查阅网络中相关试题,结合课本中的原理进行有针对性的复习,达到巩固提高的效果。

参 考 文 献

[1] 王淑红. 人员素质测评[M]. 2 版. 北京:北京大学出版社,2017.

[2] 刘昕. 人力资源管理[M]. 4 版. 北京:中国人民大学出版社,2020.

[3] 耿煜. 新编现代酒店人力资源开发与管理实务全书[M]. 北京:企业管理出版社,2007.

[4] 项凯标,于洪泽,陈光珍. 人力资源管理工具与案例[M]. 北京:机械工业出版社,2009.

[5] 彭剑锋. 人力资源管理概论[M]. 2 版. 上海:复旦大学出版社,2011.

[6] 吴冬梅. 人力资源管理案例分析[M]. 2 版. 北京:机械工业出版社,2011.

[7] 董克用. 人力资源管理概论[M]. 3 版. 北京:中国人民大学出版社,2011.

[8] 韩国元,刘小畅. 中小企业人力资源组织与管理[M]. 哈尔滨:哈尔滨工程大学出版社,2015.

[9] 张呈琮. 人力资源管理概论[M]. 杭州:浙江大学出版社,2008.

[10] 肖胜方. 劳动合同法下的人力资源管理流程再造[M]. 3 版. 北京:中国法制出版社,2013.

[11] 文跃然. 薪酬管理原理[M]. 上海:复旦大学出版社,2006.

[12] 彭剑锋. 战略人力资源管理:理论、实践与前沿[M]. 北京:中国人民大学出版社,2014.

[13] 黄铁鹰. 中国管理案例库:人力资源管理案例[M]. 北京:中国人民大学出版社,2011.

[14] 金延平. 人员培训与开发[M]. 3 版. 大连:东北财经大学出版社,2013.

[15] 萧鸣政. 人力资源管理实验[M]. 北京:北京大学出版社,2012.

[16] 陈庆. 岗位分析与岗位评价[M]. 2 版. 北京:机械工业出版社,2011.

[17] 孙宗虎. 关键绩效指标实操全案:KPI 的选择、监控和实施[M]. 北京:化学工业出版社,2014.

[18] 康至军,施琦,蒋天伦. 人力资源开发阅读地图:如何让培训更有效[M]. 南京:江苏人民出版社,2013.

[19] 周昌湘. 非人力资源经理的人力资源管理[M]. 广州:广东经济出版社,2010.

[20] 陈维政,余凯成,程文文. 人力资源管理[M]. 3 版. 北京:高等教育出版社,2011.

[21] 杨岗松. 岗位分析和评价从入门到精通(实战派)[M]. 北京:清华大学出版社,2015.

[22] 张德. 人力资源开发与管理[M]. 4 版. 北京:清华大学出版社,2012.

[23] 郑晓明. 人力资源管理导论[M]. 3 版. 北京:机械工业出版社,2011.

[24] 余兴安. 人力资源蓝皮书:中国人力资源发展报告(2014)[M]. 北京:社会科学文献出版社,2014.

[25] 赵曼,陈全明. 人力资源开发与管理[M]. 北京:中国劳动社会保障出版社,2013.

[26] 成思危,颜世富. 培训与开发[M]. 2 版. 北京:北京师范大学出版社,2008.

[27] 孙健敏. 人力资源测评理论与技术[M]. 北京:首都经济贸易大学出版社,2014.

[28] 赵曙明,赵宜萱. 人力资源管理:理论、方法、工具、实务[M]. 2 版. 北京:人民邮电出版社,2019.
[29] 刘昕. 薪酬管理[M]. 4 版. 北京:中国人民大学出版社,2014.
[30] 萧鸣政. 人员素质测评理论与方法[M]. 北京:北京大学出版社,2011.
[31] 马新建. 人力资源管理:理论与方法[M]. 上海:上海人民出版社,2011.
[32] 贺清君. 绩效考核与薪酬激励整体解决方案[M]. 北京:中国法制出版社,2014.